JACK MILES

GOTT
IM KORAN

Aus dem Englischen
von Andreas Wirthensohn

Carl Hanser Verlag

Für Catherine

Titel der Originalausgabe:
Jack Miles, *God in the Qur'an*,
Alfred A. Knopf, a div. of Penguin Random House LLC, New York

Die Bibel- und Koranzitate stammen, soweit nicht anders angegeben,
aus folgenden Ausgaben:
Elberfelder Bibel 2006.
© 2006 SCM R. Brockhaus in der
SCM Verlagsgruppe GmbH, Witten/Holzgerlingen
Der Koran, aus dem Arabischen neu übertragen und erläutert von
Hartmut Bobzin unter Mitarbeit von Katharina Bobzin, 2., überarbeitete Auflage.
© 2017 Verlag C.H. Beck oHG, München

1. Auflage 2019

Sobald die Augen eines Mannes, der lange Jahre in einer
    Stadt wohnt, schlafen gehen,
Sieht er eine andere Stadt voll Gut und Böse und erinnert
    sich nicht mehr an seine eigene Stadt.
Er sagt: »Ich habe lange dort gelebt; diese neue Stadt ist
    nicht die meine, hier bin ich nur auf der Durchreise.«
Nein, er denkt, dass er in Wirklichkeit schon immer in
    genau dieser Stadt gelebt hat und in ihr geboren wurde
    und aufwuchs.

Rumi, Das Maṯnavī IV, 3628–3633, übersetzt von Bernhard
Meyer, Kaveh Dalir Azar und Jila Sohrabi, Edition Shershir
(BoD) 2012, Bd. 4, S. 239

INHALT

Einleitung

GOTT, GLAUBE UND DIE GEWALT HEILIGER SCHRIFTEN

Von all den Büchern, die über Gott geschrieben wurden, habe ich selbst zwei verfasst: eines über Gott in der Heiligen Schrift der Juden und ein zweites über Gott in der Heiligen Schrift der Christen. Das hier vorliegende Buch – über Gott in der Heiligen Schrift der Muslime, dem Koran – ist das dritte in dieser Reihe. Ich selbst bin Christ, ein praktizierender Episkopaler, doch ich nähere mich Gott in all diesen drei Büchern nicht direkt, sondern lediglich über die Heilige Schrift der jeweiligen Tradition. Ich schreibe zudem nicht als Gläubiger, sondern als Literaturwissenschaftler, der sich bewusst an ein Publikum wendet, zu dem reichlich Nicht-Gläubige gehören.

Das bedeutet, dass ich mich den Schriften nicht über den Glauben annähere, sondern über eine Aussetzung der Ungläubigkeit *(suspension of disbelief)*. Dieser Begriff wurde im 19. Jahrhundert von Samuel Taylor Coleridge in die englische Literaturkritik eingeführt. Durch die zeitweilige Aussetzung der Ungläubigkeit ist jeder von uns in der Lage, »loszulassen« und einen Roman, einen Film oder eine Fernsehserie wie *Game of Thrones* gemäß deren jeweils eigenen Kategorien zu genießen. Wenn wir abends ins Kino gehen und uns eine Liebeskomödie anschauen, haben wir, solange der Film läuft, nichts dagegen einzuwenden, dass die Liebenden auf der Leinwand keine echten Liebenden, sondern nur zwei Schauspieler sind, die so tun, als seien sie verliebt. Wir glauben natürlich nicht daran, dass sie wirklich real sind, aber für die Dauer des Films erlauben wir ihnen, real zu sein. Wir spielen mit.

Auf die gleiche Weise kann man sogar dann mitspielen, wenn eine literarische Figur göttlicher Natur ist. Vor kurzem hatte ich die Gelegenheit, für ein Seminar, das ich gab, noch einmal Homers *Ilias* zu lesen. Der griechische Gott Zeus spielt in diesem Epos eine wichtige Rolle – er ist der oberste der Götter im Olymp. Ich glaube nicht, dass es Zeus gibt, aber für die Dauer meiner Lektüre spielte ich bereitwillig Homers Spiel mit und erlaubte Zeus, den Gang der *Ilias* so nachdrücklich zu bestimmen, wie er das tut.

Als Christ kann ich, in einer Art Umkehrung, vorübergehend meinen Glauben daran aussetzen, dass der Gott der Bibel in Wirklichkeit viel mehr als nur eine literarische Figur ist, und ihn für die Dauer einer Übung in literarischer Betrachtung als genau solchen begreifen. So wie ich sonntags in den Petersdom in Rom gehen kann, um dem Gottesdienst beizuwohnen, und dann am Montag noch einmal dort hingehen kann, um die Kunst und Architektur dieser Kirche in Augenschein zu nehmen, so kann ich Jesu Bergpredigt am Sonntag als Teil meiner Gottesverehrung lauschen und sie am Montag als einschlägigen Text über Jesus Christus als literarische Figur lesen. Die beiden Übungen sind zutiefst unterschiedlich, aber sie schließen sich nicht gegenseitig aus und können sich sogar wechselseitig befruchten.

Literaturwissenschaft, die auf diese Weise mit der ästhetischen Erfahrung eines literarischen Werks beginnt, unterscheidet sich von der Literaturgeschichtsschreibung oder der historisch-kritischen Methode. Diese Methode beschäftigt sich mit Fragen wie: Wer schrieb dieses Werk? Wann schrieb er dieses Werk? Warum schrieb er es? Für welches Publikum schrieb er es? Oder war es eine Sie, die das Werk verfasste? Oder waren es gar mehrere Autoren? Wurde es ursprünglich in der Sprache verfasst, in der wir es heute lesen? Auf welche Quellen stützten sich die Verfasser, als sie es schrieben, oder handelt es sich wirklich um eine Originalschöpfung? Wurde es im Laufe der Zeit überarbeitet? Ist es in mehr als nur einer Textgestalt in Umlauf? Wenn ja, welche Textgestalt ist dann die beste? Handelt es sich vielleicht um die redaktionell bearbeitete Vermischung mehrerer verschiedener Fassungen? Wie sah die Rezeption im Laufe der Zeit aus? Wurde das Werk übersetzt? Wurde es irgendwann unterdrückt?

Und so weiter und so fort. Solche Fragen – so legitim, faszinierend und endlos sie auch sein mögen – sind nicht Gegenstand dieses Buches. Ein Wissenschaftler dürfte Dutzende derartiger Fragen über ein bestimmtes Werk der Literatur beantwortet haben, ja vielleicht hat er sein ganzes Leben damit zugebracht, sie zu beantworten, ohne je das Werk als solches zu betrachten, als ästhetische Schöpfung, die sich, wie alle großen Werke, in gewisser Weise von der Zeit und dem Ort und den Umständen, in denen sie entstanden ist, loslösen lässt. Die historisch-kritische Methode muss literarischer Wertschätzung nicht im Wege stehen, und beides kann oft eine Symbiose eingehen, doch selbst dann sind die beiden unterscheidbar.

Im Folgenden wollen wir eine Reihe symbolträchtiger Figuren in den Blick nehmen, die sowohl in der Bibel wie auch im Koran vorkommen, und sie fortlaufend miteinander vergleichen, wobei wir uns jeweils auf Gott als zentralen Protagonisten konzentrieren. Unser bescheidenes Ziel ist eine gewisse ästhetische Aneignung nicht der gesamten Bibel oder des gesamten Korans, sondern lediglich dieser miteinander verwandten Abschnitte innerhalb der beiden Schriften. Ich hoffe, dass Sie mir dabei durch eine wie auch immer geartete Aussetzung des Glaubens oder der Ungläubigkeit folgen, wenn ich mich in erster Linie mit Allah, Gott, als der überwältigend dominanten Figur in den Abschnitten aus dem Koran beschäftige.

Im Verlauf der Jahrhunderte betrachteten Juden und Christen gleichermaßen den Koran zumeist ähnlich, wie die Juden traditionellerweise das Neue Testament betrachteten – nämlich unter dem Motto: »Was wahr ist, ist nicht neu, und was neu ist, ist nicht wahr.« Nicht-Muslime haben bezweifelt und kritisiert, was Muslime mit Blick auf den Koran glauben – nämlich dass es sich um Gottes letztes Wort an die Menschheit handelt, die Krone der Offenbarung, die wiederherstellt, was Juden oder Christen in ihren Schriften durch Vergessen oder Verdorbenheit verloren oder unterdrückt haben. Ich lade Juden, Christen und die vielen anderen, die diese kühne muslimische Behauptung anzweifeln, dazu ein, als bescheidene Übung in literarischer Wertschätzung vorübergehend ihre Ungläubigkeit auszusetzen, während wir gemeinsam versuchen, uns mit Gott als dem zentralen Protagonisten des Korans und mit dem Koran als einem unglaublich eindrucksvollen literarischen Werk zu befassen. Muslime lade ich dazu ein, dass sie ähnlich, wie sie am Freitag in einer Moschee beten und am Dienstag als Architekturstudenten deren Kuppel in Augenschein nehmen, ebenfalls diese Dienstagsübung mitmachen, diese literarische Beschäftigung mit ein paar wenigen Stellen aus dem Koran, und sie zusammen mit den entsprechenden Passagen aus der Bibel lesen. Dem heiligen Koran auf diese Weise, als Literatur, die Ehre zu erweisen ist eine Möglichkeit, ihn mit Wohlwollen und Sympathie für neue Leser zu öffnen.

Im ersten meiner Bücher über Gott, nämlich *Gott. Eine Biographie*, schrieb ich über Gott, als er Israel wissen ließ, wie es sich an ihn erinnern sollte:

> Wenn dein Sohn dich künftig fragt: Was bedeuten die Zeugnisse
> und die Ordnungen und die Rechtsbestimmungen, die der HERR,
> unser Gott, euch geboten hat?, dann sollst du deinem Sohn sagen:
> Sklaven waren wir beim Pharao in Ägypten. Der HERR aber hat
> uns mit starker Hand aus Ägypten herausgeführt, und der HERR
> tat vor unseren Augen große und unheilvolle Zeichen und Wunder an Ägypten, an dem Pharao und an seinem ganzen Haus.
> Uns aber führte er von dort heraus, um uns herzubringen, uns
> das Land zu geben, das er unsern Vätern zugeschworen hat. Und
> der HERR hat uns geboten, alle diese Ordnungen zu tun, den
> HERRN, unsern Gott, zu fürchten, damit es uns gut geht alle Tage
> und er uns am Leben erhält, so wie es heute ist. (Dtn 6,20–24)

Das war Jahwe, der – in den meisten Übersetzungen firmiert er als »Herr« oder, wie hier in der Elberfelder Bibelausgabe, als »HERR« – ursprünglich unbesiegbare Protagonist des Tanach, der jüdischen Bibel, aus der, als sie in die christliche Bibel übernommen wurde, das Alte Testament wurde.[1] Doch im Tanach verfällt Jahwe nach seiner Begegnung mit Hiob in ein seltsames Schweigen: Er spricht fortan nie mehr wieder, und es hat den Anschein, als könne Israel immer weniger auf Seine »starke Hand« zählen. Man erinnert sich mit Dankbarkeit und Ehrfurcht an Ihn, aber Seine Macht ist nun ferne Zukunftshoffnung und nicht mehr zwingende gegenwärtige Realität.

In meinem zweiten Buch *Jesus. Der Selbstmord des Gottessohnes* schrieb ich über Gott als Jahwe, den Juden – den Gott der Juden, der wiederkehrt und selbst als Jude handelt:

Im Anfang war das Wort, und das Wort war bei Gott, und das Wort war Gott. (Joh 1,1)

Und dann die atemberaubende Behauptung:

Und das Wort wurde Fleisch und wohnte unter uns, und wir haben seine Herrlichkeit angeschaut, eine Herrlichkeit als eines Eingeborenen vom Vater, voller Gnade und Wahrheit. (Joh 1,14)

Verblüffend war diese Behauptung weniger wegen ihrer geheimnisvollen metaphysischen Vernunft, sondern aufgrund der Tatsache, dass dieser göttliche Jude, als er mit dem Kaiser als dem neuen Pharao konfrontiert ist, den brutalen römischen Unterdrücker nicht, wie dereinst, mit starker Hand und ausgestrecktem Arm vernichtet, sondern sich stattdessen widerstandslos selbst von den Römern kreuzigen lässt. Sicher, Jesus ersteht aus seinem Grab auf, und seine Anhänger betrachten die Wiederauferstehung als Versprechen ewigen Lebens, und doch ist der Kaiser weiterhin Kaiser, und in ein paar Jahrzehnten wird er den Tempel in Jerusalem zerstören und das Volk Gottes in die Verbannung und in die Sklaverei schicken. Wenn das ein Sieg sein soll, dann haben sich die Kategorien so radikal verändert, dass das auf eine Krise im Leben Gottes hindeutet.

Doch wenn es im vorliegenden Buch um Gott im Koran gehen soll, warum spreche ich dann nicht von Anfang an von Allah, dem Gott im Koran? Warum muss ich unbedingt noch so viel über Gott in diesen früheren Heiligen Schriften reden?

Das hat damit zu tun, dass ich dieses Buch Anfang 2017 in Angriff nahm, nach einer amerikanischen Präsidentschaftswahl, die durch fortwährende »dschihadistische« Anschläge überall auf der Welt deutlich beeinflusst war. Während dieses Wahlkampfs spukte die Angst vor weiteren solchen Anschlägen merklich durch die Köpfe der Amerikaner. Auf dem Parteitag der Republikaner 2016 brachte einer der Hauptredner diese Angst folgendermaßen zum Ausdruck:

Am Montag griff ein afghanischer Flüchtling in Deutschland Zugreisende mit einer Axt und Messern an und verletzte sie schwer, wobei er »*Allahu Akbar*« rief. Letzte Woche übernahm der Islamische Staat die Verantwortung, nachdem ein Mann aus Tunesien im französischen Nizza einen Lkw in eine Menschenmenge gesteuert hatte. Er ermordete 84 Menschen, darunter zehn Kinder und drei Amerikaner, und verletzte mehr als 300 weitere. Zwei Tage zuvor ermordeten radikale Islamisten in Bangladesch zwanzig Geiseln, darunter drei amerikanische Collegestudenten. Vor zwei Wochen kamen bei Bombenanschlägen in Bagdad fast 300 Menschen ums Leben, mehr als 200 wurden verletzt.

Letzten Monat verfolgte ein radikaler Islamist in Paris einen französischen Polizeibeamten in dessen Haus, wo er den Beamten ermordete, dessen Frau vor den Augen ihres drei Jahre alten Sohnes zu Tode folterte und das Ganze live in den sozialen Medien übertrug. Er dachte gerade laut darüber nach, ob er auch den Dreijährigen umbringen sollte, als er von der Polizei erschossen wurde. Zwei Tage zuvor ermordete ein Attentäter, der sich als Kämpfer des IS bezeichnete, in einem Nachtklub in Orlando 49 Menschen und verletzte Dutzende weitere.

All das passierte allein in den letzten 37 Tagen. Wir können nicht zulassen, dass wir gegenüber diesen sich häufenden Gräueltaten abstumpfen. Schätzungen zufolge starben seit Januar 2015 rund 30 000 Menschen durch die Hand von Terroristen.

Newt Gingrich, der diese Worte sprach, glaubte leider fälschlicherweise, die Wahl von Donald J. Trump, dem republikanischen Kandidaten, zum amerikanischen Präsidenten könne derartige Gewalt unter friedliche Kontrolle bringen. Trump wurde gewählt, aber mehr als ein Jahr später, am 24. November 2017, ermordeten bewaffnete Attentäter, die die schwarze Fahne des Islamischen Staates trugen, in der al-Rawda-Moschee im ägyptischen Bir al-Abd mehr als 300 Gläubige. Gingrich hatte die Gräueltaten, die er aufzählte, nicht erfunden, und er lag auch nicht falsch mit der Behauptung, die muslimischen Terroristen, die Attentate wie das Gemetzel in der ägyptischen Moschee begehen (nebenbei bemerkt kommen durch derartige Terroristen deutlich mehr Muslime als Nicht-Muslime ums Leben), sich als Rechtfertigung und Motivation auf den Islam berufen, so abstoßend ihr Tun für andere Muslime auch immer sein mag.[2] Ein Amerikaner, der über den Koran schreibt, also einen der Grundpfeiler des Islams, kann nicht wirklich die Tatsache ignorieren, dass all das in der Luft lag oder dass es Passagen im Koran gibt, die sich für eine so fürchterliche Verwendung eignen.

Bevor dieses Buch an sein Ende gelangt, werden wir ein paar dieser Passagen betrachtet haben, aber zuvor ist noch einiges zu tun. Zwar würde ich die Behauptung, der Islam sei eine »Religion des Friedens« nicht unterschreiben wollen, aber ich würde diese Behauptung auch für das Judentum und das Christentum nicht gelten lassen. Ich will gar nicht bestreiten, dass es zu bestimmten Zeiten einen religiösen Pazifismus gab und ein solcher auch heute noch mancherorts existiert, aber diese Bezeichnung verdient keine der drei Religionen. Zudem müssen wir um der Klarheit willen das Verhältnis zwischen Gewalt, wie sie von einer Glaubensgemeinschaft welcher Art auch immer unterstützt wird, und Gewalt, wie sie in den Heiligen Schriften dieser Gemeinschaft zum Ausdruck kommt, allgemein betrachten. Insbesondere geht es dabei um die Frage, welche Art von Verpflichtung Krieg, Streit oder Gewalt in der Heiligen Schrift der Juden und der Christen den Juden beziehungsweise den Christen auferlegt.

Wie kompliziert sich diese Frage für diese beiden Traditionen gestaltet, will ich mittels einiger Zitate aus den jeweiligen Heiligen Schriften deutlich machen, zunächst für das Christentum. Erst dann werden wir bereit sein, uns wieder dem Islam zuzuwenden.

Der Glaube, Jesus sei das fleischgewordene Wort – das Wort, das bei Gott war und das Gott war vor der Erschaffung der Welt –, ist seit Jahrhunderten grundlegend für das Christentum. Natürlich handelt es sich dabei um den Christus des Glaubens und weniger um den Jesus der Geschichte, aber der Glauben hat genauso seine Geschichte wie Jesus, und historisch betrachtet war diese Glaubensüberzeugung von zentraler Bedeutung. In der römisch-katholischen Kirche meiner Kindheit endete jeder Gottesdienst mit dem ersten Kapitel des Johannesevangeliums – also genau dem Kapitel, das ich oben zitiert habe und das Jesus als das fleischgewordene Wort bezeichnet. Das waren die Worte, die der gläubige Katholik, als er die Morgenmesse verließ, als letzte hörte und mit sich hinaus in die Welt nahm.

Wenden wir uns nun der Stelle im Neuen Testament zu, in der das fleischgewordene Wort Gottes zum letzten Mal auftaucht. Sie findet sich am Ende des 19. Kapitels der Offenbarung, dem letzten Buch des Neuen Testaments, wo es heißt:

Und ich sah den Himmel geöffnet, und siehe, ein weißes Pferd, und der darauf saß, heißt Treu und Wahrhaftig, und *er richtet* und führt Krieg *in Gerechtigkeit.* Seine Augen aber sind eine Feuerflamme, und auf seinem Haupt sind viele Diademe, und er trägt einen Namen geschrieben, den niemand kennt als nur er selbst; und er ist bekleidet *mit einem in Blut getauchten Gewand,* und sein Name heißt: Das Wort Gottes. Und die Truppen, die im Himmel sind, folgten ihm auf weißen Pferden, bekleidet mit weißer, reiner Leinwand. Und aus seinem Mund geht ein scharfes Schwert hervor, damit er mit ihm die Nationen schlage; und *er wird sie hüten mit eisernem Stab,* und er tritt die Kelter des Weines des Grimmes des Zornes Gottes, des Allmächtigen. Und er trägt auf seinem Gewand und an seiner Hüfte einen Namen geschrieben: *König der Könige und Herr der Herren.* Und ich sah einen Engel in der Sonne stehen, und er rief mit lauter Stimme und sprach zu allen Vögeln, die hoch oben am Himmel fliegen: Kommt her, versammelt *euch zum großen Mahl Gottes,* damit ihr *Fleisch von Königen fresst* und Fleisch von Obersten und Fleisch von Mächtigen und Fleisch von Pferden und von denen, die darauf sitzen, und Fleisch von allen, sowohl von Freien als auch Sklaven, sowohl von Kleinen als auch Großen! (Off 19,11–18)

Hier, fast am Ende des Neuen Testaments, finden wir ein Bild von Christus als Krieger, der auf einem weißen Pferd thront, sein Gewand ist blutgetränkt, er steht an der Spitze einer berittenen Armee, regiert die Welt mit einem eisernen Stab, schlachtet seine Feinde, die »Heidenvölker«,[3] mit einem geheimnisvollen Schwert ab und ruft die Vögel herbei, damit sie vom Fleisch der Toten zehren. Die kursiv gesetzten Stellen stammen alle aus dem Alten Testament; ihre Wiederholung soll dafür sorgen, dass diese blutrünstige Passage wie der endgültige Sieg des Guten über das Böse erscheint. Und es gibt noch weitere Anspielungen. Die »Kelter des Weines des Grimmes des Zornes Gottes« etwa spielt auf Jesaja 63,3–6 an, wo Jahwe auf die rhetorische Frage: »Warum ist Rot an deinem Gewand und sind deine Kleider wie die eines Keltertreters?« folgendermaßen antwortet:

Ich habe die Kelter allein getreten, und von den Völkern war kein Mensch bei mir. Ich zertrat sie in meinem Zorn und zerstampfte sie in meiner Erregung. Und ihr Saft spritzte auf meine Kleider, und ich besudelte mein ganzes Gewand. Denn der Tag der Rache war in meinem Herzen, und das Jahr meiner Vergeltung war gekommen. Und ich blickte umher, aber da war keiner, der half. Und ich wunderte mich, aber da war keiner, der mich unterstützte. Da hat mein Arm mir geholfen, und mein Grimm, der hat mich unterstützt. Und ich trat die Völker nieder in meinem Zorn und machte sie trunken in meiner Erregung, und ich ließ ihren Saft zur Erde rinnen. (Jes 63,3–6)

Ist das das Christentum? Eine mögliche Antwort lautet: Natürlich ist das das Christentum. *Genau so steht es in der Bibel!* Wenn das amerikanische Christentum gemeint ist, kommt einem zudem eine äußerst bekannte Hymne in den Sinn – nämlich die »Schlachthymne der Republik«, deren Anfangsverse darauf anspielen, dass Gott seine Feinde zertreten hat, bis ihr Blut wie der Traubensaft aus der Kelterpresse rann:

Mein Auge sah die Ankunft unseres Herrn in ihrem Ruhm.
Er stampfet aus die Kelter, wo des Zornes Früchte ruhn;
Schon blitzt Sein schrecklich schnelles Schwert, künd Unheil
    bösem Tun:
Seine Wahrheit schreitet voran.

Das »schrecklich schnelle Schwert« in Julia Ward Howes Schlachtlied aus dem amerikanischen Bürgerkrieg ist »das scharfe[] Schwert (...), damit er mit ihm die Nationen schlage«, das in der oben zitierten Passage aus der Offenbarung aus dem Munde Christi kommt.

Diese Art der Rhetorik hat also eine christliche und sogar eine amerikanische Geschichte. Doch wenn Sie einen Christen kennen, können Sie sich vermutlich nicht wirklich vorstellen, dass er oder sie sagt: »Mir ist das egal, ob all das in der Bibel steht! Dieser gnadenlose Mann auf einem Pferd ist nicht der Jesus, an den ich glaube! Das ist nicht meine Religion!«

Welche Antwort ist die richtige? Theoretisch sind beide zutreffend. Ein christlicher Kreuzfahrer, der entschlossen war, sich am Jesus von Offenbarung 19,11–21 zu orientieren, konnte das tun. Vielleicht fühlte sich General William Tecumseh Sherman auf seinem Marsch von Georgia ans Meer dazu ermächtigt, das zu tun. Ein Christ mit einer absolutistischen Sicht auf die Heilige Schrift könnte sich sogar heute noch dazu verpflichtet fühlen, so zu handeln. Praktisch gesehen ist es freilich so: Selbst wenn viele Christen früher so gedacht haben, sind es heute immer weniger. Die meisten betrachten die Heilige Schrift nicht absolutistisch und fühlen sich überhaupt nicht dazu verpflichtet, Jesus, den berittenen Massenmörder, nachzuahmen. Es wäre ein bedauerlicher Fehler, Christen als gefährliche Bevölkerungsgruppe zu betrachten, weil sie eine solche Schrift als Wort Gottes verehren. Es wäre falsch, zu befürchten, dass auch nur irgendeiner von ihnen einfach durch die Heilige Schrift zum Massenmörder wird. Kurz: Es geht nicht darum, was irgendeine Schrift abstrakt sagt, sondern was diejenigen, die diese Schrift in Ehren halten, konkret aus ihr ableiten.

Hier nur ein Beispiel aus der Heiligen Schrift der Juden.

Im Buch Exodus müssen die Israeliten, nachdem sie auf wundersame Weise der Verfolgung durch die Truppen des Pharaos entkommen sind, durch die Wüste Sinai zu dem Berg marschieren, wo Gott seinen Pakt mit ihnen schließen wird. Unterwegs wehren sie einen Angriff der

Amalekiter ab. Doch Gott, so erfahren wir, gibt sich nicht mit dem bloßen Sieg über die Amalekiter zufrieden:

> Danach sprach der HERR zu Mose: Schreib dies zur Erinnerung
> in ein Buch und lege in die Ohren Josuas, dass ich die Erwähnung
> von Amalek vollständig unter dem Himmel auslöschen werde!
> (Ex 17,14)

Was heißt es, die »Erwähnung« eines Volkes »auszulöschen« beziehungsweise – so übersetzt Luther – die »Erinnerung« an ein Volk »aus-
zutilgen«? Mit einem Wort: Es bedeutet, das Volk auszulöschen. Gott
verspricht, einen Genozid an den Amalekitern zu begehen, und Gott
hat ein langes Gedächtnis. Jahrhunderte später behalten die israelitischen Truppen endlich die Oberhand über Amalek, und Gott teilt König
Saul seine Absichten mit:

> So spricht der HERR der Heerscharen: Ich habe bedacht, was
> Amalek Israel angetan, wie es sich ihm in den Weg gestellt hat,
> als Israel aus Ägypten heraufzog. Nun zieh hin und schlage
> Amalek! Und vollstreckt den Bann an ihnen, an allem, was es
> hat, und verschone ihn nicht, sondern töte Mann und Frau, Kind
> und Säugling, Rind und Schaf, Kamel und Esel! (1 Sam 15,2–3)

Ist das das Judentum? Auch in diesem Fall lautet eine mögliche Antwort: Natürlich ist das das Judentum! *Es steht genau so in der Bibel!*
Und tatsächlich war in der Rhetorik des rabbinischen Judentums wie
auch, in jüngerer Zeit, in der des Staates Israel »Amalek« eine Art Kurz-
formel für »Todfeind Israels«, wer auch immer das im jeweiligen Augenblick sein mochte. In einer Rede ausgerechnet in Auschwitz erklärte
der israelische Premierminister Benjamin Netanjahu 2010 Iran zum
»neuen Amalek«.[4] Kern dieser Rede war, dass Iran eine existenzielle
Bedrohung für Israel darstelle, eine Gefahr für das Überleben des Staa-

tes Israel, und doch ruft die Anspielung unweigerlich die Erinnerung daran wach, dass Israel selbst eine existenzielle Bedrohung für die Amalekiter darstellte und das Volk bis zum letzten Kind und Säugling auslöschte.

Der hetzerische Vorwurf des Völkermords oder der völkermörderischen Absicht wird Israel regelmäßig von seinem palästinensischen Gegenspieler gemacht. Insofern ist dieser biblische Vorläufer gar nicht so rätselhaft oder fernliegend, wie es den Anschein hat. Doch wenn Sie einen Juden kennen, können Sie sich vermutlich nicht wirklich vorstellen, dass er oder sie sagt: »Mir ist das egal, ob all das in der Tora oder im Buch Samuel oder wo auch immer steht! Dieser Kindermörder ist nicht der Gott, zu dem ich bete! Das ist nicht mein Glauben!«

Welche Antwort ist die richtige? Auch in diesem Fall ist es wieder so: Ein Jude, der Gott nacheifern *wollte*, indem er mit seinen Feinden so völkermörderisch verfährt wie Gott mit dem Volk Amalek, ein Israeli, der sämtliche Iraner auslöschen *wollte*, findet in der Heiligen Schrift die Ermächtigung dazu. Es wäre jedoch ein bedauerlicher Fehler, Juden als gefährliche Bevölkerungsgruppe zu betrachten, weil sie eine solche Schrift als Wort Gottes verehren, genauso wie es falsch wäre, Angst davor zu haben, dass auch nur irgendeiner von ihnen einfach durch die Heilige Schrift zum Völkermörder wird. In der Praxis gehört die weit überwiegende Mehrheit der Juden, darunter auch die jüdischen Israelis, einer Nation an, die durch den nationalsozialistischen Völkermord so fürchterlich traumatisiert ist, dass sie vor der Aussicht zurückschreckt, einen Völkermord an irgendjemandem zu begehen, nur weil Gott im Tanach ein Völkermörder war. Auch hier gilt wieder: Es geht nicht darum, was irgendeine Schrift abstrakt sagt, sondern was diejenigen, die diese Schrift in Ehren halten, konkret aus ihr ableiten.

Da ich nun einmal auf diese Weise angefangen habe, erwarten Sie vermutlich einen ähnlichen Schocker aus dem Koran, bei dem ich dann erneut fragen könnte: Ist das der Islam? Und dann wie oben fortfahren könnte: Aber können Sie sich wirklich einen Muslim vorstellen, der …?

Und so weiter. Ich könnte das machen, aber ich verzichte darauf, denn Gegenstand dieses Buches ist nicht die Gewalt des Korans, sondern Gott im Koran. Gott in der Heiligen Schrift der Muslime hat, ähnlich wie Gott in den Heiligen Schriften der Juden und der Christen, Seine gewalttätigen Momente, aber Er ist eben mehr als nur Gewalt. Ich habe das Thema der Gewalt in meinen ersten beiden Büchern nicht ausgespart. Und ich will es auch hier nicht aussparen. Aber ich werde nur insofern darauf eingehen, als dieses Thema in einem größeren, umfassenderen Kontext erscheint. Es wäre eine groteske Verzerrung – ein grober *literarischer* Schnitzer –, würde ich zulassen, dass ein Aspekt irgendeines Protagonisten alle anderen Aspekte in den Schatten stellt. Ich habe mich mit dem generellen Thema der Gewalt in Heiligen Schriften zunächst einmal vor allem deshalb befasst, weil – für Sie, meine Leser, wie auch für mich – der Terrorismus von Muslimen, die sich auf den Koran berufen und »*Allahu Akbar*« rufen, dieses unerfreuliche Thema im allgemeinen Bewusstsein in den Vordergrund gerückt hat.

Ich räume ein, dass es Stellen im Koran gibt, etwa einige Passagen in Sure 9, mit deren Hilfe ein Terrorist Mord, ja sogar Massenmord rechtfertigen könnte. Ich gestehe zu, dass es Muslime gibt, die solche Stellen auf diese Weise nutzen, und wir haben allen Grund, Angst vor ihnen zu haben und uns gegen sie zu wehren. Die Gefahr, die sie darstellen, ist real und breitet sich aus. Ich hoffe jedoch, dass ich dadurch, dass ich mit vergleichbaren Passagen aus der Bibel begonnen habe, eine Plausibilitätsstruktur für meine These geschaffen habe, wonach es ein Fehler wäre – in unserem historischen Kontext sogar ein fürchterlicher, kontraproduktiver Fehler –, jeden Muslim als eine Art Terroristen in Wartestellung zu betrachten, nur weil er oder sie den Koran als Heilige Schrift verehrt. Wenn ich mit gewaltsamen Momenten in den Heiligen Schriften der Juden und der Christen begonnen habe, so soll das kein Vorspiel sein, um in die gleiche Gewalt einzutauchen, wie man sie im Koran findet, sondern ich will damit vorab anerkennen, dass es im Koran Gewalt gibt, ich will zeigen, wie sehr sich entsprechende Stellen in den jüdischen und christlichen Schriften finden lassen, und ich will anschließend das Thema beiseiteschieben, um es später erneut als Teil einer nuancierteren und stärker kontextualisierten Begegnung mit dem fesselnden göttlichen Protagonisten aufzugreifen, der im Zentrum dieser klassischen muslimischen Schrift steht.

Wir werden dieser Figur nicht mittels einer *tour de force* durch den Koran vom ersten bis zum letzten Wort begegnen, sondern indem wir den Spuren einiger kluger Autoren folgen und eine Reihe von Episoden oder auffälligen Persönlichkeiten aus den Heiligen Schriften der Juden und der Christen in den Blick nehmen, wie sie im Koran erscheinen. Juden und Christen sind oft überrascht, wenn sie merken, dass zentrale Figuren aus ihren Heiligen Schriften tatsächlich auch – und sogar wiederholt – im Koran auftauchen. Diese bemerkenswerte Tatsache wird für uns im Folgenden eine Art Eingangstür zum Koran darstellen. Inwiefern erweitert, verkürzt oder verändert der Koran die biblische Darstellung einer bestimmten Figur oder Episode? Das wird die Ausgangsfrage sein.

Die Antwort auf diese Frage wird eine weitere Frage aufwerfen. Meine Vergleiche zwischen Bibel und Koran werden sich von denen, die andere unternommen haben (und von denen ich, wie ich gerne einräume, viel gelernt habe[5]), dahingehend unterscheiden, dass ich mich stets auf das konzentriere, was Allah mittels der verschiedenen Anspielungen, Erweiterungen, Veränderungen und so weiter des Korans direkt oder indirekt *über sich selbst* offenbart. Bei meinen Erkundungen möchte ich Wendungen wie »der Koran sagt« oder »aus Sicht des Korans« so weit wie möglich vermeiden. Sie haben üblicherweise den unbeabsichtigten, aber bedauerlichen Effekt, dass sie die Präsenz Allahs verbergen oder »stummschalten«; dabei ist er es, der den Koran vom ersten bis zum letzten Wort *spricht*. Wann immer möglich, schreibe ich deshalb lieber »Allah sagt« oder »Allah beharrt darauf« und Ähnliches.

Wenn ich von Gott im Koran spreche, nenne ich ihn üblicherweise »Allah«, auch wenn ich ihn problemlos als »Gott« bezeichnen könnte.

Das arabische *ilāh*, »Gott«, wird durch die Zusammenziehung von *al-ilāh* (»der Gott«) zu *allāh*. Das verwandte hebräische Nomen *eloah*, »Gott«, wird durch den ehrenden *pluralis maiestatis* zum Plural *elohim*. Wenn ich von *elohim* im Alten Testament spreche, nenne ich ihn »Elohim«, auch wenn ich genauso gut »Gott« sagen könnte. Die *Koran*-übersetzung von Hartmut Bobzin, die der deutschen Ausgabe dieses Buches zugrunde liegt, übersetzt *allāh* mit gutem Grund als »Gott«, mitunter auch zur Verdeutlichung als »der eine Gott«. Das tun auch andere Koranübersetzungen, während einige »Allah« verwenden. Nicht ganz so uneinheitlich verhält es sich bei den Bibel-Übersetzungen mit dem hebräischen Gottesnamen *yhwh*. Die *Elberfelder Studienbibel*, aus der im Folgenden überwiegend zitiert wird, übersetzt mit »HERR« (nach dem griechischen *kyrios*). Die Großschreibung aller Buchstaben soll deutlich machen, dass an dieser Stelle im Grundtext die Buchstaben JHWH stehen. Wenn ich vom Gott der Bibel spreche, werde ich im Folgenden aber »Jahwe« verwenden (diesen Namen gebraucht von den deutschen Bibelausgaben nur die *Neue evangelistische Übersetzung*). Die meisten Bibel-Übersetzungen übersetzen *elohim* als »Gott« (nach dem griechischen *theos*), während ich, wie schon gesagt, im Text »Elohim« verwenden werde. Wenn, was häufig der Fall ist, die beiden hebräischen Gottesnamen innerhalb eines einzigen Kontextes alternierend verwendet werden, spreche ich von »Jahwe Elohim«, wie das die Bibel schon früh im Buch Genesis (siehe Gen 2,4 ff.) tut (im Deutschen ist dann von »Gott dem HERRN« die Rede). Das mag zunächst etwas verwirrend klingen, aber in der Praxis lässt sich das leicht nachvollziehen.

Als Namen beziehen sich Allah, Jahwe und Elohim alle auf das gleiche Wesen; aber wenn es darum geht, dessen Präsenz in zwei verschiedenen Heiligen Schriften vergleichend zu betrachten, dient es der Klarheit und Einfachheit, wenn man unterschiedliche Namen verwendet, statt bemüht und auf verwirrende Weise fortwährend »Gott in der Bibel«, »Gott im Koran« und so weiter zu sagen. Indem ich mehrere Namen verwende, kann ich den Ausdruck »Gott« den gelegentlichen Fällen einer allgemeineren oder gemeinsamen Bezugnahme sowie der rückblickenden Verwendung im Nachwort zu diesem Buch vorbehalten. Aus mehrerlei Gründen sorgt es auf ähnliche Weise für Klarheit, wenn ich bei Ausführungen zu Koran- und Bibelstellen die Singularpronomen, die sich auf Gott beziehen, groß schreibe – also Er, Sein und Ihm/Ihn –, auch wenn ich das für gewöhnlich nicht so handhabe. Das hat seinen Grund darin, dass das Pronomen »er«, wenn Gott sich im Koran beziehungsweise in der Bibel im Dialog mit dem einen oder anderen Menschen befindet, oftmals nicht eindeutig zuzuordnen ist. Indem ich die Verweise auf Allah beziehungsweise Jahwe großschreibe, lassen sich solche Stellen leichter lesen.

Wenn wir uns lediglich mittels ein paar ausgewählter Passagen mit Gott im Koran befassen und diese überdies mit den entsprechenden Stellen in der Bibel vergleichen, begegnen wir der Heiligen Schrift der Muslime auf informelle, dialogische Weise und nicht erschöpfend beziehungsweise formell, doch gerade daraus bezieht diese Begegnung ihre ganz eigene Faszination. Wenn Allah im Koran Mohammed darüber belehrt, was Sein Prophet über diese biblischen Themen sagen soll, spricht Er eindeutig zu jemandem, der seinen Gegenstand bereits allgemein kennt und dessen Wissen lediglich einer Auffrischung, Korrektur oder Vervollständigung bedarf. Allah ist der Lehrer; Mohammed ist der Schüler; wir, als Leser des Korans in deutscher Übersetzung, sind eingeladen, zu lauschen und zu lernen.

Allah verlangt im Koran von der Menschheit vor allem, dass sie Seine Göttlichkeit anerkennt und sich Ihm als dem einen und einzigen Gott unterwirft. Das arabische Wort *islām* bedeutet Unterwerfung; das arabische Wort *muslim* (aus der gleichen arabischen Wurzel *s-l-m*) bezeichnet jemanden, der sich auf diese Weise unterworfen hat. Das war, so lehrt der Koran, Allahs Forderung seit Beginn der Menschheitsgeschichte, und deshalb ist seine Botschaft ganz bewusst keine neue Botschaft. So wie der Koran die Religionsgeschichte versteht, war Adam zu seiner Zeit *muslim*; Abraham war ebenfalls *muslim*, genauso wie Joseph und so weiter über den *muslim* Jesus Christus bis zu Mohammed. Eine Kernbotschaft des Korans lautet jedoch, dass die unveränderliche Botschaft des *islām* im Verlaufe der dazwischenliegenden Zeitalter verloren ging oder verdorben wurde. Deshalb verlangt Allah als Verfasser und Sprecher des Korans von Juden und Christen, sie sollten anerkennen, dass sie das, was Gott ihnen offenbart hat, verloren oder verfälscht haben; und sie sollten entsprechend anerkennen, dass sie Mohammed benötigen als den Propheten, der ihnen wie der gesamten Menschheit endlich Allahs endgültige und definitive Botschaft überbringt.

Diesen Glaubensanspruch will ich weder verteidigen noch kritisieren. Ich will hier nur eines, nämlich *beobachten*. In der jüdischen wie in der christlichen Bibel offenbart sich Gott indirekt nicht nur über Worte, sondern oft auch durch Taten, die zur Charakterisierung durch einen beobachtenden Interpreten einladen. Ähnlich verhält es sich im Koran: Indem er genau darauf achtet, inwiefern der Koran Stoffe, die er mit der Bibel gemeinsam hat, abändert, kann ein beobachtender Interpret daraus erschließen, wie unterschiedlich der Koran Gott charakterisiert.

Das impliziert nicht, dass die Vergleiche im Folgenden allein Unterschiede und keine Ähnlichkeiten zutage fördern. Im Gegenteil! Insgesamt gesehen gibt es deutlich mehr Ähnlichkeiten als Unterschiede, auch wenn die Unterschiede unvermeidlich am interessantesten sind. Aufgrund einer seltsamen und, in meinen Augen, bedauerlichen Symmetrie leugnen manche Muslime und manche Christen, dass ihre jeweiligen Schriften vom gleichen Gott sprechen. Ich glaube, dass sie sehr wohl vom gleichen Gott sprechen. Während die Heiligen Schriften der Juden und der Christen, die Jahrhunderte vor der Geburt Mohammeds fertiggestellt wurden, an keiner Stelle vom Koran sprechen, spricht der Koran durchaus von der Tora und dem Evangelium, die wichtige Teile der jüdischen und christlichen Schriften sind, und jede aufmerksame literarische Interpretation des Korans muss zu dem Schluss kommen, dass sein göttlicher Sprecher sich zweifellos als den Gott betrachtet, den

Juden und Christen verehren, und als den Verfasser ihrer Schriften. Innerhalb dieser dreifaltigen literarischen Identität jedoch gibt es deutlich unterschiedliche Schwerpunktsetzungen, und es lohnt sich, diese unterschiedlichen Schwerpunktsetzungen, die in leicht zu übersehenden Textdetails zum Ausdruck kommen, herauszuarbeiten. In diesem Fall liegt nicht der Teufel im Detail, sondern die Gottheit.

Ziel ist es nicht, eine bestimmte Darstellung Gottes in Konkurrenz zu einer anderen zu setzen, und schon gar nicht, aus Muslimen Nicht-Muslime oder aus Nicht-Muslimen Muslime zu machen. Deutsche Muslime stellen Nicht-Muslimen den Koran gerne in deutscher Übersetzung zur Verfügung und begrüßen sie als Koranleser, während Christen und Juden zumindest genauso aktiv ihre Schriften publizieren und unters Volk bringen. Gleiches lässt sich auch von anderen Glaubensrichtungen sagen. Wenn wir also – und zwar wir alle – potenziell ohnehin bereits die Schriften der jeweils anderen *lesen*, so möchte ich Sie einladen, mich bei einer vergleichenden Interpretation einer bescheidenen Auswahl paralleler Passagen aus dem Koran einerseits und aus der Bibel andererseits zu begleiten.

Wir werden dabei mit einem aussagekräftigen Zitat aus dem Koran beginnen und bei dessen Interpretation selektiv auf verwandte Stellen in der Bibel zurückgreifen. Unsere Interpretation beider Heiliger Schriften hat einen Schwerpunkt, den ich als *theografisch* bezeichnen möchte. Die Theologie bedient sich üblicherweise der schwierigen Instrumente der Philosophie. Die Theografie setzt eher auf die nutzerfreundlicheren und stärker deskriptiven Instrumente literarischer Wertschätzung und, bis zu einem gewissen Punkt, sogar auf die Instrumente der Biografie. Die Theografie versucht also nicht, die Bedeutung der göttlichen Figur philosophisch zu fassen, sondern ihr auf deutlich bescheidenere Weise zu *begegnen*, so wie man Figuren auf den Seiten eines literarischen Werks begegnet. Die einzige Zugangsvoraussetzung ist die Bereitschaft, sich darauf einzulassen und gelegentlich auch überraschen zu lassen. Ziel ist keine allgemeine Einführung in den Koran: Ein solches

Unterfangen würde offenkundig als Mindestvoraussetzung eine Interpretation des gesamten Korans erfordern. Ich will aber auch keinen Aufsatz über *kalām* oder islamische Theologie schreiben, indem ich über den Sinn der traditionellen 99 »schönsten Namen« Gottes nachdenke und von dort meinen Ausgang nehme.

Mein Ziel und meine Hoffnung sind, dass am Ende eine Art erster Besuch steht. Als 14-jähriger Junge und Mitglied in der Leichtathletikmannschaft meiner Highschool fuhr ich eines Tages mit dem Bus zu einem Wettkampf im Football-Stadion Stagg Field an der University of Chicago. Das war mein erster Besuch an dieser Universität oder überhaupt an einer Universität. Als der Wettkampf vorbei war und der Bus erst drei Stunden später wieder abfuhr, spazierte ich voller Staunen über den Campus – es gab hier ganze Gebäude, die Gegenständen gewidmet waren, welche für mich bis dahin nur Wörter im Lexikon gewesen waren! *Botanik, Paläontologie, Philosophie* – was befand sich hinter diesen Türen? Ich hatte so gut wie keine Ahnung. Die gotische Kollegiatsarchitektur selbst der Turnhalle ließ sie in meinen Augen wie eine seltsame Kirche erscheinen. Wo war ich? In was für ein gefährliches Wunderland war ich da hineingeraten?

Wie ich erst viele Jahre später erfuhr, hatte 1942, im Jahr meiner Geburt, unter der Haupttribüne von Stagg Field die erste eigenständige Kernreaktion stattgefunden, und zwar unter der Leitung des großen Enrico Fermi. Das war in der Tat gefährlich! Ein Jahr später wurde das 1893 errichtete Stadion abgerissen und durch die großartige Regenstein Library der Universität ersetzt, wo ich zwanzig Jahre später als Postdoktorand arbeiten sollte. Wie wenig wusste ich bei diesem ersten Besuch von all dem, was das baufällige alte Stadion im Herzen dieser großen Universität umgab! Und doch vermittelte dieser Besuch einen enormen Nervenkitzel. Einen Nervenkitzel und einen Anfang. Stellen Sie sich diesen Besuch beim Koran ein wenig so vor, ganz beiläufig, aber offen für den Nervenkitzel der Entdeckung – selbst wenn Sie den Koran vielleicht zuvor schon besucht haben.

Die Bibel, fünfmal länger als der Koran, ist eine riesige Anthologie, das Werk vieler verschiedener Verfasser, die in einem Zeitraum von mehr als 1000 Jahren zwischen etwa 900 v. u. Z. und etwa 100 u. Z. schreibend tätig waren. Der Koran, wie die Historiker ihn kennen,[6] entstand binnen intensiven zwanzig Jahren, spät im Leben nur eines einzigen Mannes: des Propheten Mohammed, der ihn Anfang des 7. Jahrhunderts als Offenbarung von Allah empfing. Unsere dezidiert begrenzte doppelte Beschäftigung mit diesen beiden Schriften wird über die beiden bereits erwähnten außergewöhnlichen Übersetzungen erfolgen – nämlich die *Elberfelder Bibel* und den *Koran* in der Übertragung des Islamwissenschaftlers Hartmut Bobzin.

Die *Elberfelder Bibelübersetzung*, die erstmals 1855 (Neues Testament) beziehungsweise 1871 (Altes Testament) erschien, fand zwar weniger Verbreitung als etwa die Lutherbibel oder die Einheitsübersetzung, gilt aber noch immer als diejenige deutsche Fassung, die dem Grundtext (Hebräisch, Aramäisch und Griechisch) am nächsten kommt. Dieser Ansatz einer strukturtreuen Übersetzung, die sich am Ausgangstext orientiert und möglichst wenig theologische Interpretation in den Übersetzungstext einbringen will, wurde auch bei den späteren Überarbeitungen beibehalten, bei denen sprachliche Härten der ersten Ausgaben zugunsten besserer Lesbarkeit revidiert wurden. Besonders nützlich ist dabei die umfassende Ausgabe der *Elberfelder Studienbibel* (6. Auflage, 10. Gesamtauflage, Witten/Dillenburg: SCM R. Brockhaus/Christliche Verlagsgesellschaft 2017) mit ihrem umfassenden Studienteil und ihrer ausführlichen Wortkonkordanz. Daneben wurde jedoch bedarfsweise auch immer wieder auf andere Bibelübersetzungen zurückgegriffen, namentlich auf die *Lutherbibel* (in der revidierten Fassung von 2017), auf die katholische *Einheitsübersetzung* sowie auf die Übersetzung der hebräischen Bibel, des Tanach, durch Martin Buber und Franz Rosenzweig (*Die Schrift*, 4 Bde., 10., verbesserte Auflage der überarbeiteten Ausgabe von 1954, Stuttgart: Deutsche Bibelgesellschaft 1992). Als ausgesprochen hilfreich für den Übersetzungsvergleich erwies sich überdies die Website *www.bibelserver. com*, auf der zahlreiche weitere Übersetzungen ins Deutsche und andere Sprachen zu finden sind.[7]

Der Islamwissenschaftler Hartmut Bobzin orientiert sich in seiner neuen Koranübersetzung an den Grundsätzen, die schon der Dichter (und Professor für Orientalische Sprachen) Friedrich Rückert (1788– 1866) seiner auszugsweisen Übersetzung der Heiligen Schrift der Muslime zugrunde legte: »dem Streben nach philologischer Genauigkeit und dem Bemühen um eine angemessene sprachliche Form«.[8] Viele der davor erschienenen Koranübersetzungen waren vor allem um Genauigkeit bemüht, eingedenk auch der Tatsache, dass der Koran ausdrücklich auf Arabisch (also in der Sprache des Volkes) offenbart wurde:

> Dies sind die Zeichen des klaren Buchs.
> Siehe, wir sandten es herab als Lesung auf Arabisch,
> vielleicht begreift ihr ja. (Sure 12,2)

Eine Übertragung in eine andere Sprache galt (und gilt) vielen Muslimen und Korangelehrten deshalb als Ding der Unmöglichkeit, da dadurch die einzigartige, unvergleichliche und unnachahmliche Schönheit des offenbarten Textes verloren gehe. »Während bei der Verbreitung des Christentums die Übersetzung der Bibel in die jeweilige Volkssprache eine entscheidende Rolle spielte, waren die Koranübersetzungen nur von untergeordneter Bedeutung; sie galten lediglich als Hilfe zum Verständnis des Korans«, als »eine Erläuterung, eine Erklärung«.[9] Entsprechend ging es den meisten gängigen Koranübersetzungen darum, möglichst genau den »Inhalt« dieser Schrift zu vermitteln, »ohne irgendeine Anstrengung zu unternehmen, die ästhetischen, das heißt auch literarisch-formalen Qualitäten des Originals zu erreichen«.[10] Da es uns aber im vorliegenden Buch gerade um den Koran als literarischem Text geht, kann im Grunde nur die Neuübersetzung von Hartmut Bobzin als Grundlage dienen. Dennoch wurden, wenn nötig, auch andere Übersetzungen herangezogen, namentlich die erstmals 1901 erschienene von Max Henning (7. Auflage der Neuausgabe, Hamburg: Nikol, 2016) und die wissenschaftlich maßgebliche Übertragung von Rudi Paret (12. Auflage, Stuttgart: W. Kohlhammer, 2014). Daneben fand auch die weitverbreitete zweisprachige Ausgabe (arabisch/deutsch) der Ahmaadiyya Muslim Jamaat Berücksichtigung, die erstmals 1954 erschien (8. überarbeitete Taschenbuchauflage, Frankfurt/M.: Verlag Der Islam 2016).[11]

Die beiden hier ausgewählten Übersetzungen sollen vor allem zeigen, dass Bibel wie Koran nicht nur theologisch wirkmächtige Heilige Schriften sind, sondern auch als literarisch-ästhetische Texte zu beeindrucken wissen.

(Das Vorwort wurde vom Übersetzer an die deutsche Ausgabe angepasst.)

ADAM UND SEINE FRAU

Wer ist Gott? Nähert man sich dieser Frage auf philosophischem oder theologischem Wege, kann die Antwort so gut wie überall ihren Ausgang nehmen. Geht man diese Frage jedoch mit Blick auf die Heiligen Schriften an, so müssen Antworten stets mit dem beginnen (und weitgehend bei dem bleiben), was die jeweilige Schrift uns über Gott *berichtet*. Diese Einschränkung lässt sich in etwa mit der Begrenzung eines Tennisplatzes vergleichen. So willkürlich sie sein mag, so können wir sie akzeptieren und sogar anerkennen, dass das Spiel ohne sie deutlich weniger Aufregung und Vergnügen zu bieten hätte. Natürlich verbringen Tennisspieler nicht ihr ganzes Leben auf dem Tennisplatz, und auch in diesem Buch werden wir hin und wieder eine Art »Auszeit« nehmen und zulassen, dass unsere Erörterung über einen streng begrenzten Vergleich der jeweiligen Texte von Bibel und Koran hinausgeht. Die Spielregeln verlangen einzig und allein, dass wir darauf hinweisen, wenn wir das tun.*

Die Bibel und der Koran berichten uns viele Dinge über Gott, und in

---

* Ein Hinweis zur Zitierweise: Im Folgenden bedeutet ein Zitatnachweis wie »Sure 6,20–24« die sechste Sure (Kapitel) aus dem Koran, Vers 20–24. »Sure 6,20–24, 28« bedeutet Sure 6, Vers 20–24 plus 28 (unter Auslassung der Verse 25–27). »Sure 6,20–24, 28–7,1–5« bedeutet Sure 6, Vers 20–24 plus Vers 28 und weiter bis Sure 7, Vers 1–5. »Sure 6–7« meint die Koransuren 6 und 7 in ihrer Gesamtheit. Gleiches gilt für die einzelnen Bücher der Bibel, die nach den gängigen Abkürzungen mit Kapitel- und Versnummer zitiert werden. Aus Gründen der besseren Unterscheidbarkeit werden die fünf Bücher Mose mit ihrem jeweiligen Namen zitiert: Genesis (Gen), Exodus (Ex), Levitikus (Lev), Numeri (Num) und Deuteronomium (Dtn).

vielerlei Hinsicht stimmen sie überein, aber diese Übereinstimmung fällt nicht immer sofort ins Auge, denn in literarischer Hinsicht bedienen sich beide höchst unterschiedlicher Verfahren. Die Bibel erzählt eine epische Geschichte, beginnend mit der Erschaffung der Welt und der Zeit, und endend mit dem Ende der Welt und der Zeit. Allah, der im Koran spricht, kennt diese Geschichte gut, denn er beansprucht sie, ohne zu zögern, als Seine Geschichte. Seine Art zu sprechen impliziert, dass Mohammed, dem Er seine Offenbarung mitteilt, zumindest deren Hauptpersonen und wichtigste Episoden ebenfalls kennt. Wo der Koran mit der Bibel übereinstimmt, entfaltet er sich nicht als vollständige Neuerzählung der biblischen Geschichte, so als sei diese Geschichte nie zuvor erzählt worden, sondern eher als eine Reihe selektiver Berichtigungen und Erweiterungen einer bereits bekannten Erzählung.

Wo mehr Korrekturen erforderlich sind, hat Allah im Koran mehr zu sagen, wo weniger Korrektur erforderlich ist, hat er weniger zu sagen. Seine Korrektur ist selbstverständlich nie nur textlicher Natur, sondern immer und ausschließlich substantieller Art. Er bereitet keine überarbeitete Ausgabe des Bibel*textes* vor, sondern berichtigt den Bibel*inhalt*, indem er die Geschichte, welche die Bibel erzählt, im Zuge der Übermittlung Seiner neuen, vollkommenen Schrift revidiert.

Die Schöpfung umfasst nicht ihren Schöpfer. Darin stimmen Bibel und Koran überein. Es gibt keine größere Wirklichkeit, die sowohl Ihn als auch sie umfassen würde. Die Zeit ist keine solche Realität; sie enthält Gott nicht. Auch der Raum enthält Ihn nicht. Er ist nicht Teil der raumzeitlichen Welt, denn Er hat die Welt *geschaffen*. Aber Gott hat Sein menschliches Geschöpf zu einem Teil Seiner Welt gemacht, und der menschliche Teil von Gottes Welt ging so ziemlich von Anfang an schief. Über diesen Teil der biblischen Geschichte hat Allah jede Menge zu sagen. Tatsächlich taucht das Thema im Koran immer wieder auf, und Allahs korrigierte Versionen der Geschichte dessen, was da falschlief, sind zwar in sich stimmig, fügen der Gesamtüberarbeitung aber verschiedene, mitunter ergänzende, mitunter auffällige Details hinzu.

Wer ist Gott? Sowohl die Bibel als auch der Koran erzählen uns davon in beträchtlichem Ausmaße durch das, was oder wer Er nicht ist. Die beiden Schriften stimmen zwar darin überein, dass Gott nicht die Welt ist, die Er geschaffen hat, sind jedoch unterschiedlicher Ansicht, welche Beziehung zwischen dem Schöpfer und Seinem menschlichen Geschöpf besteht. Das gilt vor allem für ihren jeweiligen Berichte »Of Man's first disobedience«, von des Menschen erster Schuld, um die unsterblichen ersten Worte von John Miltons *Paradise Lost* zu zitieren. Bei der Erzählung dieser Geschichte offenbart sich Allah quasi selbst in Seiner besonderen Beziehung zur Menschheit, so wie Jahwe das im biblischen Buch Genesis tut, wenn man es traditionell interpretiert. Unterschiedliche Nuancen bei der Darstellung des ersten Akts menschlichen Ungehorsams werden somit zu unterschiedlichen Nuancen darin, wie die jeweilige Schrift Gott selbst charakterisiert.

Eine wichtige koranische Erzählung dieser grundlegenden Geschichte findet sich in Sure 7,10–27, wo es zunächst heißt:

Wir verliehen euch Macht auf der Erde
und bereiteten darauf für euch Lebensunterhalt;
wie wenig seid ihr dankbar!
Wir erschufen euch, dann gestalteten wir euch.
Dann sprachen wir zu den Engeln:
»Werft euch vor Adam nieder!«
Da warfen sie sich nieder, außer Iblis –
er gehörte nicht zu denen, die sich niederwarfen. (Sure 7,10–11)

Der biblische Bericht von der Erschaffung der Welt und vom Ungehorsam der ersten Menschen findet sich in Genesis 1–3, ganz am Anfang der Bibel. Genesis 1, wo Elohim die Welt in sechs Tagen schafft, mit dem Höhepunkt der Erschaffung des ersten Menschenpaars, entspricht im Grunde Allahs »Wir verliehen euch Macht auf der Erde und bereiteten darauf für euch Lebensunterhalt«, doch Genesis 1 wendet sich nicht an ein »Ihr« und beschreibt einen Schöpfer, der nur eines erwartet, nämlich Gehorsam gegenüber seinen (und nur seinen) Befehlen: »Seid fruchtbar und vermehrt euch, und füllt die Erde, und macht sie euch untertan«. (Gen 1,28)

Doch zu Beginn von Genesis 2 ist die Erde seltsam leer von Menschen, Tieren und sogar Pflanzen. Es wirkt, als sei die Welt aus Genesis 1 nur halb fertiggestellt, und Gott fängt noch einmal von vorne an, diesmal als Jahwe, und beginnt auf halber Strecke mit dem ersten Menschen, statt ihn als letztes zu schaffen. Nachdem Er ihn aus Staub und Wasserdunst geformt hat, pflanzt Er einen Garten, erschafft dann die Tiere, denen das noch immer namenlose menschliche Geschöpf Namen geben darf, und erteilt schließlich Seinen Befehl:

> Von jedem Baum des Gartens darfst du essen; aber vom Baum
> der Erkenntnis des Guten und Bösen, davon darfst du nicht
> essen; denn an dem Tag, da du davon isst, musst du sterben!
> (Gen 2,16–17)

Diese Anweisung impliziert, dass der Mensch, solange er sich von diesem einen Baum fernhält, *nicht* stirbt, Und tatsächlich erfahren wir am Ende von Genesis 3, dass der Garten einen »Baum des Lebens« enthält, dessen Früchte dem, der sie verspeist, Unsterblichkeit verleihen. Er gehört zu den Bäumen, von deren Früchten der Mensch jederzeit gerne essen darf.

In Genesis 2 fehlt etwas, was Sure 7 des Korans von Anfang an bestimmt – nämlich die Anwesenheit und Beteiligung der Engel und insbesondere des überragend wichtigen Satans. Ihre Einbeziehung hat zur Folge (was auf subtile Weise vielfach verstärkt wird), dass sich der Handlungsschauplatz von der Erde in den Himmel verlagert, wo Allah von Seinen Engeln begleitet wird. In Sure 7 fährt Allah fort, wobei Er nun von sich selbst in der dritten Person spricht:

Er sprach: »Was hielt dich davon ab, niederzufallen, da ich es dir
  befahl?«
Er sprach: »Ich bin besser als er.
Mich schufst du aus Feuer, ihn schufst du aus Lehm.«
Er sprach: »Steige herab aus ihm!
Es steht dir nicht an, dich in ihm hochmütig zu zeigen.
So geh hinaus!
Siehe, du bist einer der Geringgeachteten.« (Sure 7,12–13)

Sure 7 enthält keinerlei expliziten Hinweis auf die Erschaffung Adams
aus Lehm, obwohl dieses Detail (zusammen mit einem weiteren wichtigen) an anderer Stelle im Koran erwähnt wird:

Als dein Herr zu den Engeln sprach:
»Siehe, ich will aus Lehm einen Menschen schaffen.
Wenn ich ihn dann wohlgestaltet
und *von meinem Geist in ihn geblasen* habe –
dann fallt vor ihm anbetend nieder!« (Sure 38,71–72;
  Hervorhebung von mir)

Adams Körper mag aus Lehm und derjenige Satans aus Feuer gemacht
sein, doch der erste Mensch atmet mit dem Atem Allahs, und vielleicht
verdient er aus diesem Grund die verehrende Anbetung der Engel (vielleicht aber auch nicht; siehe unten S. 61–62 Sure 2,30–33).

Widerwillig fügt sich Satan Allah an diesem Punkt, aber er schlägt
Allah einen erstaunlichen Deal vor:

Er sprach: »Gib mir Aufschub
bis zu dem Tag, an dem sie auferweckt werden!«
Er sprach: »Siehe, du sollst einer derer sein, denen Aufschub
  gewährt ist.«
Er sprach: »Weil du mich in die Irre führtest,

so will ich ihnen nun besetzen deinen geraden Weg!
Dann werde ich sie angreifen, von vorne und von hinten
und von rechts und links.
Du wirst finden, dass die meisten von ihnen nicht dankbar sind!«
Er sprach: »Geh hinaus aus ihm, verachtet und verjagt!
Wer dir dann von ihnen folgt –
wahrlich, die Hölle werde ich anfüllen mit euch allen!«
Und: »Adam! Wohne du mit deiner Frau im Paradiesesgarten,
und esst von allem, was ihr wollt!
Doch naht euch diesem Baum da nicht,
sonst seid ihr Frevler!« (Sure 7,14–19)

Im Buch Hiob erlaubt Jahwe dem Satan, Hiob zu quälen, um damit zu
Jahwes größerer Zufriedenheit zu beweisen, dass Hiob selbst unter Folter seinen Schöpfer niemals verfluchen wird. Hier gibt Allah Satan die
Erlaubnis, Adam und seine Nachkommen von allen Seiten in Versuchung zu führen, sie von »deinem geraden Weg«, also dem des Islams,
wegzulocken vom Augenblick der Erschaffung des Menschen bis zum
Ende aller Tage.

So wie Allahs Garten ein himmlischer Garten ist, während Jahwes
Garten, bewässert von Tigris und Euphrat, sich auf Erden befindet
(Gen 2,8), so entfaltet sich Jahwes Geschichte in irdischer Zeit, während
die Geschichte Allahs von Anfang an mit der Ewigkeit rechnet. Der
Aufschub, den Satan erbittet und bekommt, ist eine Gnadenfrist, die
vom Beginn der Menschheitsgeschichte mit der Erschaffung Adams bis
zu ihrem Ende an dem Tag läuft, an dem die Toten alle auferstehen und
entweder mit dem Himmel belohnt oder mit der Hölle bestraft werden.
Der in der Tat feurige Satan ist nun endgültig für die Hölle bestimmt,
den Ort des Feuers und der ewigen Qual, zu dem Allah all diejenigen
verdammt, die Seine Gnade nicht akzeptieren und sich Ihm nicht unterwerfen, doch Allah hat dem aufsässigen Engel eine außergewöhn-
liche Aussetzung des Vollzugs gewährt.

Das Buch Genesis, das von einer Stimme erzählt wird, die im Werk selbst nie näher spezifiziert wird, schreitet Schritt für Schritt voran wie in einem Roman, einem Theaterstück oder einem Kunstfilm und baut im Verlaufe dessen eine gewisse Spannung auf. Allah hingegen liefert, was wir eher als Bericht denn als Gegenerzählung bezeichnen könnten. Während ein konventioneller Erzähler die Geschichte nicht »herschenken« würde, indem er das Ende vorzeitig verrät, hat Allah für solcherlei Erwägungen keinen Sinn. Ihm geht es um den Kern der Geschichte, nicht um die Aufrechterhaltung oder Steigerung irgendeiner bloßen erzählerischen Spannung.

Und es gibt noch weitere interessante Unterschiede. Als Jahwe in Genesis 2 dem Menschen befiehlt, nicht von der verbotenen Frucht zu essen, erwähnt Er mit keinem Wort eine Schlange, die zum Ungehorsam verführen könnte. In Sure 7 hingegen hat Adam *gehört*, wie Allah Satan seine ungeheure historische Gnadenfrist gewährt, und er hat *gehört*, wie Satan seine diabolische Absicht verkündet, diese Gnadenfrist zu nutzen, um Menschen wie Adam in Versuchung zu führen. Adam wurde somit mehr als umfassend vor dem gewarnt, was dräut, als Allah sein Verbot ausspricht: »Adam! Wohne du mit deiner Frau im Paradiesesgarten, und esst von allem, was ihr wollt! Doch naht euch diesem Baum da nicht, sonst seid ihr Frevler!« Im Buch Genesis wird das vergleichbare Verbot allein dem Mann gegenüber ausgesprochen, und die Schlange führt, vielleicht aus genau diesem Grund, Eva in Versuchung (obwohl diese offenbar von Jahwes Verbot weiß). Im Koran hingegen erteilt Allah den Befehl recht explizit sowohl Adam als auch dessen Frau, auch wenn es sich bei ihr um eine Frau handelt, deren Namen er niemals ausspricht.

Und nun folgt die Versuchung als solche:

Doch da beschwatzte sie der Satan – beide,
um ihnen offenbar zu machen, was ihnen verborgen war
    von ihrer Scham,

und sprach: »Nur deshalb hat euch euer Herr von diesem Baum
   verboten,
damit ihr keine Engel werdet oder gar ewig lebt!«
Und er beschwor sie – beide:
»Siehe, ich bin ein guter Ratgeber für euch!«
So verführte er sie durch Trug.
Als sie nun von dem Baume kosteten – beide,
wurde ihnen ihre Blöße sichtbar,
und sie begannen, sich mit Blättern aus dem Garten zu bedecken,
die sie zusammenfügten.
Da rief ihr Herr ihnen beiden zu:
»Habe ich euch nicht jenen Baum verboten
und euch nicht gesagt: ›Der Satan ist für euch ein klarer Feind‹?«
Sie sprachen: »Unser Herr!
Wir haben an uns selbst gefrevelt!
Wenn du uns nicht vergibst und dich unserer erbarmst,
wahrlich, dann sind wir verloren.« (Sure 7,20–23)

Bei der Erzählung dieser gemeinsamen Geschichte verbindet die Bibel
und den Koran zweifellos eine tiefreichende strukturelle Ähnlichkeit.
Allah verweist auf das, »was ihnen verborgen war von ihrer Scham«.
Und in Genesis 2,25 heißt es: »Und sie waren beide nackt, der Mensch
und seine Frau, und sie schämten sich nicht.« In beiden Schriften wird
das erste Paar durch einen schlauen, leutseligen Feind getäuscht, der
sich ihr Vertrauen erschleicht. Beide Mal essen sie vom verbotenen
Baum. Beide Mal verändert sich dabei sogleich die Einstellung gegenüber dem eigenen Körper: »Da wurden ihrer beider Augen aufgetan,
und sie erkannten, dass sie nackt waren; und sie hefteten Feigenblätter
zusammen und machten sich Schurze.« (Gen 3,7) Diese Parallelen sind
bedeutsam und unbestreitbar.

Und doch finden sich auch auffällige Unterschiede. In Sure 7 wie
auch anderswo im Koran verlangt Allah, obwohl die spätere mensch-

liche Reproduktion eindeutig antizipiert wird, diese nie persönlich von Adam und seiner Frau. In Genesis 1,28 hingegen befiehlt Elohim dem ersten Paar ganz direkt: »Seid fruchtbar und vermehrt euch, und füllt die Erde, und macht sie euch untertan.« Und in Genesis 2,18, als Jahwe Elohim[1] sagt: »Es ist nicht gut, dass der Mensch allein sei« und die erste Frau aus einer Rippe des Mannes erschafft, heißt der Mann sie mit etwas willkommen, was sich zweifellos als poetische Leidenschaft lesen lässt: »Diese endlich ist Gebein von meinem Gebein und Fleisch von meinem Fleisch«; und dann sagt er, der all die anderen Lebewesen benannt hat, jedes nach seiner Art, aber selbst keinen eigenen Namen hat, von ihr: »diese soll Männin heißen, denn vom Mann ist sie genommen.« (Gen 2,23) Dem fügt der anonyme Erzähler der Genesis eine vielsagende Nebenbemerkung hinzu: »Darum wird ein Mann seinen Vater und seine Mutter verlassen und seiner Frau anhängen, und sie werden zu einem Fleisch werden.« (Gen 2,24)

Diese Passagen, insbesondere der Verweis auf das »eine Fleisch«, suggerierten frühchristlichen Interpreten, insbesondere dem heiligen Augustinus, dass dem ersten Paar befohlen worden war, eine sexuelle Beziehung einzugehen (was denn auch der Fall war), noch bevor sie von der verbotenen Frucht gegessen hatten. Aber wie hätten sie in diesem Fall erst nach dem Verzehr der Frucht bemerken können, »dass sie nackt waren«?

Für Augustinus lag die Antwort in seinem Werk *Der Gottesstaat* in dem, wofür diese Erkenntnis tatsächlich stand – nämlich nicht für die Sexualität als solche, sondern für die sexuelle Leidenschaft. Es war das brutale Eindringen der Lust in ihr reproduktives Leben, das ihre Sünde des Ungehorsams zum Sündenfall des Menschen werden ließ. Vor dem Sündenfall hatte die Vernunft die Leidenschaft beherrscht. Danach überrannte die Leidenschaft, die unkontrollierbare Leidenschaft, rücksichtslos die Vernunft. Für den Augustinus der *Bekenntnisse* war all das eine Sache schmerzlicher persönlicher Erfahrung. Vor dem Sündenfall, so behauptete Augustinus, hätte Adams Penis nur dann eine zuverlässige Erektion gezeigt, als Adam Elohims Befehl gehorchte, fruchtbar zu sein und sich zu vermehren. Keine erektile Dysfunktion sollte seinen frommen Gehorsam je erschweren. Keine ungewollten Erektionen sollten sein Leben zu anderen Zeiten erschweren, wie das bei Augustinus so oft der Fall gewesen war. Sein Leben war eine Art wahr gewordener platonischer Traum.

Diese Interpretation steht hinter John Miltons Beschwörung der unschuldigen sexuellen Glückseligkeit im Garten Eden:

> Einmüthig sprachen sie's, ganz unbekümmert
> Um andern Andachtsbrauch, anbetend nur,
> Was Gott zumeist gefällt; ins Innerste
> Der Laube gingen sie nun Hand in Hand.
> Die lästigen Kleider, die wir jetzo tragen,
> Entbehrend, legten sie sich traulich gleich
> Dicht bei einander nieder; und ich meine,
> Es wandte sich nicht Adam von der Braut,
> Noch sträubte lang' sich Eva, den geheimen
> Ehlichen Brauch zu dulden; was auch Heuchler
> Von Reinheit, Unschuld voller Strenge reden,
> Als unrein lästern, was Gott rein erklärt,
> Und Einigen befiehlt, und freistellt Allen.
> (*Paradise Lost*, IV, 736–747)[2]

Als Adam und Eva sich umarmen, beobachtet Satan sie dabei – eine Szene, die William Blake 1807 mit Feder und Aquarellfarben illustriert und der er den Titel *Satan beobachtet die Liebkosungen von Adam und Eva* gegeben hat.[3] Das erste Liebespaar wird gezeigt, wie es nackt »dicht bei einander« lag (also wie ihre Leiber sich aneinanderpressten), umwerfend schön in ihrer körperlichen Vollkommenheit, und sich küssten. Darüber schwebt Satan, eine Schlange um seinen geflügelten Körper gewunden, und beobachtet sie beinahe sehnsüchtig.

Im Koran findet sich kaum etwas oder gar nichts, was zu einer Interpretation im Sinne des Augustinus oder Miltons/Blakes einlädt. Allahs Verweis auf die Nacktheit Adams und seiner Frau scheint recht deutlich zu implizieren, dass das erste Paar bis zu seiner Sünde libertär lebte. Was ihnen nach ihrem Ungehorsam offenbar wurde, war »ihre Blöße« (oder »ihre Scham«, wie es in anderen Koranübersetzungen heißt). Ein früher Kommentator aus dem 8. Jahrhundert mit Namen Wahb ibn Munabbih schlug vor, dass »Adam und Eva ursprünglich in Licht gehüllt waren, so dass ihnen ihre privaten Teile verborgen waren«, was vermutlich sexuelle Beziehungen ausschloss. Das Buch Genesis überlässt es uns Lesern, Vermutungen darüber anzustellen, was die Schlange, die in der jüdischen und christlichen Tradition schon seit dem ersten nachchristlichen Jahrhundert mit dem Teufel gleichgesetzt wurde, durch ihre Versuchung zu erreichen hoffte. Allah macht deutlich, dass Satan bei den Menschen, auf die er es abgesehen hatte, ganz bewusst Scham und ungebührliches Interesse wecken wollte.

Und doch geht die verführerische Böswilligkeit Satans im Koran nie so weit, dass sie die letzliche Verantwortung jedes Mannes und jeder Frau für sich selbst in Frage stellt. Für Augustinus beschädigte die Ursünde die menschliche Spezies so grundlegend und machte sie so sehr zur Beute blinder Leidenschaft, dass die Sünde im Grund unausweichlich war, was somit das allgemeine Bedürfnis nach Erlösung schuf, zu der nur Christus verhelfen konnte. Doch in Sure 15,42–43 weist Allah Satan deutlich in die Schranken:

Siehe, über meine Knechte hast du keine Macht,
außer über die Verführer, die dir nachfolgen.
Und siehe, die Hölle ist ihrer aller Ziel.

Die Hölle ist der »ihnen verheißene« Ort, er ist ihr »Stelldichein« (wie Rudi Paret übersetzt), und zwar für sie alle.

Allahs erste beiden Geschöpfe sind sich nun ihrer komplementären

Nacktheit bewusst, und mit ihrer Paarung wird die Menschheitsgeschichte ihren Anfang nehmen, doch ihre Nacktheit bedeutet nicht, dass sie ihrer Vernunft oder Verantwortung beraubt wären. Sie sind nicht, im christlichen Sinne des Wortes, »gefallen«. Sie wurden vertrieben, aber nicht geistig verformt.

Was heißt Nacktheit? Ihre Bedeutung variiert, je nach Kultur, je nach Epoche innerhalb der einzelnen Kulturen und je nach Phase im Leben jedes einzelnen Menschen. In allen Kulturen hat die Nacktheit eines Kleinkinds eine andere Bedeutung als die Nacktheit eines Erwachsenen. In der abendländischen Kultur, zu deren Vermächtnis sowohl die künstlerische Tradition des Hellenismus mit ihrer Feier körperlicher Schönheit als auch die ganz anders geartete hebräische Tradition gehören, wurde immer wieder von einer mal edenhaften (biblischen), mal arkadischen (klassischen) Erfahrung wechselseitiger Nacktheit geträumt, die gleichzeitig vollkommen sexuell und auf heitere Weise unschuldig sein konnte. Ihren höchsten Ausdruck findet diese Sehnsucht bei John Milton.

Und doch kann Nacktheit eine schreckliche Demütigung sein. Im Krieg wird Feinden die Kleidung vom Leib gerissen. (Manch einer denkt hier vielleicht an die irakischen Gefangenen, die im amerikanischen Gefängnis von Abu Ghraib nackt verspottet und missbraucht wurden.) Selbst in Friedenszeiten können Gefangene je nach Lust und Laune der Wärter bekleidet oder nackt sein. Wenn Allah von menschlicher Nacktheit spricht, empfindet er sie sicherlich mit gutem Grund als Ursache eher für Schmerz als für Freude, denn in den folgenden Versen wird zumindest angedeutet, dass Kleidung eigentlich ein großer Segen ist, ein Segen, an dem es dem ersten Paar bis zum Augenblick seines Ungehorsams vermutlich nicht gefehlt hat:

Er sprach: »Steigt herab! Ihr seid einander feind.
Auf Erden sei euch eine feste Statt und Lebensgenuss für eine
     Zeit!«

Er sprach: »Auf ihr sollt ihr leben, und auf ihr sollt ihr sterben,
und aus ihr werdet ihr herausgebracht.«
Ihr Kinder Adams! Wir haben Kleidung auf euch herabgesandt,
die eure Blößen decke, und Federn.
Doch das Kleid der Gottesfurcht, das ist besser.
Das gehört zu Gottes Zeichen.
Vielleicht lassen sie sich ermahnen.
Ihr Kinder Adams! Der Satan möge euch nicht in Versuchung
    führen,
so wie er eure Eltern aus dem Paradiesesgarten trieb,
indem er ihnen ihre Kleider auszog, um ihnen ihre Scham
    zu zeigen.
Siehe, er sieht euch, er und seinesgleichen,
von wo aus ihr sie nicht sehen könnt.
Siehe, wir machten die Satane denen zu Freunden,
    die nicht glauben. (Sure 7,24–27)

Wenn Allah davon spricht, dass Satan »ihnen ihre Kleider auszog, um ihnen ihre Scham zu zeigen«, meint er damit entweder, dass Satan die Blätter herunterriss, mit denen sie sich selbst bedeckten, oder dass er sie der verhüllenden spirituellen Kleidung beraubte, die bislang ihre Geschlechtsteile verborgen und jegliches sexuelle Bewusstsein ausgeschlossen hatte. Selbst im Buch Genesis wird Kleidung, sobald die ursprüngliche, unschuldige Nacktheit verloren ist, offenbar rasch zu einem Segen oder zumindest zur Abmilderung eines Fluchs. Wenn wir lesen, Jahwe »machte Adam und seiner Frau Leibröcke aus Fell und bekleidete sie«, kurz bevor sie für immer verbannt wurden, impliziert diese Wortwahl, dass er die beiden Verwirrten kleidete, als wären sie kleine Kinder, denen zum ersten Mal die Verwendung richtiger Kleidung beigebracht wird. An diesem Punkt scheint Nacktheit in der Genesis genauso wie im Koran Verwundbarkeit und Verlust statt Sicherheit oder Luxus zu signalisieren. Doch im Koran wird die Verwundbarkeit von Nacktheit deutlich expliziter und bedrohlicher als in der Genesis mit der Demütigung durch einen grausamen und hinterlistigen Feind in Verbindung gebracht.

In der Malerei der italienischen Renaissance werden nackte Figuren, die in erzwungenen oder antiken Posen dargestellt werden, mit dem suggestiven Begriff *ignudo* bezeichnet, der sich für mich einst vom Standardbegriff *nudo* genauso zu unterscheiden schien, wie sich *ignobile* von *nobile* unterscheidet. In Michelangelos Sixtinischer Kapelle gibt es 20 *ignudi*, die allesamt von überwältigender körperlicher Schönheit sind, deren Gesichtsausdruck jedoch von grüblerischer Traurigkeit gezeichnet ist. Warum? Vielleicht, so dachte ich, sind sie, weil sie in so seltsam verkrümmten Posen dargestellt werden, irgendwelche Gefangenen, die gezwungen sind, ein entwürdigendes nacktes Schauspiel aufzuführen. Kunsthistoriker dürften eine derart anmaßende Projektion auf Michelangelos geheiligtes Meisterwerk mit gutem Grund ablehnen. Ein italienischer Freund hat zudem meine Interpretation des Unterschieds zwischen *nudo* und *ignudo* korrigiert.[4] Trotzdem will ich mit dieser amateurhaften Reflexion deutlich machen, dass menschlicher Nacktheit eine unverkennbare Ambivalenz innewohnt. Sie kann legitimerweise eine Vielzahl unterschiedlicher Bedeutungen haben – oder überhaupt keine.

Doch in Sure 7,10–27 geht es ohne jeden Zweifel um deutlich mehr als nur um Nacktheit. Wenn Allah zu Adam und seiner Frau sagt: »Steigt herab! Ihr seid einander feind«, so scheint er damit die Geburt ehelichen Zwists in der Welt zu verkünden. Aber weil Allah so oft gleichzeitig zu Mohammed und zur gesamten Menschheit spricht, ist der Krieg zwischen den Geschlechtern vielleicht nicht mehr als ein Mikrokosmos für den Krieg in all seinen schrecklichen Formen. In Sure 2,30, mit der einer der anderen koranischen Schöpfungsberichte beginnt, erheben die Engel, wenn sie Adam als Allahs »Gesandtem« ihre Verehrung erweisen sollen, Einspruch und sagen voraus, dass die Menschheit blutige Gewalt auf die Erde bringen wird:

Damals, als dein Herr zu den Engeln sprach:
»Siehe, einen Nachfolger will ich einsetzen auf der Erde!«
Da sprachen sie: »Willst du jemanden auf ihr einsetzen,
der Unheil auf ihr anrichtet und Blut vergießt –
wo wir dir Lobpreis singen und dich heiligen?«

Was die menschliche Gewalt angeht, so haben die Engel natürlich recht. Allah erwidert ihnen, er habe Adam mit Wissen ausgestattet, das ihren Horizont übersteige, aber er versucht nicht ihre Prophezeiung zu bestreiten, wonach die Menschheitsgeschichte ein Pfad aus Blut und Tränen sein wird.

In Sure 7,24–27 prophezeit Allah, dass Adam und Eva nun, da Satan ihre Genitalien bloßgelegt hat, »Lebensgenuss für eine Zeit« hätten, doch dann würden sie sterben und aus der Erde »herausgebracht«. Das heißt, sie werden an dem Tag, auf den sich Satan bei seiner ursprünglichen Bitte um Aufschub bezog, aus ihren Gräbern herausgebracht werden – also am Jüngsten Tag, wenn die Toten auferstehen und vor Allah treten, um endgültig Rechenschaft abzulegen. Allah beendet diesen Abschnitt, indem er die gesamte Menschheit dazu drängt, zum Schutz vor Satan und »seinesgleichen« das »Kleid« unterwürfiger »Gottesfurcht« anzulegen.

In dieser Passage übersieht man leicht, welch große Botschaft der Gnade sie enthält. Sicher, Adam und seine Frau müssen aus dem himmlischen Garten »herabsteigen«, aber weil sie ihre Sünden sofort und offen eingestanden und bereut haben, verurteilt der gnädige Allah sie nicht zu ewiger Verdammnis in der Hölle. Im Koran beschuldigt Adam seine Frau nicht in der gleichen Weise, wie er das in der Genesis tut. Die beiden gestehen gemeinsam, sie geben sich weder gegenseitig die Schuld, noch versuchen sie, Satan verantwortlich zu machen. Allah, der ihre Reue als aufrichtig akzeptiert, wirft sie einfach ins irdische Dasein, wo sie, nachdem sie ein normales menschliches Leben geführt haben und an dessen Ende gestorben sind, Seinen Richterspruch erwarten, wie das dann auch all ihre Nachfahren tun werden. Mit anderen Worten: Sie haben gute Aussichten, dass sie am Ende wieder in den himmlischen Garten aufsteigen, aus dem Er sie nach unten geschickt hat. Tatsächlich hat Er ihnen diese erste Sünde vergeben. Zwar müssen sie einen Preis dafür zahlen, aber als sie das Leben beginnen, das sie unten auf Erden erwartet, hat Er ihnen verziehen und eine sofortige zweite Chance gegeben.

In Sure 7,22, wo Allah Adam und Eva Vorhaltungen macht: »Habe ich euch nicht gesagt: ›Der Satan ist für euch ein klarer Feind‹?«, hätten sie antworten können: »Nein, das hast du nicht getan«, denn in dieser Passage haben sie zwar Satans ursprüngliche Feindschaftserklärung überhört, aber Allah selbst hat sie nicht mit eigenen Worten davor gewarnt. In einer komplementären Passage jedoch, Sure 20,117–119, fällt Allahs Warnung recht explizit aus:

Da sprachen wir:
»Adam, siehe, dieser da, der ist ein Feind von dir und deiner Frau.
Dass er euch nur nicht aus dem Paradiesesgarten treibe
und du dann ins Elend gerätst!
Siehe, dir ist bestimmt:
Du brauchst dort nicht zu hungern und auch nicht nackt zu sein;
du brauchst dort nicht zu dürsten und keine Sonnenhitze
zu leiden.«

Zwar charakterisiert Allah sich selbst nie als eine Art Vater oder gar Mutter für seine menschlichen Geschöpfe, doch seine Art erinnert hier gleichwohl an die eines Elternteils, der die Kinder daran erinnert, wie gut sie es hier zu Hause haben, und sie drängt, nicht überstürzt davonzulaufen. Und auch hier erkennen wir wieder, wie Kleidung mit Geborgenheit und Nacktheit mit Schutzlosigkeit assoziiert wird.

Im Buch Genesis werden Adam und Eva nicht davor gewarnt, sich vor der Schlange zu hüten, und nach ihrem Sündenfall haben sie keinerlei Aussicht, je in den Garten Eden zurückzukehren. Jahwe hat riesige Geschöpfe mit Flügeln und Flammenschwertern vor dem Eingang postiert, um den Weg zurück zu versperren, und er verweist, als er sie bestraft, auf keinerlei Leben nach dem Tod, ob nun als ausgleichende Belohnung oder weitere Bestrafung. Und das ist erst der Anfang. Außer sich vor Zorn verkündet Jahwe, dass er Eva und ihren Töchtern die schreckliche Pein der Kindsgeburt als Teil ihrer Strafe auferlegen wird. Was Adam angeht, so sollen er und all seine Nachfahren lebenslang hart schuften müssen, gefolgt von der Todesstrafe:

> Weil du auf die Stimme deiner Frau gehört und gegessen hast von dem Baum, von dem ich dir geboten habe: Du sollst davon nicht essen! – so sei der Erdboden deinetwegen verflucht: Mit Mühsal sollst du davon essen alle Tage deines Lebens; und Dornen und Disteln wird er dir sprossen lassen, und du wirst das Kraut des Feldes essen! Im Schweiße deines Angesichts wirst du dein Brot essen, bis du zurückkehrst zum Erdboden, denn von ihm bist du genommen. Denn Staub bist du, und zum Staub wirst du zurückkehren! (Gen 3,17–19)

Der Erzähler der Genesis verweist nicht nur an keiner Stelle auf irgendein Leben nach dem Tod, er bietet auch keinerlei Aussicht auf die Wiederherstellung der Beziehung zwischen Geschöpf und Schöpfer. Das menschliche Paar wird sich weiter reproduzieren, und Jahwe wird sich tatsächlich in das Leben seiner Nachkommen einmischen, aber soweit sie im Augenblick ihrer Vertreibung wissen, hat Er endgültig und für immer mit ihnen abgeschlossen.

Im Gegensatz zu Adam und Eva in der Genesis, die zum echten und endgültigen Tod ohne jede Aussicht auf Erneuerung oder Leben nach dem Tod verurteilt sind, sind Adam und seine Frau im Koran im Grunde unsterblich, genauso wie all ihre Nachfahren. Hätte das erste Paar nicht in Sure 7,10–27 gesündigt, hätten die beiden möglicherweise nicht nur für immer zusammen mit Allah im himmlischen Garten gelebt, sondern sich überhaupt nie reproduziert. Doch sobald sie gesündigt haben, ist ihre neue existenzielle Situation fortan nicht schlechter als die normale Lage für alle »Kinder Adams« – nämlich Geburt, irdischer Tod, anschließend ein endgültiges göttliches Urteil und danach entweder ewiger Lohn im himmlischen Paradies oder ewige Bestrafung in der Hölle. Als Satan sie in Versuchung führt, geht er fälschlicherweise davon aus, Allahs größte Befürchtung sei, seine menschlichen Geschöpfe könnten Engel werden oder gar ewig leben. Tatsächlich sind, wie Allah sehr wohl weiß, Adam und seine Frau bereits zur Unsterblichkeit bestimmt. Ihre Unsterblichkeit jedoch ist für sich genommen weder Belohnung noch Bestrafung; sie ist schlicht Teil der *conditio humana*.

Wenn Jahwe jemals vorhatte, seinen sündigen menschlichen Geschöpfen zu vergeben, warum konnte er das dann nicht sofort tun? Das war das Rätsel, die große unbeantwortete Frage, die John Milton dazu veranlasste, *Paradise Lost* und *Paradise Regained* zu schreiben. Allein schon die beiden Titel sind eine brillante Zusammenfassung des ungeheuren christlichen Epos in nur vier Worten, dem zufolge Christus der Menschheit zu guter Letzt die Unsterblichkeit wiedergibt, die sie durch die Ursünde von Adam und Eva verloren hat, und die Tore zum Paradies wieder öffnet, die das flammende Schwert Jahwes scheinbar für immer verschlossen hatte.

Wie kam es dazu? Im ausführlichen Schlussabschnitt von *Paradise Lost* erklärt der Erzengel Michael Adam kurz vor der Vertreibung des ersten Paares aus dem Paradies, wie Gott der Herr am Ende der Zeiten die Vergebung aller menschlichen Sünden durch die Kreuzigung und Wiederauferstehung Jesu Christi ermöglichen wird. Bei aller Trauer ob seiner und Evas Vertreibung aus dem Paradies wird Adam angesichts dieser Vision, wie der Herr am Ende Gut und Böse unterscheiden wird, von Ehrfurcht ergriffen und verlässt zusammen mit Eva das Paradies in einem Zustand ehrfürchtiger Resignation. *Paradise Lost* endet mit den Versen:

Sie wandten sich und sahn des Paradieses
Östlichen Theil, noch jüngst ihr sel'ger Sitz,
Von Flammengluten furchtbar überwallt,
Die Pforte selbst von riesigen Gestalten,
Mit Feuerwaffen in der Hand, umschaart.
Sie fühlten langsam Thränen niederperlen,
Jedoch sie trockneten die Wangen bald;
Vor ihnen lag die große weite Welt,
Wo sie den Ruheplatz sich wählen konnten,
Die Vorsehung des Herrn als Führerin.
Sie wanderten mit langsam zagem Schritt
Und Hand in Hand aus Eden ihres Wegs.
    (*Das verlorene Paradies*, XII, 641–650)[5]

Damit gelingt Milton abschließend, wozu er zu Beginn von *Paradise Lost* seine »Himmelsmuse« um Hilfe angefleht hatte:

Was in mir dunkel ist, erleuchte du,
Was in mir niedrig, heb' und stütze du;
Daß ich gemäß dem hohen Gegenstand
Die Wege Gottes zu den Menschen preisend
Die ewige Vorsehung vertheid'gen mag.
    (*Das verlorene Paradies*, I, 22–26)[6]

Die Wucht von Miltons Dichtung ist unbestreitbar, aber gleichermaßen unbestreitbar ist die Größe der theologischen Aufgabe, an die er sich hier wagt. Wie kann es für Jahwe gerecht gewesen sein, seinen menschlichen Geschöpfen nicht sofort zu vergeben, wie Allah das tut, sondern erst nach Jahrhunderten und erst durch den qualvollen Tod seines einzigen, auf die Erde gesandten Sohnes?

Auffallend ist die Tatsache, dass Miltons Epos von der gleichen Lösung bestimmt ist, die auch den Koran prägt. Viele Kritiker haben darauf hingewiesen, dass Satan die überzeugendste Figur in Miltons christlichem Epos ist. Doch es diente Miltons eigentlichem theologischen Ansinnen nur zu gut, Satan so eindrucksvoll zu gestalten, wie er das getan hat, denn je eindrücklicher der im Vergleich zu Gott erscheint, desto leichter lässt sich rechtfertigen, dass Gott einen so verschlungenen und umständlichen Weg zur Vergebung wählt. Mit anderen Worten: Gott brauchte so lang dafür, weil er dank Satans Macht jede Menge Hindernisse überwinden musste. Satan hilft Milton somit dabei, die »Wege Gottes zu den Menschen« zu preisen.

Ähnlich verhält es sich im Koran. Die Anwesenheit Satans als einer ungeheuer mächtigen und omnipräsenten Gestalt, als alternative Quelle der Macht, rechtfertigt die Wege Allahs zum Menschen. Sie versetzt ihn in die Lage, auf ähnliche Weise eine bessere und tatsächlich eine vollkommen gute und moralische Gottheit zu sein. Wenn Dinge schiefgehen, sogar erstaunlich schiefgehen, muss Allah dafür nie auch nur einen Teil der Verantwortung übernehmen. Der teuflische Satan und die leicht beeinflussbare Menschheit stehen als Schuldige stets zur Verfügung. Der Teufel wird im Neuen Testament genauso häufig und eindrücklich aktiv sein wie im Koran, doch im Alten Testament taucht er nur selten und als ausgesprochen schwache Figur auf. Infolgedessen muss Elohim oder Jahwe in dieser frühesten und längsten der drei klassischen Heiligen Schriften die Verantwortung für das Böse ebenso wie für das Gute übernehmen.

Und so sagt Jahwe im Buch Deuteronomium:

Seht nun, dass ich, ich es bin und kein Gott neben mir ist! Ich, ich töte, und ich mache lebendig, ich zerschlage, und ich, ich heile; und es gibt keinen, der aus meiner Hand rettet! (Dtn 32,39)

Und in Jesaja 45,6–7 erklärt Jahwe noch nachdrücklicher:

Ich bin der HERR – und sonst keiner –, der das Licht bildet und
die Finsternis schafft, der Frieden wirkt und das Unheil schafft.
Ich, der HERR, bin es, der das alles wirkt.

In den Kapiteln 2 und 3 der Genesis ist die verführerische Schlange eines der Geschöpfe, die Jahwe geschaffen und in den Garten gesetzt hat.
Macht das nicht Jahwe letztlich für Adams und Evas Sünde verantwortlich? Warum sollte Er nicht die Verantwortung dafür tragen? Wenn
Jahwe wusste, dass die Schlange sie in Versuchung führen würde, hätte
Er nicht die Pflicht gehabt, sie zu warnen? Oder war Er überrascht von
dem, was Seine schlangenhafte Kreatur tat? Wie viel weiß Jahwe überhaupt im Buch Genesis? Ist Er von Beginn an allwissend oder ist Er von
den Folgen seines eigenen Handelns überrascht? Christliche Theologen
und rabbinische Gelehrte haben sich zwei Jahrtausende lang über diese
Fragen den Kopf zerbrochen. Dank der Anwesenheit Satans in der koranischen Version leiden ihre islamischen Pendants deutlich weniger. Im
Koran muss Allah nicht, wie Jahwe das in Genesis 3,11 (und keineswegs
nur rhetorisch) tut, fragen: »Wer hat dir erzählt, dass du nackt bist?«
Im Alten Testament mag Jahwes Unberechenbarkeit – seine Neigung, manchmal Wohl und manchmal Wehe zu verursachen – Ihn
stärker gottgemäß erscheinen lassen, weil man Ihn weniger durch-
schaut. Er mag weniger gottgleich wirken, wenn Sein Wissen lediglich
partiell erscheint, doch dann, in solchen Augenblicken, wird Er noch
weniger berechenbar. Allah hingegen ist niemals von etwas überrascht,
was irgendjemand sagt oder tut, oder von etwas, was geschieht, und Er
ist moralisch deutlich zuverlässiger und berechenbarer und Er ist vor
allem barmherzig. Allah ist mächtig, ja, aber immer in gleicher Absicht
und in gleicher Weise, und Sein Zorn kocht nie so heiß, wie wir in den
späteren Kapiteln dieses Buches sehen werden, dass Er seine Barmherzigkeit verbrennt.
Am stärksten schockiert an der koranischen Schöpfungsgeschichte,
dass Allah Satan so bereitwillig einen Aufschub gewährt, durch den die

Menschheit so sehr in Gefahr gerät. Und doch taucht ein solcher Aufschub auch im Evangelium kurz auf und wird ausführlich und poetisch in Buch III von *Paradise Regained* thematisiert. Dieser zweite, kürzere Teil von Miltons zweiteiligem Epos ist eine dichterische Ausweitung der neutestamentlichen Schilderung dessen, wie der Teufel Jesus vierzig Tage lang in der Wüste in Versuchung führte. Dreimal versuchte Satan, Christus zu verlocken, das zweite Mal mit einer wagemutigen Verführung zur Macht. Im Lukasevangelium lautet das so:

> Und er führte ihn auf einen hohen Berg und zeigte ihm in einem Augenblick alle Reiche des Erdkreises. Und der Teufel sprach zu ihm: Dir will ich alle diese Macht und ihre Herrlichkeit geben; *denn mir ist sie übergeben*, und wem immer ich will, gebe ich sie. Wenn du nun vor mir anbeten willst, soll das alles dein sein.
> (Lk 4,5–7; Hervorhebung von mir)

Milton greift die Wendung »denn mir ist sie übergeben« auf, die an Allahs Erlaubnis erinnert, welche er Satan gewährt, und erweitert sie zum dritten der vier Bücher, aus denen *Paradise Regained* besteht. Buch III enthält einen umfassenden geografischen Überblick über die antike Welt, die auf diabolische Weise von unten zu kontrollieren Satan für sich beansprucht. Der »fiend«, wie Milton den Teufel im englischen Original oft nennt, schließt diesen Überblick mit einer genauen Schilderung Judäas als einem winzigen Bauern im anhaltenden Titanenkampf zwischen den beiden großen Imperien – dem persischen Reich (der Parther) im Osten und dem Römischen im Westen. Er weist Christus darauf hin, selbst wenn ganz Samaria und ganz Judäa ihn zum Messias und König der Juden erklären sollten, werde sein Königreich erst sicher sein, wenn er eines dieser beiden sich ausbreitenden Imperien unterworfen habe. Wie ein europäischer Imperialist des 19. Jahrhunderts, der die Teilung Afrikas erwägt, rät Satan Christus schlau, sich als erstes Persien (die Parther) vorzunehmen:

Von den beiden
Mußt eine du auf deine Seite ziehn:
Die Parther rat' ich, weil sie näher sind
Und jüngst erst, trotz den Römern, in dein Land
Einfallen und gefangen seine Kön'ge (…)
(*Das wiedergewonnene Paradies* III, 362–366)[7]

Der Fürst der Finsternis ist augenscheinlich in verstörendem Maße der eigentliche, wenn auch geheime Strippenzieher dieser Welt, und er kann Christus zum persischen König machen, wenn Christus sich ihm nur unterwirft. Satan weiß, dass seine Macht nicht unbegrenzt ist, und er fürchtet, dass ihm mit Christus ein ebenbürtiger Gegner erwachsen ist. Aber er ist entschlossen, seine Niederlage so lange wie möglich hinauszuzögern, und er verfügt über ungeheure Ressourcen. Daran hängt die Geschichte im Neuen Testament (sowie in Miltons epischer Ausweitung davon) und im Koran gleichermaßen. Was auch immer man theologisch über diese gesteigerte Rolle Satans sagen mag, so handelt es sich um einen brillanten literarischen Kniff. Gott, dem temporär ein Gegner erwächst, bevor er dann auf dramatische Weise am Ende siegt, wird auf neue Art und Weise interessant. Was im Alten Testament weitgehend ein innerer Konflikt ist, wird im Neuen Testament wie im Koran zu einem äußeren Konflikt.

Ein halbes Jahrtausend vor der Übermittlung des Korans erzählte ein anonymes altjüdisches außerbiblisches Werk mit dem Titel *Leben Adams und Evas* eine Geschichte aufrührerischer Engel, die vom Himmel in die Hölle verbannt wurden, weil sie sich weigerten, sich vor Adam niederzuwerfen. Dieses Werk hat sich in zwei verschiedenen, sich überschneidenden Versionen erhalten, einer griechischen und einer lateinischen; Wissenschaftler glauben, hinter beiden stehe ein verloren gegangener hebräischer Urtext. Dass die Geschichte von einer Engelsrebellion schon für das erste Jahrhundert bezeugt ist, bedeutet nicht, dass sie im Nahen Osten nicht schon ein ganzes Stück früher und an ganz anderen antiken Orten als Palästina kursierte. Weil die Geschichte, wie bereits gezeigt, einige brennende Fragen beantwortete, erfuhr sie weite Verbreitung und lebte in jüdischer und christlicher Tradition gleichermaßen weiter über das Mittelalter bis zu Miltons *Paradise Lost* und *Paradise Regained*, zu deren Kontext sie gehört.

Auch wenn es auf den ersten Blick so aussehen mag, als hätte die Aufnahme von Sure 7 und anderen ergänzenden Passagen in den Koran die zentrale Legende von *Leben Adams und Evas* fortgeführt und erweitert, so gibt es doch einen zentralen Aspekt, bei dem der Koran hier seine allerschärfste Korrektur liefert. In der zentralen Szene der Legende, wie sie in *Leben Adams und Evas* erzählt wird, spricht zuerst Adam und wendet sich dabei an Satan (der im Folgenden als »Teufel« erscheint):

Was tat ich dir?
Was ist denn meine Schuld an dir?
Warum verfolgst du uns?
Du bist von uns doch nicht geschädigt noch verletzt?
Der Teufel gab zur Antwort:
Was sagst du, Adam, da zu mir?
Um deinetwillen ward ich ja von dort verstoßen
und aus der Engel Schar verbannt.
Als Gott den *Lebensodem* in dich blies
und dein Gesicht und Gleichnis ward *nach Gottes Bild*
    geschaffen,
da führte [der Erzengel] Michael mich her,
und er gebot, dich zu verehren vor dem Angesichte Gottes.
Es sagte Gott, der Herr:
»Ich schuf nach meinem *Bild* und *Gleichnis*,
    Adam, dich fürwahr.«
Und Michael kam dann herauf
und rief den Engeln allen zu:

Verehret *Gottes Ebenbild*, wie Gott, der Herr, befiehlt!
Und Michael verehrte ihn zuerst.
Dann rief er mich und sprach:
Verehre *Gottes Ebenbild*!
Ich sprach: Ich brauch nicht Adam zu verehren.
Als Michael mich zum Verehren drängte, sagte ich zu ihm:
Weswegen drängst du mich?
Ich werde den doch nicht verehren,
der jünger und geringer ist als ich.
Ich wurde ja vor ihm geschaffen.
Eh er geschaffen ward, ward ich geschaffen.
Er sollte mich verehren.
(…)
Und Gott, der Herr, ward über mich gar zornig,
und er verbannte mich von unserer Herrlichkeit,
samt meinen Engeln,
und also wurden wir aus unsern Wohnungen in diese Welt
    vertrieben
und auf die Erde hier verstoßen deinetwegen.
(…)
Und dich in solcher Freud und Wonne sehen zu müssen,
betrübte uns.
Mit List umgarnte ich dein Weib
und brachte es dahin,
daß du aus deiner Freud und Wonne ihretwegen
    warst vertrieben,
wie ich aus meiner Herrlichkeit vertrieben ward.[8]

Die kursiv gesetzten Wendungen vom »Lebensodem« und »Gottes Ebenbild« vermengen Anspielungen auf Genesis 2,7 (der Erschaffung des ersten Menschen) beziehungsweise Genesis 1,26 (die frühere Erschaffung des ersten Paares). In diesem relativ kurzen Abschnitt finden sich nicht weniger als vier Hinweise darauf, dass Adam das Abbild oder das Bild und Gleichnis Gottes ist.

Zwar liegt der Fokus hier auf dem herausgehobenen Charakter Adams, doch die in Rede stehenden biblischen Passagen lassen sich legitimerweise auch als Charakterisierungen Jahwes beziehungsweise Elohims lesen. So sagt Elohim in Genesis 1,26–27:

> Und Gott sprach: Lasst uns Menschen machen in unserm Bild, uns ähnlich! Sie sollen herrschen über die Fische des Meeres und über die Vögel des Himmels und über das Vieh und über die ganze Erde und über alle kriechenden Tiere, die auf der Erde kriechen! Und Gott schuf den Menschen nach seinem Bild, nach dem Bild Gottes schuf er ihn; als Mann und Frau schuf er sie.

Nur wenige Sätze in der gesamten Bibel wurden aggressiver analysiert als diese. Erschafft Elohim den Mann? Und wenn es im Text heißt: »nach dem Bild Gottes schuf er ihn«, sollten wir das dann so verstehen, dass nur der Mann sein Ebenbild ist, trotz des unmittelbar folgenden Verses? Oder wenn es im Text heißt: »Und Gott schuf den Menschen«, sollten wir das dann als die Erschaffung der Menschheit interpretieren, wobei in diesem Fall das Abbild die Spezies und nicht das einzelne Exemplar ist und alle Männer und alle Frauen umfasst, die jemals leben werden? Aus solchen Fragen entwickelten sich ganze biblische Theologien und Anthropologien. Zumindest scheint außer Frage zu stehen, dass dieser Vers bestätigt, dass Elohim wie indirekt auch immer durch sein menschliches Bild und Gleichnis irgendwie erkannt werden kann.

Eine weniger abstrakte, engere physische Verbindung zwischen Jahwe Elohim und dem ersten Menschen wird anschließend in Genesis 2,7 behauptet:

da bildete Gott, der HERR, den Menschen, aus Staub vom Erd-
boden und hauchte in seine Nase Atem des Lebens; so wurde der
Mensch eine lebende Seele.

Doch weil *Atem* und *Seele* im Hebräischen das gleiche Wort sind, haucht
Jahwe Elohim (in der eben zitierten Übersetzung »Gott, der HERR«)
Seinem ersten menschlichen Geschöpf nicht nur Sein physisches Leben, sondern auch Sein Seelenleben ein. Und da die menschliche Seele
somit etwas Göttliches an sich hat, ist die Beschäftigung mit der
Menschheit zumindest ein Prolog zur Beschäftigung mit Gott. Jesus
wird kühn behaupten: »Wer mich gesehen hat, hat den Vater gesehen.«
(Joh 14,9) Doch was für Christen für den Sohn Gottes par excellence
gilt, gilt in gewisser Weise laut Genesis 2,7 für alle menschlichen Wesen – umso mehr für Juden wie Christen, sobald beide ihren Schöpfer
regelmäßig als Vater ansprachen.

Diese Freiheit nehmen sich Muslime nicht heraus. Nirgends im Koran und auch sonst kaum irgendwo in der muslimischen Tradition findet sich irgendein Hinweis auf eine familiäre Beziehung zwischen
Gottheit und Menschheit. In Sure 7,10–27 und parallelen Darstellungen anderswo im Koran befiehlt Allah Satan zwar, sich vor Adam niederzuwerfen, aber Er bezeichnet Adam nie als Bild Seiner selbst. Um
dem Koran gerecht zu werden, muss man das Schweigen wahrnehmen,
das in diesem Verzicht mitschwingt, ein Schweigen, das mich an ein
Gedicht des amerikanischen Lyrikers und Dramatikers Dan O'Brien
denken lässt, nämlich »God's Brother«:

We walked downhill
from school; he was
older than I
was by ages. The hill
was a runnel of shade
and the great trees discarded

their leprous bark down
along the asphalt, curling
and trod into dust. I told him
of a boy who'd misbehaved
at school again. What
makes you think
you're better than he is?
he asked me.

We walked
in silence after that, wet leaves
under our feet like water …

Then as if to remind us both
he said, You're not God,
you know.[9]

(GOTTES BRUDER

Wir gingen von der Schule
hinunter; er war
älter als ich
um Äonen. Der Hügel war
eine Rinne aus Schatten
und die großen Bäume warfen
ihre lepröse Rinde auf den Asphalt,
sie rollte sich ein und wurde zertreten
zu Staub. Ich erzählte ihm
von einem Jungen, der sich an der Schule
wieder einmal schlecht benommen hatte. Was
lässt dich glauben, du seist

besser als er?,
fragte er mich.

Danach gingen wir
schweigend dahin, nasse Blätter
unter unseren Füßen wie Wasser …

Dann, als wollte er uns beide erinnern,
sagte er: Weißt du,
du bist nicht Gott.)

Nicht-Muslime können sich die Strenge des Korans auf psychologisch
legitime Weise dadurch vorstellen, dass sie diese Schrift auf unzählige
Weise und doch ganz schlicht immer wieder sagen hören: »Weißt du,
du bist nicht Gott.« Du bist nicht Gott. Du bist nicht Gottes Sohn. Du
bist nicht Gottes Tochter. Du bist nicht Gottes Bruder oder Schwester.
Einzig Gott ist Gott: *lā ilāha illā 'llāh.* In der berichtigten Version des
Korans gründet Allahs Befehl, die Engel sollten Verehrung leisten,
dezidiert nicht darin, dass Adam – und noch weniger Adams Frau –
irgendwie ein Abbild Gottes ist, das aus diesem Grund den Respekt
oder die Verehrung der Engel verdient hat.

Gibt es überhaupt irgendeinen Grund dafür, dass Allah diese Ehrerbietung einfordert, außer bloßer Autorität und Weisungsbefugnis?
In seiner Reaktion auf die Klage der Engel in Sure 2, die Menschheit
werde Unheil auf der Erde anrichten und Blut vergießen, beharrt Allah
darauf:

Er sprach: »Siehe, ich weiß, was ihr nicht wisst.«
Und er lehrte Adam alle Namen, dann führte er sie den Engeln
        vor
und sprach: »Tut mir ihre Namen kund, wenn ihr wahrhaftig
        seid!«

Sie sprachen: »Gepriesen seist du!
Kein Wissen haben wir – nur das, was du uns lehrtest.
Siehe, du bist der Wissende, der Weise.«
Er sprach: »Adam, tu ihnen ihre Namen kund!«
Als er ihnen ihre Namen kundgetan hatte, sprach er:
»Hab ich's euch nicht gesagt?
Siehe, ich kenne das Verborgene der Himmel und der Erde
und kenne, was ihr offenbar macht und was ihr verborgen
    haltet.« (Sure 2,30–33)

Adam, Gottes »Stellvertreter«, verdient die Ehrerbietung der Engel also aufgrund des göttlichen Wissens, das Allah ihm vermittelt hat. Im Koran wie auch im Alten Testament scheinen Dinge und ihre Namen so eng aufeinander bezogen, dass den Namen eines Dings zu kennen bedeutet, dass man die Sache selbst kennt und sogar beherrscht. Alle Namen zu kennen ist hier also gleichbedeutend damit, alle Dinge zu kennen – alles zu wissen.[10] Durch seine demütige Bußfertigkeit wird Adam zum ersten Muslim. Dadurch dass er über das von Gott mitgeteilte Wissen verfügt, wird er für seine Nachfahren zum ersten Gesandten. Doch selbst als erster Gesandter ist er nicht Abbild oder Gleichnis Gottes.

Was aber ist dann mit der weiter oben zitierten Sure 38,72, wo Allah davon spricht: »Wenn ich ihn dann wohlgestaltet und von meinem Geist in ihn geblasen habe«? Verleiht Allahs Geist in Adam diesem nicht eine Würde, die die Ehrerbietung der Engel verdient, wie groß oder gering sein Wissen um »die Namen« auch sein mag? Ein Kommentator aus dem 12. Jahrhundert namens Rūzbihān al-Baqlī verteidigte genau diese Interpretation, doch er bildet damit eine Ausnahme von der Regel:

Indem sie auf Gottes vollständiger Transzendenz und dem Ge-schaffensein von allem außerhalb Gottes beharren, versuchen die meisten Kommentatoren den Vers »von meinem Geist in ihn geblasen habe« metaphorisch zu interpretieren. Einige überset-zen »von meinem Geist« mit »von meiner Macht« (…) oder behaupten, dabei handle es sich nicht um Gottes Geist, sondern Gottes Verweis darauf sei ein Mittel, um Adam zu ehren (…).[11]

In der islamischen Glaubenspraxis bezeichnet das arabische Wort *širk* die Kardinalsünde, irgendetwas oder irgendjemanden so eng mit Allah in Verbindung zu bringen, dass dies seine *tauḥīd*, seine Einheit kom-promittiert. Was auch immer der Text des Korans zu sagen scheint, so können fromme Muslime nicht glauben, dass Allah je von irgendeinem Geschöpf, einschließlich der Engel, *širk* verlangt habe.

Für den Großteil der modernen Literaturwissenschaft ist die Zuhil-fenahme einer religiösen Überlegung bei der Analyse, ganz zu schwei-gen von der mutmaßlichen originalen Komposition eines literarischen Werks anachronistisch und künstlerisch unzulässig. Doch Erich Auer-bach, einer der bedeutendsten modernen Literaturwissenschaftler, machte die »figurale Interpretation« zum Kernstück seiner Analyse sämtlicher Literatur. Im siebten Kapitel seines Meisterwerks *Mimesis. Dargestellte Wirklichkeit in der abendländischen Literatur* findet sich eine Betrachtung von Szenen aus dem französischen liturgischen Dra-ma oder »Mysterienspiel« *Le Jeu d'Adam* aus dem 12. Jahrhundert, auch bekannt unter dem Titel *Le Mystère d'Adam*. In einer dieser Szenen wendet sich Adam unmittelbar, nachdem er von der verbotenen Frucht gegessen hat, an Eva und spricht in einer Mischung aus tiefster Betrüb-nis und verzweifelter Hoffnung folgende Worte:

Durch deinen Rat bin ich ins Unglück gekommen, von großer Höhe in die Tiefe gefallen. Aus ihr kann mich kein sterblicher Mensch ziehen, wenn es nicht Gott in seiner Erhabenheit selbst

ist. Ach, was sage ich? Warum habe ich ihn genannt? Wird er mir
denn helfen? Ich habe ihn erzürnt, es wird mir niemand helfen
als der Sohn, der aus Maria hervorgehen wird. Von niemand
kann ich Schutz erhalten, da wir ja an Gott keinen Glauben hatten. Möge nun alles nach Gottes Willen geschehen; es gibt keinen anderen Rat, als zu sterben.[12]

Wie Auerbach bemerkt, gehe aus diesen Worten eindeutig hervor, dass
»Adam schon die ganze christliche Weltgeschichte voraus weiß«; er
warnt jedoch:

Man muß sich also sehr hüten, in solchen Zeitüberschreitungen,
wo die Zukunft schon in die Gegenwart hineinzuragen scheint,
nur etwas wie mittelalterliche Naivität sehen zu wollen. (…) Ein
jedes Stück des mittelalterlichen, aus der Liturgie erwachsenen
dramatischen Spieles ist Teil eines, und zwar stets desselben,
Zusammenhangs: eines einzigen großen Dramas, dessen Beginn
Weltschöpfung und Sündenfall, dessen Höhepunkt Inkarnation
und Passion, dessen noch ausstehendes und erwartetes Ende
Christi Wiederkunft und Jüngstes Gericht sind.[13]

Eine literarische Würdigung des Korans erfordert das, was Auerbach
zufolge die angemessene Würdigung dieses Mysterienspiels verlangt,
anzuerkennen, dass dort, »wo die Zukunft schon in die Gegenwart hineinzuragen scheint«, wir es nicht mit bloßer Naivität zu tun haben, sondern mit einer figuralen Interpretation von Geschichte als »eines einzigen großen Dramas, dessen Beginn Weltschöpfung und Sündenfall,
dessen Höhepunkt« nicht die Menschwerdung und Passion Christi,
sondern Gottes Offenbarung des Korans an Mohammed ist und »dessen noch ausstehendes und erwartetes Ende« nicht Christi Wiederkunft, sondern die Mohammeds (in der fortentwickelten muslimischen
Tradition begleitet von Christus) und dessen »Jüngstes Gericht« sind.

In einer figuralen Geschichtsdeutung, so schreibt Auerbach, sei »jedes Geschehen in all seiner alltäglichen Wirklichkeit zugleich Glied (…) in einem weltgeschichtlichen Zusammenhang, wobei alle Glieder aufeinander Bezug haben, und somit auch als jederzeitlich oder überzeitlich aufzufassen sind«.[14]

In den folgenden Kapiteln werden die koranischen Korrekturen der aufeinanderfolgenden biblischen Episoden, die wir uns näher betrachten werden, durchgängig im beinahe Auerbach'schen Sinne eine Abfolge figuraler Interpretationen sein.

Was die Geschichte von Adam und Eva angeht, die wir soeben in Augenschein genommen haben, so können wir uns, wenn wir »jedes Geschehen in all seiner alltäglichen Wirklichkeit zugleich [als] Glied (…) in einem [muslimischen] weltgeschichtlichen Zusammenhang« auffassen, imaginär innerhalb dieses Kontextes positionieren. Wir sind natürlich keine Repräsentationen Allahs, aber wir sind immerhin Seine Repräsentanten oder Vertreter in der Welt, die für ihre heilige Mission mit dem Wissen ausgestattet sind, das Er als erstem unserem Urvater Adam mitteilte. Satan ist unser Feind, der von allen Seiten und in jedem Augenblick über uns kommt, aber wir haben all die Macht, die wir brauchen, um seinen Täuschungen zu widerstehen und auf dem »rechten Weg« zu bleiben. Wenn wir der Versuchung erliegen, so wissen wir, dass uns Allah, so wie Er Adam und Eva eine zweite Chance gab, auch uns eine zweite Chance geben wird. Allah ist so einer: Man kann sich auf Ihn verlassen. Er ist nicht auf bunte oder dramatische Weise unberechenbar. Er ist nicht wie du oder ich und nicht einmal wie Jahwe. Uns erwarten Höllenqualen, wenn wir Ihm trotzen, aber Er ist auf unserer Seite, wenn wir ihn gewähren lassen. In Sure 50,16 sagt er:

Wir schufen einst den Menschen und wissen ganz genau,
was seine Seele ihm einzuflüstern sucht:
Denn wir sind ihm viel näher noch als seine Halsschlagader.

Schlussendlich, am Ende der Geschichte und am Ende aller Zeiten, erwartet uns das, was Adam und Eva selbst nach ihrer Sünde erwartete, nämlich unsere Rückkehr in den Garten, den himmlischen Garten des Paradieses, wo alles begann.

2

ADAMS SOHN
UND SEIN BRUDER

In der Bibel heißen Adam und Eva nicht von Beginn an so. Im ersten Kapitel des Buchs Genesis tauchen ihre Namen überhaupt nicht auf. Am sechsten Schöpfungstag »schuf [Gott] den Menschen nach seinem Bild, nach dem Bild Gottes schuf er ihn; als Mann und Frau schuf er sie.« (Gen 1,27) Doch am siebten Tag, als Elohim ausruhte, hatte das Paar noch immer keine Namen.

Vieles von dem, was in Genesis 1 getan schien, muss in Genesis 2 noch einmal erledigt werden, aber bei diesem zweiten Schöpfungsversuch macht sich Jahwe schon bald daran, einem menschlichen Gefährten Leben einzuhauchen und diesen Partner, Sein Geschöpf, an der Vollendung der Schöpfung mitarbeiten zu lassen. Doch auch diesmal gibt Er ihm keinen Namen. Er nennt ihn schlicht »den Menschen«, und wozu braucht er überhaupt einen Namen? Er ist schließlich der einzige seiner Art, der existiert.

Als Jahwe zu dem Schluss kommt, dass keines der Tiere ein geeigneter Begleiter für »den Menschen« ist, schafft er aus der Rippe des Menschen einen passenden Gefährten. Der Mensch prägt anschließend einen Begriff, keinen Namen, für seinen Gefährten – nämlich »Frau«. Im Hebräischen ist das Wort für »Frau«, *iššah*, im Grunde identisch mit der Wendung »ihr Mann«, *išah*. Der Mensch betreibt also ein Wortspiel, wenn er sagt: »Diese endlich ist Gebein von meinem Gebein und Fleisch von meinem Fleisch; diese soll Männin heißen, denn vom Mann ist sie genommen.« Aber ihr fehlt es genauso wie ihm weiter an einem richtigen Namen.[1]

Der Mensch, der auf Jahwes Aufforderung hin allen Tieren in Eden einen Namen gegeben hat, nennt die Frau erst unmittelbar, bevor die beiden aus dem Paradiesgarten vertrieben werden, »Eva«, so dass er von nun an einen Namen für sie hat, aber hat sie auch einen für ihn? Offenkundig noch nicht: Als sie ihren ersten postparadiesischen Paarungsakt vollziehen, ist er noch immer namenlos. »Und der Mensch erkannte seine Frau Eva, und sie wurde schwanger und gebar Kain.« (Gen 4,1) Bald darauf bringt sie einen zweiten Sohn zur Welt, Abel.

In diesem Kapitel wollen wir uns mit der Geschichte von Kain und Abel in der Bibel und im Koran beschäftigen, aber so wie Adam und Eva in der Bibel nicht von Anfang an einen Namen tragen, so bleiben Kain und Abel im Koran namenlos; sie sind einfach nur »die beiden Söhne Adams«. Beide Schilderungen sind recht kurz. Beginnen wir mit dem Bericht im Koran:

Trag ihnen die Nachricht von den beiden Söhnen Adams vor,
gemäß der Wahrheit,
als sie beide ein Opfer brachten.
Des einen Opfer wurde angenommen, das des anderen hingegen
nicht.
Der eine sprach: »Ich will dich töten!«
Der andere sprach: »Gott nimmt nur von den Gottesfürchtigen an.
Wenn du nun nach mir deine Hand ausstreckst,
um mich zu töten,
so will ich meine Hand doch nicht nach dir ausstrecken,
um dich zu töten.
Siehe, ich fürchte Gott, den Herrn der Weltbewohner.
Siehe, ich will, dass du die Lasten meiner Schuld und
deiner auf dich nimmst.
Alsdann wirst du zu denen zählen, die Bewohner des
Höllenfeuers werden;
denn das ist der Lohn der Frevler.«

Da trieb ihn seine Seele, seinen Bruder zu töten,
und er tötete ihn.
So wurde er zu einem der Verlierer.
Da sandte Gott einen Raben aus, der im Boden scharrte,
um ihm zu zeigen, wie er die Greueltat an seinem Bruder
    verbergen könne.
Er sprach: »O wehe mir, vermag ich nicht einmal zu sein wie
    dieser Rabe,
dass ich die Greueltat an meinem Bruder verbergen könnte?«
So ward er einer derer, die bereuen.
Und deshalb schrieben wir den Kindern Israel dies vor:
Wenn jemand einen Menschen tötet, der keinen anderen getötet,
auch sonst kein Unheil auf Erden gestiftet hat,
so ist's, als töte er die Menschen allesamt.
Wenn aber jemand einem Menschen das Leben bewahrt,
so ist's, als würde er das Leben aller Menschen bewahren.
Zu ihnen kamen unsere Gesandten mit den Beweisen.
Dann aber waren, auch danach, viele von ihnen im Lande
    maßlos. (Sure 5,27–32)

Wie wir bereits gesehen haben, ist der Erzähler in der Bibel üblicherweise ein nicht näher spezifizierter allwissender Erzähler, der von den
Worten und Taten Gottes wie von denen der mit Gott interagierenden
Menschen berichten kann, als blicke er von einem irgendwie erhöhten
Standpunkt aus auf beide. Diese Worte und Handlungen werden zudem in der Regel so gesprochen oder vollzogen, als würden sie sich
auf einer Bühne vor den Augen der Betrachter abspielen, die während
der Vorführung nicht angesprochen werden. Die unsichtbare »vierte
Wand«, welche die Schauspieler auf einer Guckkastenbühne vom anonymen Publikum trennt, findet sich in vielen biblischen Erzählungen,
darunter auch in der Geschichte von Kain und Abel (Gen 4,2–16). Keiner der beiden menschlichen Protagonisten in dieser Geschichte, weder

Jahwe noch der Erzähler, wendet sich je direkt an die Leser oder Zuhörer oder nimmt auch nur auf sie Bezug.

Wer ist der geheimnisvolle Erzähler? In der frommen jüdischen Tradition ist es Mose für die Tora, die ersten fünf Bücher der Bibel. Dieser Überlieferung zufolge empfing Mose sie unmittelbar und wortwörtlich von Gott. Doch diese Tradition entstand erst Jahrhunderte, nachdem diese Bücher verfasst worden waren. Selbst für diejenigen, die an dieser Tradition festhalten, ist der Erzähler ästhetisch – funktional – ein verborgener Erzähler, und der Leser oder Zuhörer hat ebenfalls das Gefühl, er sei verborgen, denn während er der Geschichte beiwohnt, wenden sich weder die Akteure noch Jahwe an ihn.

Ganz anders sind diese Konventionen im Koran. Die soeben zitierte Geschichte der zwei Söhne ist eine Art öffentlicher Predigt über und gegen Mord, und für die Zwecke der Predigt sind die Namen der Söhne – oder Brüder – irrelevant. Allah bestraft Mörder in der Hölle; sie sind »Bewohner des Höllenfeuers«. Das ist die Moral von der Geschicht', und es wirkt, als würde sich der »Abel-Darsteller«, wie wir ihn nennen könnten, an diesem didaktischen Punkt direkt an uns im Publikum wenden und uns mit Nachdruck mahnend ins Gewissen reden: »Gott nimmt nur von den Gottesfürchtigen an. Wenn du nun nach mir deine Hand ausstreckst, um mich zu töten, so will ich meine Hand doch nicht nach dir ausstrecken, um dich zu töten. Siehe, ich fürchte Gott, den Herrn der Weltbewohner. Siehe, ich will, dass du die Lasten meiner Schuld und deiner auf dich nimmst. Alsdann wirst du zu denen zählen, die Bewohner des Höllenfeuers werden; denn das ist der Lohn der Frevler.« Die moralische Botschaft dieser Stelle, unmittelbar darauf näher ausgeführt, wird noch dadurch verdeutlicht und verstärkt, dass sie sich von den Komplexitäten löst, die ein erweiterter, quasi-romanhafter Kontext ins Spiel bringen könnte.

Vergleichen wir die Eingangssätze der Geschichte, wie sie oben erzählt wird, mit dem Beginn im Buch Genesis:

Und der Mensch erkannte seine Frau Eva, und sie wurde schwanger und gebar Kain; und sie sagte: Ich habe einen Mann hervorgebracht mit dem HERRN. Und sie gebar noch einmal, und zwar seinen Bruder, den Abel. Und Abel wurde ein Schafhirt, Kain aber wurde ein Ackerbauer. Und es geschah nach einiger Zeit, da brachte Kain von den Früchten des Ackerbodens dem HERRN eine Opfergabe. Und Abel, auch er brachte von den Erstlingen seiner Herde und von ihrem Fett. Und der HERR blickte auf Abel und auf seine Opfergabe; aber auf Kain und auf seine Opfergabe blickte er nicht. Da wurde Kain sehr zornig, und sein Gesicht senkte sich. (Gen 4,1–5)

Wäre Jahwe ein wenig gnädiger mit Kain gewesen, hätte Er dann Abels Leben retten können? Beginnt der ganze Schlamassel mit Jahwe?

In diesem Zusammenhang könnten wir mit einigem Recht fragen, warum die beiden überhaupt Opfer darbringen. An dieser frühen Stelle in der Bibel hat Jahwe noch nicht befohlen, dass man Ihm opfere. Wie also kamen Kain und Abel auf die Idee, so etwas zu tun?

Zuvor könnten wir jedoch fragen, was sie über Jahwe wissen und wie sie an dieses Wissen gekommen sind. Religiös gesprochen: Wie sind sie erzogen worden? Wenn wir nur nach dem gehen, was wir aus dem Text erfahren, können wir lediglich sagen, dass sie von einem Paar erzogen wurden, für das und mit dem Jahwe das Paradies erschuf, einem Paar, das anschließend Jahwe nur einmal nicht gehorchte und, ohne Gelegenheit zur Buße zu haben, umgehend mit dem Tod bestraft wurde, und zwar sie beide sowie ihre Nachkommen für alle Zeiten. Eva, die Mutter der Jungen, und all ihre weiblichen Nachkommen wurden zudem zu schmerzlicher Sexualität verurteilt. Ihr Vater, der »Mensch«, und all seine männlichen Nachkommen mussten mit mühseliger Arbeit büßen.

Das ist es, was Kain und Abel wissen. Angesichts dessen fragen sie sich sicher, was dieser Jahwe, dieses furchterregende Wesen, als nächstes tun könnte? Würde Er vielleicht noch wütender werden und Seinen vier menschlichen Geschöpfen das wenige, das ihnen geblieben ist, auch noch nehmen? Am besten sollten sie versuchen, ihn schon im Voraus zu besänftigen – indem sie etwas, irgendetwas tun, um Seine Gunst zu erlangen, um Ihn milde zu stimmen.

Schon zu diesem frühen Zeitpunkt der biblischen Erzählung hatten die ersten vier Menschen reichlich Erfahrung mit göttlichem Zorn, aber hatte Jahwe irgendeine Erfahrung mit menschlichem Zorn? Mehr noch: Weiß Er, dass Er, als Er das erste Paar zur Sterblichkeit verurteilte, damit die Möglichkeit des Mordes in die Welt brachte? Überrascht Ihn Kains Zorn? Wird Ihn das Spektakel des Erschlagens von Abel, der erste Mord auf dieser Welt, noch mehr überraschen?

Diese Fragen bringen uns in der biblischen Geschichte voran, doch Allah interessiert sich kein bisschen für solche romanhaften Verwicklungen, wenn Er sich in der koranischen Geschichte über den namenlosen guten Sohn an Mohammed (und an uns) wendet. Allah geht es, es sei noch einmal gesagt, um die Moral von der Geschicht'. Alles, was davon ablenken könnte, lässt Er weg. Er sorgt dafür, dass sich nicht der kleinste Hinweis auf göttliche Verantwortung für den menschlichen Mord einschleicht: »Des einen Opfer wurde angenommen, das des anderen hingegen nicht.« Das ist alles, was Mohammed hören muss, um die Geschichte voranzutreiben. Mit einem geschickten Wechsel ins Passiv übergeht Allah Seine mögliche Rolle in dem, was geschehen wird, mit Stillschweigen. Allah muss auch nicht darauf verweisen, dass diese zwei Söhne die *ersten* beiden Kinder menschlicher Eltern sind, also die ersten beiden Menschen, die Er nicht unmittelbar geschaffen hat. Man könnte sagen: Für Ihn sind sie Fremde – anderer Leute Kinder. Vielleicht interessant, aber auch in moralischer Hinsicht? Vielleicht interessant für irgendjemanden; aber nicht interessant für Allah.

Solche bedeutungsträchtigen psychologischen Komplikationen, die im koranischen Bericht fehlen, setzen sich in der biblischen Erzählung fort. Jahwes Reaktion auf seine erste Erfahrung mit menschlichem

Zorn wirkt einerseits beinahe irritiert und lässt andererseits eine böse Ahnung spüren: Irgendetwas läuft hier gleich schief, und es hat den Anschein, als könne Er nicht genau vorhersagen, was es sein wird:

> Und der HERR sprach zu Kain: Warum bist du zornig, und warum hat sich dein Gesicht gesenkt? Ist es nicht so, wenn du recht tust, erhebt es sich? Wenn du aber nicht recht tust, lagert die Sünde vor der Tür. Und nach dir wird ihr Verlangen sein, du aber sollst über sie herrschen. (Gen 4,6–7)

Statt Kain mit Fragen zu bedrängen – »Warum bist du zornig, und warum hat sich dein Gesicht gesenkt? Ist es nicht so, wenn du recht tust, erhebt es sich?« –, hätte Er ihm gut zureden können: »Du tust recht, also erhebe dein Gesicht!« Kain hätte so Trost und Bestätigung von der Gottheit empfangen können, die er milde stimmen wollte, statt unheilschwer von ihr getadelt zu werden. Die Moral von der Geschicht' als didaktischer Erzählung verschwimmt, wenn Jahwe Kain zum Handeln drängt und ihn gleichzeitig davor warnt. Trotzdem gewinnt das Geschehen allein durch diese Hell-Dunkel-Komplikation deutlich an Fahrt. Ästhetisch gesehen wäre ein »angemessener agierender« Jahwe ein weniger fesselnder Charakter.

Wir als Publikum in diesem biblischen Theater haben Jahwes ominöse Bemerkungen gegenüber Kain gehört, nicht aber Abel. Er empfindet deshalb nicht das Gleiche wie wir, als Kain zu ihm sagt: »Lass uns aufs Feld gehen.« Es folgt ein Spannungsmoment, und dann geschieht die Tat: »Und es geschah, als sie auf dem Feld waren, da erhob sich Kain gegen seinen Bruder Abel und erschlug ihn.« (Gen 4,8)

Im Koran übergeht Allah wie gesehen Seine Rolle bei der Annahme oder Zurückweisung der Opfergabe, und die Gelegenheit für irgendeinen Austausch zwischen Ihm und dem Sohn, dessen Opfer nicht angenommen wurde, verschwindet in dieser Auslassung. Der Mord als solcher hat nichts Spannendes an sich, nichts Subtiles, nichts Unausweichliches. Es gibt nur die schlichte, kühle, aber völlig unverhohlene Ankündigung des zurückgewiesenen Sohnes: »Ich will dich töten!« Im Buch Genesis gilt Kains Zorn ob seiner Ablehnung womöglich Jahwe und Abel. Im Koran richtet sich seine Wut einzig und allein gegen den bevorzugten Bruder. In der Genesis treibt brüderliche Hinterlist – ein wiederkehrendes Motiv in der Bibel – die Handlung voran. Im Koran ist von List, von Täuschung keine Rede.

Doch an dieser Stelle kommen wir auf der zweispurigen Straße an eine Weggabelung. In der Bibel findet die mörderische Tat im Stillen statt. Würde sich die Tat auf der Bühne vollziehen, würde es sich vielleicht um eine Art Pantomime handeln oder, nach Art des griechischen Dramas, um eine Handlung, die abseits der Bühne stattfindet und nur etwa durch einen Schrei vermittelt wird. Anders im Koran. Mit dem ganzen Trotz eines Märtyrers wendet sich der gute Sohn in einer kurzen, aber lebhaften Rede an den Mörder; und ihr letzter Satz richtet sich am Mörder vorbei an Mohammed und an uns:

Gott nimmt nur von den Gottesfürchtigen an.
Wenn du nun nach mir deine Hand ausstreckst,
    um mich zu töten,
so will ich meine Hand doch nicht nach dir ausstrecken,
    um dich zu töten.
Siehe, ich fürchte Gott, den Herrn der Weltbewohner.
Siehe, ich will, dass du die Lasten meiner Schuld und
    deiner auf dich nimmst.
Alsdann wirst du zu denen zählen, die Bewohner des
    Höllenfeuers werden;
denn das ist der Lohn der Frevler. (Sure 5,27–29;
    Hervorhebung von mir)

Hier – im Koran, nicht aber in der Bibel – beschäftigt sich Allah mit der Frage, *warum* Kains Opfergabe zurückgewiesen wurde. Es hat damit zu tun, dass Kain seine Gabe ohne Ehrerbietung darbrachte, er opferte eher widerwillig als bereitwillig, vielleicht auch voller Groll, ohne echte Unterwerfung unter Allah. Im Koran spricht Allah auch über einen anderen Punkt, den die Bibel mit Stillschweigen übergeht. Hat sich Abel gewehrt, als Kain ihn angegriffen hat? Hat er die Attacke kommen sehen? Allah beantwortet diese Fragen ganz offen: Der ehrfürchtige Sohn – derjenige, der »den Herrn der Weltbewohner« wirklich fürchtet – hat den Angriff tatsächlich kommen sehen und sich nicht gewehrt.

Angesichts der weltweiten Furcht, die heute vor dschihadistischem Terror herrscht, ist es für christliche Leser dieses Geschehnisses bemerkenswert, dass hier in der Heiligen Schrift der Muslime ein Mann gefeiert wird, der in seiner Gewaltlosigkeit fast wie Jesus Christus wirkt. Eine naheliegendere biblische Entsprechung als Jesus könnten freilich die sieben jüdischen Brüder im 2. Buch Makkabäer sein, die nacheinander von einem grausamen griechischen König schrecklich gefoltert werden und die alle voller Vertrauen auf ihre Ehrenrettung sind. Im Moment seines Martyriums trotzt der fünfte von ihnen dem König mit den Worten:

> Du bist ein vergänglicher Mensch und doch hast du die Macht unter den Menschen zu tun, was du willst. Aber glaub nicht, unser Volk sei von Gott verlassen. Mach nur so weiter! Du wirst seine gewaltige Kraft spüren, wenn er dich und deine Nachkommen züchtigt. (2 Makk 7,16–17)[2]

Wie der fünfte Sohn der Makkabäer sagt der gute Sohn im Koran die Qualen – hier das »Höllenfeuer« – für seinen Schlächter voraus. Es wird grausame Vergeltung geben, aber nicht der Mensch, dem Leid zugefügt wurde, sondern Allah wird sie üben.

Die rätselhafte Prophezeiung, der böse Sohn werde »die Lasten meiner Schuld und deiner« auf sich nehmen, bedeutet vermutlich so viel wie: Er wird die Last der Sünde, mich getötet zu haben, plus seiner anderen Sünden zu tragen haben. Der Islamwissenschaftler Muhammad Asad schlägt in seinem Korankommentar jedoch eine andere Lesart vor, die sich an der beglaubigten muslimischen Deutungstradition orientiert:

> In Fällen grundlosen Mords hat der Mörder neben der Sünde des Mordes auch die Last der Sünden zu tragen, die sein unschuldiges Opfer in der Vergangenheit möglicherweise begangen hat und von denen es (sein Opfer) nun freigesprochen wird (…).

Sollte dies tatsächlich ein gängiges Verständnis dieses Verses sein, so fühlen sich die, die ihn hören, noch zusätzlich abgeschreckt, eine so schwerwiegende Tat zu begehen. Für sein Verbrechen wurde der böse Sohn zu »einem der Verlierer« oder »der Verlorenen« (wie Henning und Rückert übersetzen), wobei sich der Sünder seinen »Verlust« selbst und ganz bewusst aufgeladen hat.

Die muslimische Tradition, auf die Asad bei seiner Interpretation Bezug nimmt, spiegelt etwas wider, was Christen wie Muslime umtreibt, nämlich die Folgen eines plötzlichen, unvorbereiteten Todes, also zu sterben, ohne vorher die Gelegenheit gehabt zu haben, seine Sünden zu bereuen. Die christliche Reaktion auf diese Besorgnis war jahrhundertelang der Glaube an das Fegefeuer – eine temporäre Hölle, wo Sünder, die tatsächlich bereut hätten, wäre der Tod nicht so plötzlich über sie gekommen, eine Zeitlang Strafe erleiden, am Ende aber in den Himmel dürfen.

In Shakespeares Tragödie *Hamlet* fordert der Geist des ermordeten Königs seinen Sohn auf, Rache zu nehmen, und berichtet ihm von seinen Qualen im Fegefeuer:

Ich bin deines Vaters Geist;
Verdammt auf eine Zeitlang, nachts zu wandern
Und tags, gebannt, zu fasten in der Glut,
Bis die Verbrechen meiner Zeitlichkeit
Hinweggeläutert sind. (1. Akt, 5. Szene, V. 9–13)

Er leidet so sehr, denn dadurch, dass er ermordet wurde, wurde er

In meiner Sünden Blüte hingerafft,
Ohn Abendmahl, ohn Beicht, ohn letzte Ölung,
Die Rechnung nicht geschlossen, ins Gericht
Mit aller Schuld auf meinem Haupt gesandt.
   (1. Akt, 5. Szene, V. 76–79)

Nach der muslimischen Tradition, auf die Asad Bezug nimmt, wäre Hamlet dieses Leid erspart geblieben, denn die Bestrafung für die Sünden, für die der König noch keine Buße getan hatte, wäre Claudius, seinem Bruder und Mörder, auf den Kopf gefallen.

Aber wenden wir uns nun, wie beide Schriften es tun, dem Leichnam des erschlagenen Abel zu.

Im Buch Genesis starren Jahwe und Kain gemeinsam auf den ersten Toten, den beide je zu Gesicht bekommen haben, und Jahwes erste Reaktion wirkt eher erstaunt als zornig:

Und der HERR sprach zu Kain: Wo ist dein Bruder Abel? Und er sagte: Ich weiß nicht. Bin *ich* meines Bruders Hüter? Und er sprach: Was hast du getan! Horch! Das Blut deines Bruders schreit zu mir vom Ackerboden her. (Gen 4,9–10)

Wusste Kain, als er sich gegen seinen Bruder »erhob«, dass er ihn am Ende töten würde? Hatte er wirklich die Absicht, ihm einen tödlichen Schlag zu versetzen? Hätte Kain sich nicht selbst fragen müssen, wo

Abel wirklich war, als sein Bruder tot vor ihm lag? Hat er wirklich begriffen, was geschehen war? Die spontane menschliche Reaktion auf die Nachricht vom Tod eines nahen Angehörigen ist oft: »Nein, das kann nicht sein!« Was hatte Kain getan? Nicht nur Kain, auch Jahwe hätte sich das fragen sollen.

Doch nun tut Jahwe das, wovor Kain womöglich am meisten Angst hatte. Er nimmt ihm das wenige, das ihm nach der Vertreibung seiner Eltern aus dem Paradies noch geblieben ist. Kains Opfer war eines, das in religionswissenschaftlichen Studien als *Besänftigungsopfer* bezeichnet wird. Es handelt sich dabei um eine präventive Opfergabe. Als Jugendlicher hatte ich einmal einen kleinen Arbeitsunfall, und mein Arbeitgeber überraschte mich damit, dass er mir drei oder vier Zwanzig-Dollar-Scheine zusteckte – im Jahr 1958 war das eine beachtliche Prämie. Ich war etwas irritiert, aber am Abend hat mir mein Vater die Sache erklärt: Der Chef hatte Angst, ich würde ihn verklagen. Um das zu verhindern, um seinen jungen Angestellten milde zu stimmen, leistete er achtzig Dollar Besänftigungsopfer. Genau das tat auch Kain, als er Jahwe ein paar seiner Feldfrüchte opferte. Er gab Jahwe einen Teil der Ernte in der Hoffnung, Jahwe werde dann nicht den gesamten Ernteertrag fordern oder Kain gar den Zutritt zum Feld verweigern. Doch nun, nach der Ermordung Abels, tut Jahwe genau das, wovor sich Kain am meisten gefürchtet hat. Er nimmt ihm jede Möglichkeit, weiter Landwirtschaft zu betreiben:

Und nun, verflucht seist du von dem Ackerboden hinweg, der seinen Mund aufgerissen hat, das Blut deines Bruders von deiner Hand zu empfangen! Wenn du den Ackerboden bebaust, soll er dir nicht länger seine Kraft geben; unstet und flüchtig sollst du sein auf der Erde! (Gen 4,11–12)

Verurteilt Jahwe Kain damit nicht im Grunde zum Tode? Wird der Mörder nicht verhungern, wenn er nichts mehr anbauen darf? Kain scheint das zu glauben, und wären wir wirklich überrascht gewesen, wenn Jahwe Kain als Strafe für seine Tat erschlagen hätte?

> Da sagte Kain zu dem HERRN: Zu groß ist meine Strafe, als dass ich sie tragen könnte. Siehe, du hast mich heute von der Fläche des Ackerbodens vertrieben, und vor deinem Angesicht muss ich mich verbergen und werde unstet und flüchtig sein auf der Erde; und es wird geschehen: Jeder, der mich findet, wird mich erschlagen. (Gen 4,13–14)

Warum reagiert Jahwe darauf nicht mit berechtigter Empörung: »So sei es!«? Vielleicht ist an diesem Punkt der Geschichte niemand anderer da, der Kain töten könnte, als Kains Vater Adam. Würde Adam seinen einzigen noch verbliebenen Sohn töten, würde Kains Blut dann nicht genauso laut zu Jahwe schreien wie das Abels? Jedenfalls entschließt sich Jahwe in den letzten Versen dieser Episode, Kain seinen Lebensunterhalt zu nehmen und zugleich seine Ermordung zu verbieten:

> Der HERR aber sprach zu ihm: Nicht so, jeder, der Kain erschlägt – siebenfach soll er gerächt werden! Und der HERR machte an Kain ein Zeichen, damit ihn nicht jeder erschlüge, der ihn fände. So ging Kain weg vom Angesicht des HERRN und wohnte im Land Nod, östlich von Eden. (Gen 4,15–16)

Jahwes Widerstand gegen Mord ist eindeutig. Deutlich weniger klar ist seine Rechtsprechung, sie enthält jedenfalls keinen Hinweis auf irgendeine Strafe namens »Feuer« nach dem Tod. Welche Strafe auch immer Kain erleiden soll, selbst wenn es sich um eine allmähliche Todesstrafe handelt, muss sie ihm während seines Erdenlebens auferlegt werden.

Aber könnten wir nicht auch fragen: Stand eine Rehabilitierung völlig außer Frage? Unter welchen Umständen hätte Kain gegebenenfalls auf dem »Ackerboden« bleiben und ihn weiter bestellen können? Hätte er seine Sünden bereuen und Jahwe ihm vergeben können?

Genau diese Frage bringt uns zurück zu der Leiche und zur Schilderung dieser Geschichte im Koran, die so endet:

> Allah schickte nun einen Raben, der in der Erde scharrte, um ihm zu zeigen, wie er die Leiche seines Bruders verbergen könne. Er sagte: »Wehe! War ich (denn von mir aus) nicht imstande, (so klug) zu sein wie dieser Rabe und die Leiche meines Bruders zu verbergen?« Und er empfand nun Bedauern (und Ärger über das, was geschehen und nicht mehr zu ändern war).
> Aus diesem Grund haben wir den Kindern Israels vorgeschrieben, dass, wenn einer jemanden tötet, (und zwar) nicht (etwa zur Rache) für jemand (anderes, der von diesem getötet worden ist) oder (zur Strafe für) Unheil (das er) auf der Erde (angerichtet hat), es so sein soll, als ob er die Menschen alle getötet hätte. Und wenn einer jemanden am Leben erhält, soll es so sein, als ob er die Menschen alle am Leben erhalten hätte. Und unsere Gesandten sind doch (im Lauf der Zeit) mit den klaren Beweisen zu ihnen gekommen. Aber viele von ihnen gebärden sich nach alledem maßlos (indem sie) auf der Erde (Unheil anrichten).
> (Sure 5, 31–32; Übersetzung von Rudi Paret)[3]

Allah schickt dem schuldig gewordenen Sohn offenbar aus zwei Gründen einen Raben. Erstens, damit der Leichnam des unschuldigen Sohnes begraben werden kann. Zweitens, damit der schuldig gewordene Sohn dazu veranlasst wird, Trauer und Bedauern zum Ausdruck zu bringen – »Wehe! War ich (denn von mir aus) nicht imstande, (so klug) zu sein wie dieser Rabe« – und schließlich zu bereuen. Der unschuldige Sohn hatte nicht falsch damit gelegen, das »Höllenfeuer« vorherzusagen, das die »Frevler« erwarte, darunter potentiell auch seinen Bruder. Doch obwohl Allah im Koran nicht müde wird zu wiederholen, dass er diejenigen bestrafen werde, die Strafe verdienen, wiederholt er gleichermaßen unermüdlich, dass er den Reumütigen gegenüber gnädig ist. In dieser Passage sollen wir glauben, dass der Mörder am Ende doch nicht das Schlimmste zu erleiden hat, denn er hat bereut und das Richtige für seinen toten Bruder getan.

Die Wendung »die Leiche meines Bruders« lautet im Arabischen wörtlich »die Nacktheit meines Bruders«, aber das bedeutet nicht, dass Abel unbekleidet gestorben wäre. Es bedeutet, dass ein nicht bestatteter Leichnam insofern unwürdig ist, als er ein »würdiges Begräbnis« braucht. Der Korantext erklärt zwar nicht explizit, dass der überlebende Bruder den toten Bruder begraben hat, impliziert das jedoch in hohem Maße. Es ist, als habe der von Allah gesandte Rabe die Vorstellung übermittelt, dass der geeignete Ort für einen Leichnam unter der Erde ist, die Vorstellung, dass ein Begräbnis der angemessene Umgang mit einem Leichnam ist.

Wenn Allah nun als nächstes davon spricht:

Aus diesem Grund haben wir den Kindern Israels vorgeschrieben, dass, wenn einer jemanden tötet, (und zwar) nicht (etwa zur Rache) für jemand (anderes, der von diesem getötet worden ist) oder (zur Strafe für) Unheil (das er) auf der Erde (angerichtet hat), es so sein soll, als ob er die Menschen alle getötet hätte. Und wenn einer jemanden am Leben erhält, soll es so sein, als ob er die Menschen alle am Leben erhalten hätte. (Sure 5,32)

so impliziert das so gesehen, dass Allah die Geschichte von den beiden Söhnen in einer früheren Zeit den »Kindern Israels« erzählt hat, also den Juden, und zwar auf genau die gleiche Weise, wie sie hier Mohammed erzählt wird – nämlich als moralische Fabel gegen das Nehmen und für das Bewahren menschlichen Lebens. Einer Lesart zufolge lassen sich die eben zitierten Worte als Anerkennung der Tatsache verstehen, dass dieser Respekt gegenüber dem menschlichen Leben Teil jüdischer Tradition war und noch immer ist. Er findet sich im Talmud (Mischna Sanhedrin 4,4), aber nicht in der Bibel. Doch Michael Lodahl, der in seinem Buch *Claiming Abraham: Reading the Bible and the Qur'an Side by Side* aus dem Talmud zitiert und einen zeitgenössischen muslimischen Kommentar zu Sure 5,32 erörtert, schreibt: »Er [dieser Kommentar] ging, wie im Grunde die gesamte traditionelle muslimische Auslegung, davon aus, dass dieses zwingende Prinzip – ›wenn einer jemanden am Leben erhält, soll es so sein, als ob er die Menschen alle am Leben erhalten hätte‹ – in den ursprünglichen Schriften der Juden vorhanden war, später aber unterdrückt oder getilgt wurde.«[4]

Ein schwerwiegenderer Vorwurf folgt im letzten Vers der Passage, um die es uns hier geht: »Und unsere Gesandten sind doch (im Lauf der Zeit) mit den klaren Beweisen zu ihnen gekommen. Aber viele von ihnen gebärden sich nach alledem maßlos (indem sie) auf der Erde (Unheil anrichten).« Unheil anrichten in welcher Hinsicht? Der Kontext scheint eindeutig: Unheil, indem man ein Menschenleben nimmt. Frühere Propheten – darunter vielleicht Jesus – sind »zu ihnen gekommen«, also zu den Juden und vielleicht auch zu den Christen, »mit den klaren Beweisen«. Die moralische Geschichte von den zwei Söhnen ist genau ein solcher »Beweis« – nämlich ein Beweis, dass Mord in den Augen Allahs böse ist. Und doch erinnert Allah Mohammed in diesem Vers daran, dass Mord bei Juden und Christen noch immer häufig vorkommt, was ja auch stimmt, auch wenn heutige Juden oder Christen einwenden könnten: Kommt er unter Muslimen weniger häufig vor?

Allahs Mordverbot ist kein absolutes. Die Einschränkung »zur Rache für jemand« behält das Recht nicht nur auf Selbstverteidigung, sondern auch auf die Verteidigung des bedrohten Lebens von jemand anderem vor. Was die allgemeinere Einschränkung »(zur Strafe für) Unheil (das er) auf der Erde (angerichtet hat)« angeht, werden deren Auswirkungen in den folgenden Versen näher erläutert. Doch das führt schon über die Geschichte von den beiden Söhnen hinaus und soll deshalb hier nicht eingehender beleuchtet werden.

Wenn wir nun die Darstellungen Gottes in diesen beiden Erzählungen einer einzigen Geschichte vergleichen, welche Unterschiede und Ähnlichkeiten zeigen sich dann?

Erstens agiert Gott in beiden Erzählungen eindeutig mit der Autorität eines wachsamen Richters. Mit menschlichem Verbrechen konfrontiert, schaut Er nicht mit unbeteiligter Gleichgültigkeit zu, als ob Er damit nichts zu tun hätte. Jahwes emotionale Beteiligung am Tod Abels wirkt in der biblischen Darstellung größer als die Allahs im Koran. Mit anderen Worten, in Sure 5 des Korans entspricht nichts auch nur annähernd der Gemütserregung von »Das Blut deines Bruders schreit zu mir vom Ackerboden her« in Kapitel 4 der Genesis. Doch auch wenn Allahs Verhalten im Koran weniger impulsiv und reservierter oder gefasster ist, so wirken Seine Fürsorglichkeit und Seine Anteilnahme deutlich größer. So als wolle Er das Diktum »wenn einer jemanden am Leben erhält, soll es so sein, als ob er die Menschen alle am Leben erhalten hätte« anschaulich machen oder auf sich selbst anwenden, macht sich Allah in Sure 5 des Korans daran, die Seele sogar des ersten Mörders der Geschichte zu retten. Er ist mit einem Wort in Sure 5 gnädiger als Jahwe in Kapitel 4 der Genesis.

In Genesis 4 wirkt Jahwe durch die Nähe zu Seinen menschlichen Geschöpfen stärker kompromittiert als Allah in Sure 5 des Korans. Was trieb Kain dazu, Abel zu töten? War es Jahwes Zurückweisung seines Opfers? Genesis 4 schließt das nicht aus. Sure 5,30 des Korans tut das sehr wohl: »Da trieb ihn seine Seele, seinen Bruder zu töten, und er tötete ihn. So wurde er zu einem der Verlierer.« Der Mörder begeht sein Verbrechen ganz allein; es handelt sich um ein Verbrechen einzig und allein aufgrund seiner Leidenschaft. Allah – der in Sure 5 deutlich über dem Gemenge menschlicher Beziehungen schwebt – hatte damit nichts zu tun.

Am auffallendsten aber ist, dass Jahwe in Kapitel 4 der Genesis Seine

Aufmerksamkeit ausschließlich auf die damals auf der Welt befindlichen Menschen richtet. Sein einziger Gesprächspartner ist Kain. Er blickt nicht auf die Zeit nach Kain und Abel, wie Allah das im Koran tut, oder spricht von der gesamten Menschheitsgeschichte über alle Zeiten hinweg und jenseits davon bis zum Leben nach dem Tod. Indem Allah das tut, präsentiert Er sich selbst als den Herrn, der sich nicht nur an Mohammed und nicht nur an Mohammeds muslimische Anhänger wendet, sondern auch an Juden, Christen und die Menschheit insgesamt. Das ist Allahs Selbstverständnis im Koran: Er spricht immer zu allen zugleich, und das lässt Ihn entschiedener erscheinen, selbstgewisser mit Blick auf die universelle und dauerhafte Bedeutung all dessen, was Er sagt und tut. In der Genesis wirkt Jahwe in gewisser Weise wie ein Werk der Selbstschöpfung, das noch nicht abgeschlossen ist. Im Koran hingegen wirkt Allah wie ein bereits abgeschlossenes Werk, das nun darangeht, eine Schöpfung zu korrigieren, die ebenfalls abgeschlossen ist, aber noch einer letzten Revision bedarf, die einzig und allein Er leisten kann.

3

NOAH

Vielleicht hat es ganz einfach damit zu tun, dass die Geschichte von Noah – von der Arche, die die Tiere paarweise betreten, dem Regen, der vierzig Tage und vierzig Nächte anhält, und dem wundervollen Regenbogen, als es zu regnen aufhört – so oft in eine Geschichte für Kinder, in ein Stück für Kinder oder neuerdings sogar in ein Museum für Kinder[1] verwandelt wurde. Jedenfalls handelt es sich dabei um die wohl bekannteste Episode der gesamten Bibel. Doch sowohl in der Bibel wie auch im Koran steht Noah im Zentrum einer Geschichte, die eigentlich nur für Erwachsene gedacht ist. Denn in beiden Fällen ist Gott eine furchterregende Gestalt, keiner, der Trost spendet. Doch die Gründe, warum er so angsteinflößend ist, unterscheiden sich auffällig in den beiden Schriften.

Im Koran erwähnt Allah Noah immer wieder, oft nur recht kurz, aber die beiden längeren Berichte sind besonders aufschlussreich. Einer findet sich in Sure 71, die nach Noah benannt ist. Diese kurze Sure – die Geschichte eines Noah ohne Arche – sei hier vollständig zitiert:

Siehe, wir sandten Noah zu seinem Volk:
»Warne dein Volk, bevor schmerzhafte Strafe über es kommt!«
Er sprach: »Mein Volk! Siehe, ich bin für euch ein klarer Warner.
Dienet Gott, und fürchtet ihn! Und leistet mir Gehorsam,
damit er euch vergebe einige von euren Missetaten
und Aufschub euch gewähre bis zu benannter Frist.
Siehe Gottes Frist, wenn sie gekommen ist, wird nicht
    aufgeschoben.

Ach, wenn ihr es doch wüsstet!«

Er sprach: »Mein Herr! Ich habe meinem Volk Tag und Nacht
   gepredigt;

doch hat mein Predigen sie nur darin bestärkt zu fliehen.

Siehe, jedes Mal, wenn ich zu ihnen predigte,

dass du ihnen vergeben mögest,

dann steckten sie ihre Finger in die Ohren,

bedeckten sich mit ihren Kleidern,

blieben starr und dünkten sich erhaben über alle Maßen.

Dann predigte ich öffentlich zu ihnen.

Dann sprach ich offen zu ihnen

und sprach zu ihnen ganz vertraulich

und sprach: ›Bittet um Vergebung euren Herrn

– siehe, er ist zur Vergebung stets bereit –,

dass er den Himmel über euch reichlich regnen lasse

und er mit Gütern und mit Söhnen euch versorge

und Gärten für euch mache

und Bäche für euch mache!

Was ist mit euch, dass ihr nicht auf Würde von Gott hofft?

Wo er euch doch erschuf in Phasen.

Saht ihr denn nicht, wie Gott sieben Himmel schuf,

in Schichten übereinander,

und den Mond zum Licht in ihnen machte

und die Sonne zu einer Leuchte?

Gott ließ euch aus der Erde wachsen, wie Pflanzen,

dann bringt er euch in sie zurück

und holt euch wiederum hervor.

Gott machte euch die Erde zu einem Teppich,

damit ihr auf ihr gehen könnt, auf Wegen und auf
   Bergespässen.‹«

Noah sprach: »Mein Herr, siehe, sie waren widerspenstig
   gegen mich

und folgten einem, dem sein Gut und seine Kinder
    nur ein Mehr an Schaden brachten.
Sie schmiedeten besonders böse Ränke
und sprachen: ›Verlasst nur ja nicht eure Götter,
verlasst nicht Wadd und nicht Suwaʿ
und auch Yaghuth nicht und Yaʿuq und Nasr!‹
Viele führten sie in die Irre.
So mehre du die Frevler in nichts anderem als nur im Irrtum!«
Ihrer Sünden wegen wurden sie ertränkt,
dann in ein Feuer geworfen.
Da fanden sie für sich keine Helfer gegen Gott.
Noah sprach: »Mein Herr!
Lass auf der Erde keinen wohnen bleiben von den Ungläubigen.
Siehe, wenn du sie übrig lässt,
führen sie deine Knechte in die Irre
und zeugen nichts als einen Sittenlosen, Gottlosen.
Mein Herr! Vergib mir und auch meinen Eltern
und dem, der in mein Haus tritt als ein Glaubender,
und den Männern und den Frauen, welche glauben!
Und lass den Zusammenbruch der Frevler
    nur noch schlimmer werden!« (Sure 71,1–28)

Die Geschichte von Noah, die Allah hier erzählt, findet ihr stärkstes bi-
blisches Echo nicht in der Genesis-Erzählung von Noah (Gen 6–8),
sondern in den Geschichten der verschiedenen Propheten Israels. Das
hebräische Wort für »Prophet« ist *nabi'*; das Arabische, das zur gleichen Sprachenfamilie gehört, verwendet das gleiche Wort. Mohammed
ist der *nabi'*, den Allah zu den Menschen in Mekka schickt, so wie in der
gerade zitierten Geschichte Noah der *nabi'* ist, den Allah zu »seinem
Volk« schickt. Wie Mohammed warnt auch Noah sein polytheistisches
Volk, es müsse sich zur Verehrung des einen wahren Gottes bekehren
oder es werde schlimme Konsequenzen zu spüren bekommen. Die bi-

blischen Propheten warnen die Israeliten davor, dass sie vergleichbare Konsequenzen zu gewärtigen hätten, wenn sie die Verehrung des einen wahren Gottes *aufgeben*; häufiger noch verurteilen die Propheten Israel, weil es sich tatsächlich genau dieses Glaubensabfalls schuldig gemacht hat.

Kurz: Der Noah in Sure 71 ähnelt weniger dem Noah der biblischen Schöpfungsgeschichte – der innerhalb der Bibel überhaupt kein Prophet ist – als vielmehr dem Propheten Jeremia:

> Und der HERR sprach zu mir [gemeint ist Jeremia] in den Tagen des Königs Josia: Hast du gesehen, was Israel, die Abtrünnige, getan hat? Sie ging auf jeden hohen Berg und unter jeden grünen Baum und hurte dort. Und ich sprach: Nachdem sie das alles getan hat, wird sie zu mir zurückkehren. Aber sie kehrte nicht zurück. Und ihre treulose Schwester Juda sah es. Und sie sah auch, dass ich Israel, die Abtrünnige, eben deshalb, weil sie die Ehe gebrochen, entließ und ihr den Scheidebrief gab. Doch ihre Schwester Juda, die Treulose, fürchtete sich nicht, sondern ging hin und trieb selbst auch Hurerei. Und es geschah, durch die Leichtfertigkeit ihrer Hurerei, entweihte sie das Land; denn sie trieb Ehebruch mit Stein und mit Holz. Und selbst bei alldem ist ihre Schwester Juda, die Treulose, nicht mit ihrem ganzen Herzen zu mir zurückgekehrt, sondern nur zum Schein, spricht der HERR.
>
> Und der HERR sprach zu mir: Israel, die Abtrünnige, hat sich gerechter erwiesen als Juda, die Treulose. Geh und rufe diese Worte aus nach Norden hin und sprich: Kehre um, Israel, du Abtrünnige, spricht der HERR! Ich will nicht finster auf euch blicken. Denn ich bin gütig, spricht der HERR, ich werde nicht für ewig grollen. Nur erkenne deine Schuld, dass du mit dem HERRN, deinem Gott, gebrochen hast und unter jeden grünen Baum zu den fremden Göttern hin und her gelaufen bist. Aber

auf meine Stimme habt ihr nicht gehört, spricht der HERR.
(Jer 3,6–13)

Für die Propheten des alten Israels war der Monotheismus so etwas wie die eheliche Monogamie, und der Polytheismus war für sie wie die Promiskuität einer Ehefrau, die sich in eine Hure verwandelt und mit vielen Männern (= vielen Göttern) schläft. Beginnend mit Mose, hatte Jahwe Israel gewarnt, Er habe die, die Israeliten, zwar aus dem Exil und der Gefangenschaft befreit und diesen quasi-ehelichen Bund mit ihnen geschlossen, aber Er werde sich scheiden lassen und sie wieder in Exil und Gefangenschaft schicken, wenn sie Ihm jemals untreu sein sollten. Diese Drohung, die anderswo bei Jeremia in aller Deutlichkeit beschworen wird, findet in dieser Passage keine Erwähnung, schwebt allerdings im Hintergrund.

Doch Jahwe ist gnädig, so wie Allah in Sure 71 gnädig ist. Er ist ein Ehegatte, der sich nach Versöhnung mit seiner Frau sehnt, wenn sie nur die Wahrheit eingesteht, dass sie »zu den fremden Göttern hin und her gelaufen« ist (in einigen Bibelübersetzungen ist auch nur von »den Fremden« die Rede). Falls sie sich dazu durchringt, wird er ihr großzügig vergeben und sie als seine Frau wieder aufnehmen. Doch sie wird es nicht tun. In einer benachbarten Passage klagt Jeremia voller Zorn:

Hat irgendeine Nation die Götter vertauscht? – Und jene sind nicht einmal Götter! Aber mein Volk hat seine Herrlichkeit vertauscht gegen das, was nichts nützt. Entsetze dich darüber, du Himmel, und schaudere, erstarre völlig vor Schreck!, spricht der HERR. Denn zweifach Böses hat mein Volk begangen: Mich, die Quelle lebendigen Wassers, haben sie verlassen, um sich Zisternen auszuhauen, rissige Zisternen, die das Wasser nicht halten.
(Jer 2,11–13)

Die Zisternen, die kein Wasser halten, sind die Götter, die keine Götter sind. Sicher, die Passagen im Koran und in der Bibel unterscheiden sich ebenso, wie sich Trauung und Scheidung unterscheiden. Durch Noah warnt Gott Noahs Volk davor, was geschehen wird, wenn sie sich *nicht* davon abwenden, Wadd, Suwa', Yaghuth, Ya'uq und Nasr zu verehren, und wenn sie sich nicht dazu bekehren, stattdessen Gott anzubeten. Durch Jeremia warnt Jahwe Israel davor, was geschehen wird, falls sie damit aufhören, ihn zu verehren und stattdessen Baal oder andere Götter anbeten, die »nicht einmal Götter« sind. Im ersten Falle wird Konversion gefordert; im zweiten wird diese verurteilt. Doch in beiden Passagen wird eine Warnung ausgesprochen, es geht um die Unterwerfung unter den gleichen Gott, und in beiden Passagen wird die Warnung ignoriert. Noahs Volk verehrt weiter Wadd und Co.; Israel tauscht weiter »das, was nichts nützt«, gegen »seine Herrlichkeit« – nämlich die Herrlichkeit Gottes.

In beiden Fällen fügt die Gottheit anschließend den Völkern, von denen sie abgelehnt wurde, massenhafte Strafe in Gestalt einer Katastrophe zu. Im Buch Jeremia schickt Jahwe, wie Er es zuvor verkündet hat, einen Eindringling, der Jerusalem zerstört und das Volk Jeremias in ein neues Exil und in eine neue Gefangenschaft verschleppt. In Sure 71 des Koran ertränkt Allah Noahs Volk und schickt die Menschen anschließend ins ewige Höllenfeuer: »Ihrer Sünden wegen wurden sie ertränkt, dann in ein Feuer geworfen.« Mit anderen Worten: Sie starben durch Ertrinken und wurden anschließend mit dem ewigen Höllenfeuer bestraft. Bemerkenswerterweise gibt es in dieser Version von Noahs Geschichte keine Arche, und es gibt auch keine Überlebenden mit Ausnahme offenkundig von Noah selbst.

Das ist der Handlungskern der Prophezeiung. Ein Volk – das entweder nicht konvertiert (Koran) oder sich weigert, bei der Bekehrung zu bleiben (Bibel) – verehrt einen oder mehrere falsche Götter anstelle des einen und wahren Gottes. Gott schickt seinen Propheten, um die Wahrheit zu verkünden, wobei er den Königen oder Anführern des Volkes oft größere Aufmerksamkeit widmet, und um davor zu warnen, dass Gott das Volk, wenn es nicht hören und die Wahrheit akzeptieren will, streng bestrafen wird. Bestenfalls eine Minderheit der Menschen befolgt das, was der Prophet gesagt hat; die Mehrzahl oder mitunter auch alle ignorieren ihn, lehnen ihn ab oder greifen ihn sogar an. Der Prophet versichert ihnen, dass Gott gnädig sei und selbst denen vergeben werde, die gegen Ihn gesündigt haben, wenn sie nur bereuen und sich Ihm zuwenden (oder zu Ihm zurückkehren). Doch sie bereuen nicht, bestenfalls ein winziger gläubiger Rest; sie wenden sich Ihm nicht zu (oder kehren nicht zu Ihm zurück), und Gott sendet, wie Er es angedroht hat, die Katastrophe auf sie herab.

Dieser Plot wird in der Bibel wiederholt entfaltet, und an ihn wird im Koran wiederholt erinnert, aber das ist nicht die Handlung der biblischen Noah-Geschichte. In der späteren Erzählung (Genesis 6–9) verkündet Jahwe die Katastrophe nicht am Ende der Geschichte, sondern an ihrem Beginn. Die Geschichte beginnt mit Jahwe allein auf der Bühne, der mit sich selbst spricht, wie Er das zu Beginn der Genesis tut. Erst nachdem Er sich selbst Seinen Entschluss verkündet hat, verkündet Er ihn auch Noah.

> Und es reute den HERRN, dass er den Menschen auf der Erde gemacht hatte, und es bekümmerte ihn in sein Herz hinein. Und der HERR sprach: Ich will den Menschen, den ich geschaffen habe, von der Fläche des Erdbodens auslöschen, vom Menschen bis zum Vieh, bis zu den kriechenden Tieren und bis zu den Vögeln des Himmels; denn es reut mich, dass ich sie gemacht habe. Da sprach Gott zu Noah: Das Ende alles Fleisches ist vor mich gekommen; denn die Erde ist durch sie erfüllt von Gewalttat (...). Denn ich, siehe, ich bringe die Wasserflut über die Erde, um alles Fleisch unter dem Himmel, in dem Lebensodem ist, zu vernichten; alles, was auf der Erde ist, soll umkommen. Aber mit dir will ich meinen Bund aufrichten, und du sollst in die Arche gehen, du

und deine Söhne und deine Frau und die Frauen deiner Söhne
mit dir. Und von allem Lebendigen, von allem Fleisch, sollst du je
zwei von allen in die Arche bringen, um sie mit dir am Leben zu
erhalten; ein Männliches und ein Weibliches sollen sie sein!
(Gen 6,6–7, 13, 17–19)

Wie Sie vielleicht bemerkt haben, verändert sich der Name der Gottheit
in den eben zitierten Sätzen von »HERR« zu »Gott«. Die Geschichte
von Noah, wie wir sie im überlieferten Text des Buchs Genesis vor uns
haben, nahm ihren Anfang ursprünglich als zwei Geschichten, von denen eine die Gottheit als HERR (Jahwe) und die andere als Gott (Elohim) kannte. Noch komplizierter wird die textliche Situation dadurch,
dass der Redakteur, der die beiden Geschichten miteinander vermischte,
seine eigenen redaktionellen Hinzufügungen oder Erweiterungen vor-
nahm. Infolgedessen ist die Geschichte vom Bau der Arche – des Schif-
fes, auf dem die auserwählten Überlebenden der katastrophalen Flut
entkommen sollen – repetitiv und mitunter verwirrend. Die Sintflut
kommt jedoch als ein Hervorquellen des Wassers von unten aus der
Erde und als Regenwasser von oben. Was folgt, ist der globale Genozid.
Dann schließlich geht das Wasser zurück, die Überlebenden entsteigen
der Arche, und das Leben nimmt wieder seinen Lauf. Zurück auf trockenem Land bietet Noah – der bis zu dieser Stelle in der Geschichte
kein Wort gesprochen hat – Jahwe das Brandopfer mehrerer Tiere an
und spricht dabei weiter kein Wort.

Und der HERR roch den wohlgefälligen Geruch, und der HERR
sprach in seinem Herzen: Nicht noch einmal will ich den Erd-
boden verfluchen wegen des Menschen; denn das Sinnen des
menschlichen Herzens ist böse von seiner Jugend an; und nicht
noch einmal will ich alles Lebendige schlagen, wie ich getan
habe. (Gen 8,21)

Hier begegnen wir erneut dem geheimnisvoll allwissenden biblischen Erzähler, der weiß, was Jahwe zu sich selbst (oder »in seinem Herzen«) sagt. Aber wie sicher ist dieser Entschluss der Zurückhaltung? In Genesis 9,12–15 lesen wir eine Erklärung in ähnlicher Absicht, aber mit einer Wortwahl, die eher unheilvoll klingt:

Und Gott sprach: Dies ist das Zeichen des Bundes, den ich stifte zwischen mir und euch und jedem lebenden Wesen, das bei euch ist, auf ewige Generationen hin: Meinen Bogen setze ich in die Wolken, und er sei das Zeichen des Bundes zwischen mir und der Erde. Und es wird geschehen, wenn ich Wolken über die Erde aufwölbe, und der Bogen in den Wolken erscheint, dann werde ich an meinen Bund denken, der zwischen mir und euch und jedem lebenden Wesen unter allem Fleisch besteht; und nie mehr soll das Wasser zu einer Flut werden, alles Fleisch zu vernichten. (Gen 9,12–15)

Als Jahwe verspricht die Gottheit, die Welt nie wieder zu zerstören. Als Elohim verspricht sie lediglich, sie nie wieder *durch Wasser* zu zerstören. Diese Unterscheidung beseelt ein Reimpaar, das man in zwei exegetisch höchst sensiblen Spirituals vernimmt, nämlich in »I Got a Home in That Rock« und »Mary, Don't You Weep«. Dort heißt es:

God gave Noah the rainbow sign:
No more water, the fire next time.

The Fire Next Time lautet der Titel eines Manifests, das der 1987 verstorbene große schwarze Schriftsteller James Baldwin Mitte der 1960er Jahre veröffentlichte – mit elektrisierender Wirkung, denn sein Text fiel mitten hinein in eine breite Welle des Kampfes für Rassengleichheit. Nun ist interpretatorisches Feingefühl nicht unbedingt das, wofür die Menschen die Negro Spirituals lieben. Das gilt auch für mich persönlich. Aber wer auch immer auf die Zeile »No more water, the fire next time« kam, war sowohl ein aufmerksamer Exeget als auch ein Prophet in gesellschaftlichen Dingen. Doch zurück zur Genesis.

Was war das für eine »Gewalttat« – andere Übersetzungen sprechen von »Frevel«, während in der englischen Übersetzung der *New Jerusalem Bible* von der »lawfulness«, der Gesetzlosigkeit, die Rede ist –, die Jahwe Elohim so zu schaffen machte, dass Er fast alles Leben zerstören musste? Wir wissen es nicht. An dieser Stelle seiner Geschichte, wie die Bibel sie erzählt, hat Er den Menschen, die Er aus dem Garten Eden vertrieben hat und die sich, so scheint es, zahlenmäßig inzwischen deutlich vermehrt haben, keine Gesetze gegeben. *Keine Gesetze, keine Gesetzlosigkeit*, könnte man denken. Doch was sagt uns diese Passage über die Gesinnung von Jahwe Elohim? Glaubt Er, Gesetze nur erlassen zu können, nachdem Er ein Handeln beobachtet hat, das Er verbieten will? Die Geschichte Noahs endet mit einem Akt der Gesetzgebung, aber das Gesetz ist eines, das Jahwe Elohim besser schon einer früheren Generation gegeben hätte, Kain und Abel etwa oder sogar Adam und Eva:

Alles, was sich regt, was da lebt, soll euch zur Speise sein; wie das grüne Kraut gebe ich es euch alles. Nur Fleisch mit seiner Seele, seinem Blut, sollt ihr nicht essen! Jedoch euer eigenes Blut werde ich einfordern; von jedem Tiere werde ich es einfordern, und von der Hand des Menschen, von der Hand eines jeden, nämlich seines Bruders, werde ich die Seele des Menschen einfordern. Wer Menschenblut vergießt, dessen Blut soll durch Menschen vergossen werden; denn nach dem Bilde Gottes hat er den Menschen gemacht. (Gen 9,3–6)

So wichtig diese Frage von Gesetzlosigkeit und Rechtmäßigkeit auch ist, es ist nicht die einzige Frage über Gott, die Genesis 6 bis 9 offen lässt.

Zu Beginn der Geschichte heißt es: »Noah aber fand Gunst in den

Augen des HERRN.« (Gen 6,8) Warum? Was hat er getan, dass er Jahwes Gunst gewann? Wie kann überhaupt irgendjemand Jahwes Gunst gewinnen? Es passiert offenkundig, aber wir wissen nicht, wie oder warum es passiert, und die Tatsache, dass wir es nicht wissen, legt die Möglichkeiten nahe, dass Jahwe kapriziös genug ist, um Noah nur zufällig, aus keinem ersichtlichen Grund ausgewählt zu haben. Wenn Er einen derartigen Charakter hat, dass Er ohne Grund rettet, könnte Er dann nicht auch ohne Grund vernichten? Wie ich zu Beginn dieses Kapitels sagte, ist Gott – Jahwe Elohim in der biblischen Darstellung, Allah in der koranischen Darstellung – in beiden Fällen furchterregend, aber jeweils aus unterschiedlichen Gründen.

Und was ist mit den ungezählten Toten in der biblischen Version? Hätten die ertrunkenen Menschen, ganz zu schweigen von den ertrunkenen Tieren, irgendetwas tun können, um Jahwe zu besänftigen und ihr Leben zu retten? Hätten sie diesen Völkermord irgendwie abwenden können? Wir wissen nur, dass sie, anders als diejenigen, an die sich Noah in Sure 71 des Korans oder Jeremia im gleichnamigen biblischen Buch wendet, keine Möglichkeit hatten, was auch immer sie falsch gemacht hatten, zu bereuen und sich der Gnade des barmherzigen Jahwe Elohim zu überlassen. Nein, Jahwe Elohim überrumpelt die Menschheit und im Matthäusevangelium unterstreicht Jesus genau diesen Punkt mit Blick auf das Urteil, das er selbst eines Tages als »Menschensohn« verkünden wird:

Aber wie die Tage Noahs waren, so wird auch die Ankunft des Sohnes des Menschen sein. Denn wie sie in jenen Tagen vor der Flut waren: – sie aßen und tranken, sie heirateten und verheirateten bis zu dem Tag, da Noah in die Arche ging und sie es nicht erkannten, bis die Flut kam und alle wegraffte –, so wird auch die Ankunft des Sohnes des Menschen sein. (Mt 24,37–39)

In der Genesis-Erzählung scheinen die Motive Jahwe Elohims allenfalls leicht moralisch angehaucht und völlig unbefleckt von religiöser Orthodoxie zu sein – das heißt, von irgendetwas wie der Verehrung des richtigen Gottes anstelle des falschen Gottes oder der falschen Götter. Jahwe Elohim in Genesis 6–9 verlangt nicht, dass die Menschen Monotheisten statt Polytheisten sind oder Anhänger Jahwes und nicht Baals oder Muslime statt Anhänger von Wadd, Suwaʿ und so weiter. So fürchterlich das »Konvertiert oder stirbt«-Ultimatum in Sure 71 auch sein mag, so ist es doch in hohem Maße dem massenhaften Sterben vorzuziehen, das ohne Vorwarnung und ohne wie auch immer geartete moralische oder konfessionelle Begründung über die Menschen kommt. Besser eine grausige Wahl als gar keine.

Nachdem wir uns nun so lange mit der Geschichte Noahs beschäftigt haben, wie sie im Buch Genesis erzählt wird, ist es an der Zeit, dass wir uns der zweiten, längeren und besonders aufschlussreichen Noah-Geschichte zuwenden, die Allah in Sure 11 des Korans berichtet:

> Einst sandten wir Noah aus zu seinem Volk:
> »Siehe, ich bin für euch ein klarer Warner,
> dass ihr nur Gott anbeten sollt!
> Siehe, ich fürchte sonst für euch die Strafe
>   eines schmerzhaften Tages!«
> Da sprachen die Ältesten aus seinem Volk, die ungläubig waren:
> »Wir sehen, dass du genauso ein Mensch bist wie wir.
> Und wir sehen, dass dir nur jene folgen, die bei uns verachtet
>   sind –
> auf bloßen Anschein hin.
> Wir sehen nicht, dass ihr uns gegenüber einen Vorzug habt,
> sondern sind der Meinung, dass ihr Lügner seid!«
> Er sprach: »Mein Volk! Was meint ihr wohl,
> hätte ich einen klaren Beweis von meinem Herrn
> und hätte er mir Erbarmen von sich verliehen,

das euch jedoch unsichtbar geblieben wäre –
sollten wir es euch dann aufzwingen,
auch wenn es euch zuwider ist?«
Und sprach: »Mein Volk! Ich fordere kein Geld dafür!
Mein Lohn liegt nur bei Gott.
Ich bin keiner, der die Gläubigen vertreibt.
Siehe, sie werden ihrem Herrn begegnen.
Doch sehe ich, dass ihr törichte Leute seid!«
Und sprach: »Mein Volk! Wer könnte mir gegen Gott
    Beistand leisten,
wenn ich sie denn vertreiben würde?
Wollt ihr euch nicht mahnen lassen?
Ich sage ja nicht zu euch, dass ich die Schätze Gottes habe,
und kenne auch das Verborgene nicht.
Ich sage auch nicht: ›Ich bin ein Engel‹,
und sage nicht von denen, welche ihr verachtet,
dass ihnen Gott nie Gutes geben wird.
Gott weiß am besten, was in ihren Seelen ist.
Siehe, ich wäre ja sonst einer von den Frevlern!«
Sie sprachen: »O Noah, du hast mit uns gestritten –
und hast es oft mit uns getan.
So bring uns, was du uns versprochen hast –
wenn du die Wahrheit sagst!«
Er sprach: »Gott wird es euch nur bringen, wenn er will,
und ihr könnt nichts durchkreuzen.
Und keinen Nutzen bringt mein Rat für euch
– sofern ich euch raten wollte! –,
wenn Gott euch in die Irre führen will.
Denn er ist euer Herr, und zu ihm werdet ihr zurückgebracht.«
Oder sie sagen: »Er hat ihn sich nur ausgedacht!«
Sprich: »Hätte ich ihn mir selber ausgedacht, so käme mein
    Vergehen auf mich.

An dem jedoch, was ihr an Missetaten begangen habt,
  bin ich nicht schuldig.«
Noah wurde eingegeben:
»Von deinem Volk wird keiner glauben –
außer denen, die schon gläubig waren.
So gräme dich nicht über das, was sie immer wieder taten!
Bau das Schiff vor unseren Augen
und entsprechend unserer Weisung!
Und sprich mich nicht zugunsten derer an, die frevelten!
Siehe, sie sollen untergehen.«
Da erbaut er nun das Schiff.
Sooft die Ältesten aus seinem Volk an ihm vorüberkamen,
spotteten sie über ihn.
Er sprach: »Wenn ihr über uns spottet,
dann werden wir so über euch spotten, wie ihr über uns.
Dann werdet ihr erkennen,
zu wem eine Strafe kommt, die ihn erniedrigt,
und über wen endlose Pein hereinbricht.«
Als schließlich unser Entscheid gekommen war
  und der Ofen wallte,
da sprachen wir: »Lade es voll mit einem Paar von jeder Art
und deinen Angehörigen
– nur mit dem nicht, über den der Spruch bereits erging –
sowie mit allen Gläubigen!«
Es waren aber nur wenige, die mit ihm glaubten.
Er sprach: »Steigt ein ins Schiff!
Im Namen Gottes sei die Ausfahrt und die Landung!
Siehe, mein Herr ist bereit zu vergeben, barmherzig.«
Es fuhr dahin mit ihnen auf Wogen wie die Berge.
Und Noah rief zu seinem Sohn, der abseits stand:
»Mein Sohn, steig bei uns ein, und bleibe nicht bei den
  Ungläubigen!«

Er sprach: »Ich will mich flüchten auf einen Berg,

der mich vor dem Wasser schützt.«

Er sprach: »Heute gibt es nichts, was vor der Entscheidung
    Gottes schützt –

außer für den, dessen er sich nicht erbarmt.«

Da brachten die Wogen beide auseinander,

und er war einer derer, die untergingen.

Da ward gesagt: »O Erde, verschlinge dein Wasser!«

Und: »O Himmel, lass ab!«

Da floss das Wasser ab, und der Befehl ward ausgeführt.

Und es lief auf den Dschudi auf.

Da ward gesagt: »Fort mit dem frevelhaften Volk!«

Noah rief zu seinem Herrn:

»Mein Herr, siehe, mein Sohn gehört doch zu den Meinen!

Und siehe, dein Versprechen ist wahr.

Du bist der gerechteste Richter!«

Er sprach: »Noah, siehe, er gehört nicht zu den Deinen.

Das ist kein rechtes Handeln.

So bitte mich nicht um etwas, worüber du kein Wissen hast.

Siehe, ich ermahne dich, dass du nicht töricht handelst.«

Er sprach: »Mein Herr, ich nehme meine Zuflucht zu dir,

dass ich dich um etwas bitte, worüber ich kein Wissen habe.

Wenn du mir nicht verzeihst

und dich meiner nicht erbarmst,

dann bin ich einer der Verlierer.«

Es ward gesagt: »Noah! Steig nun aus,

mit unserem Frieden

und Segenswünschen über dich und jene Völkerschaften,
    die bei dir sind!«

Es gibt Völkerschaften, die wir versorgen werden;

dann aber wird sie eine Strafe von uns treffen,
    die schmerzhaft ist.

Dies ist eine der verborgenen Geschichten – *dir* offenbaren
   wir sie.
Weder du noch dein Volk haben sie vorher gekannt.
So sei geduldig!
Siehe, der Ausgang ist zugunsten derer, die gottesfürchtig sind.
   (Sure 11, 25–49)

Der Untergangsprophet gilt vielen gemeinhin als Spinner oder gar
Schwindler. Der Untergangsprophet, so sollen wir glauben, erweist sich
üblicherweise als einer, der einen Untergang prophezeit, der nie eintritt. Kühlere Köpfe wissen angeblich genug, um sich durch solche Propheten nicht in Alarmstimmung versetzen zu lassen. Aber manchmal
kommt der Untergang eben doch, und dann werden die Propheten, die
vormals als Spinner abgetan wurden, verspätet als tapfere Visionäre, ja
sogar Retter ihres Volkes verehrt.

   Zu Beginn dieser zweiten Erzählung der Noah-Geschichte präsentiert Allah, wie in Sure 71, Noah als einen Propheten, der »seinem Volk«
die »Strafe eines schmerzhaften Tages« in Aussicht stellt, wenn die
Menschen nicht zur Verehrung allein Allahs konvertieren. Es gibt jedoch einen rhetorischen Unterschied darin, wie die beiden Erzählungen
den Propheten Noah in Aktion darstellen. In Sure 71 liefert Noah einen
positiven Anreiz dafür, warum sein Volk allein Allah verehren sollte.
Allah herrscht über die gesamte Natur, so behauptet er; und damit wird
implizit gesagt, dass es den falschen Göttern an dieser bereichernden
Macht fehlt. Wenn die Menschen deshalb in Sure 71 Allah nur um Vergebung bitten für die Sünde, Wadd, Suwaʾ und die anderen genannten
falschen Götter zu verehren, dann wird der wahre Gott »den Himmel
über euch reichlich regnen lasse[n] und (…) mit Gütern und mit Söhnen euch versorge[n] und Gärten für euch mache[n] und Bäche für euch
machen!«. (Sure 71,11–12)

   In Sure 11 hat Noah nur den negativen Anreiz zu bieten, den schmerzhaften Tag zu vermeiden. Das ist der Tag der strafenden Flut, von dem

Noah weiß und seine Zuhörer nichts wissen, aber auch der Tag des Jüngsten Gerichts, an dem die ertrunkenen Ungläubigen »in ein Feuer« geworfen werden. In dieser zweiten Version der koranischen Noah-Geschichte betont Allah hingegen, wie wichtig es ist, sowohl den Botschafter wie auch die Botschaft zu akzeptieren. Die »Ältesten aus seinem Volk, die ungläubig waren«, weisen Noahs Anspruch auf eine höhere Berufung zurück: »Wir sehen, dass du genauso ein Mensch bist wie wir«, dem nur jene folgen, »die bei uns verachtet sind«. In diesem und den folgenden Versen ist die gesellschaftlich gleichmacherische Macht der Unterwerfung unter Allah, ihre Fähigkeit, Unterschiede in Sachen Reichtum und Stand bedeutungslos zu machen, quicklebendig.

Die Oberen beleidigen Noah und seine niederen Gefolgsleute. »Wir (…) sind der Meinung, dass ihr Lügner seid!« Noah ist sich seiner göttlichen Berufung sicher, er habe »einen klaren Beweis von meinem Herrn« und dieser habe »mir Erbarmen von sich verliehen«. Das heißt, Noah weiß in seinem Innersten, dass er von der bevorstehenden Katastrophe verschont bleiben wird. Was soll er tun? »[S]ollten wir es euch dann aufzwingen, auch wenn es euch zuwider ist?«

Dieser Noah wird und kann das ehrlicherweise nicht tun. Der englische *Study Quran* verweist in seinem Kommentar dazu auf Sure 2,256, der in den letzten Jahren zu einem der meistzitierten Koranverse geworden ist: »Kein Zwang ist in der Religion. Der rechte Weg ist klar geworden gegenüber dem Irrweg.«

Doch Allah gestattet sich, was er Noah oder anderen bloßen Propheten verwehrt. Eine alte Seemannsweisheit lautet: »The ship that does not answer to the rudder will answer to the rock.« (Ein Schiff, das nicht aufs Ruder reagiert, wird auf den Fels reagieren/auflaufen.) Noahs Volk ist wie das Schiff: Wenn die Menschen nicht auf seine prophetische Warnung (das Ruder) reagieren, dann werden sie auf Allahs strafende Flut (den Felsen) reagieren. Ihr Irrtum – und ihr Leid – wird an diesem Punkt Noahs Wahrheit bestätigen; er kann keine frühere Bestätigung liefern; alles, was er zu bieten hat, ist sein eigener guter Glaube.

In den folgenden Versen (Sure 11,29–31) bringt Noah, indem er ernsthaft seine eigene Legitimation als Prophet verficht, Gründe für die reale Gefahr göttlicher Bestrafung und gleichzeitig für die reale Möglichkeit göttlicher Gnade vor. Die Intensität seiner Empfindung wird im dreimal wiederholten »Mein Volk!« deutlich. Seine Warnung hat nichts damit zu tun, dass er Geld von ihnen will. »Ich fordere kein Geld dafür! Mein Lohn liegt nur bei Gott.« Und im Unterschied zu Sure 71 verspricht er auch nicht Reichtum oder geheimes Wissen, wenn sie seine Botschaft akzeptieren. »Ich sage ja nicht zu euch, dass ich die Schätze Gottes habe, und kenne auch das Verborgene nicht. Ich sage auch nicht: ›Ich bin ein Engel‹ (…).« Seine Kritiker haben recht: Er ist nichts weiter als ein ganz normaler Mensch – ein Mensch wie sie, kein Engel –, aber er spottet nicht wie sie über die Gläubigen, »die bei uns verachtet sind«, denn Allah nimmt die auf, die sich ihm unterwerfen, wie diese niederen Anhänger es getan haben, und wer ist Noah, diejenigen zurückzuweisen, die Allah aufgenommen hat?

An dieser Stelle fordern Noahs Widersacher, die den Gesandten fälschlicherweise für einen Zauberer halten, für den »Bringer« genau des Untergangs, den er selbst prophezeit, ihn auf, endlich »zu liefern«: »So bring uns, was du uns versprochen hast – wenn du die Wahrheit sagst!« Noah stellt entschieden, aber doch auch mit drohendem Unterton klar:

Er sprach: »Gott wird es euch nur bringen, wenn er will,
und ihr könnt nichts durchkreuzen.
Und keinen Nutzen bringt mein Rat für euch
– sofern ich euch raten wollte! –,
wenn Gott euch in die Irre führen will.
Denn er ist euer Herr, und zu ihm werdet ihr zurückgebracht.«
    (Sure 11,33–34)

Dann folgt an dieser Stelle in Sure 11 einer jener Momente, in denen Allah sich selbst unterbricht, um sich sozusagen privat an Mohammed, aber über ihn hinaus auch dezidiert an uns zu richten, die seinem Rat an den Propheten zufällig lauschen. Allah sagt:

Oder sie sagen: »Er hat ihn sich nur ausgedacht!«
Sprich: »Hätte ich ihn mir selber ausgedacht, so käme mein
    Vergehen auf mich.
An dem jedoch, was ihr an Missetaten begangen habt,
    bin ich nicht schuldig.« (Sure 11,35)

Leicht paraphrasiert bedeutet das, was Allah hier an Mohammed vorbei zu uns sagt: »Glaubt ihr, Mohammed hat sich das alles nur ausgedacht? Falls ja, umso schlimmer für ihn. Falls nein, umso schlimmer für euch.«

Danach nimmt die Erzählung wieder Fahrt auf. Gott überbringt Noah die schlechte Nachricht, dass er nur die paar wenigen aus der Flut wird retten können, die er bereits zur Verehrung des wahren Gottes bekehrt hat. Sein gestrenger Rat an Mohammed lautet:

So gräme dich nicht über das, was sie immer wieder taten!
Bau das Schiff vor unseren Augen
und entsprechend unserer Weisung!
Und sprich mich nicht zugunsten derer an, die frevelten!
Siehe, sie sollen untergehen. (Sure 11,36–37)

In der Bibel bringt Jeremia seine Bestürzung ob der Katastrophe, die er in Jahwes Namen und auf Jahwes Befehl Israel prophezeit hat, lautstark zum Ausdruck. An wen richten sich all die Fragen in den folgenden Versen, wenn nicht an die Gottheit, die bereit ist, eine Katastrophe über sein Volk Israel zu bringen?

Unheilbar steigt Kummer in mir auf! Mein Herz ist krank in mir. (…) Über dem Zusammenbruch der Tochter meines Volkes bin ich zerbrochen; ich trauere, Entsetzen hat mich ergriffen. Ist denn kein Balsam in Gilead oder kein Arzt dort? Ja, warum ist die Genesung der Tochter meines Volkes ausgeblieben? Dass doch mein Haupt Wasser wäre und mein Auge eine Tränenquelle, dann wollte ich Tag und Nacht die Erschlagenen der Tochter meines Volkes beweinen! (Jer 8,18, 21–23)

Im Koran richtet Noah keine solchen Klagen, keine solchen »Jeremiaden« an Gott, als die Fluten sein Volk verschlingen – abgesehen von einem Moment des Zögerns, mit dem wir uns weiter unten beschäftigen werden.

Noah baut die Arche und belädt sie mit seiner Familie, den paarweisen Tieren und den wenigen Gläubigen aus seinem Volk. Seine Widersacher spotten. Noah erwidert, salopp gesprochen, wer zuletzt spotte, spotte am besten. Kurz darauf ergießt sich das Wasser übers Land. Die Wogen sind so hoch wie die Berge. Doch an dieser entscheidenden Stelle erzählt Allah eine Geschichte innerhalb der Geschichte, die sich in der Bibel so nicht findet.

Die Arche ist bereits in See gestochen, als Noah bemerkt, dass sein Sohn »abseits stand«. Er befindet sich noch immer am Ufer. Noah ruft: »Mein Sohn, steig bei uns ein, und bleibe nicht bei den Ungläubigen!« (Sure 11,42) Doch der ungläubige Sohn glaubt, er könne sich retten, indem er sich vor der Flut auf einen Berg flüchtet. Das Wasser steigt; der Sohn ertrinkt. Bald darauf befiehlt Allah den Fluten zurückzuweichen, und sie nehmen die Leichen der Ertrunkenen mit sich. (»Da ward gesagt: ›Fort mit dem frevelhaften Volk!‹«) Und dann erzählt Allah die Geschichte einer subtilen Konfrontation zwischen Ihm und Seinem Propheten.

Noahs ungläubiger Sohn ist tot und fortgerissen, aber Noah, der offensichtlich immer noch an ihn denkt, wagt es, gegenüber Allah von ihm zu sprechen: »Mein Herr, siehe, mein Sohn gehört doch zu den Meinen!« Als rein erklärender Satz sagt diese Beobachtung so gut wie nichts aus. Doch stellen wir uns einen Akteur vor, der in diese mühsam hervorgestoßenen Worte die Emotion eines Vaters legt, der zutiefst erschüttert ist von einem Verlust: »Herr … Mein Sohn … Er gehört doch zu den Meinen …«

Bittet Noah Allah hier nicht darum, diese Fragen zu beantworten: Wie geht es meinem Sohn? Was ist mit ihm passiert? Was *wird* mit ihm geschehen? Doch als sei er sich plötzlich des enormen Risikos bewusst, das er mit seiner Bitte an Allah eingegangen ist, dieser möge sich doch erbarmen und diese emotionalen Leerstellen und Wissenslücken füllen, beeilt sich Noah, einen Satz präventiven Lobpreises hinterherzuschieben: »Und siehe, dein Versprechen ist wahr. Du bist der gerechteste Richter!«

Als Allah mit der Geschichte fortfährt, fällt es Ihm nicht schwer, zwischen Noahs Zeilen zu lesen. Er tadelt Noah, allerdings nur sanft:

Er sprach: »Noah, siehe, er gehört nicht zu den Deinen.
Das ist kein rechtes Handeln.
So bitte mich nicht um etwas, worüber du kein Wissen hast.
Siehe, ich ermahne dich, dass du nicht töricht handelst.«
(Sure 11,46)

Noah ist angemessen zerknirscht, und die Geschichte Noahs schließt mit Allahs eingeschränktem Segen für die neue Gemeinschaft, die Noah, seine Familie und die Überlebenden aus der überfluteten Stadt zusammen mit den geretteten Tieren errichten werden:

Es ward gesagt: »Noah! Steig nun aus,
mit unserem Frieden
und Segenswünschen über dich und jene Völkerschaften,
    die bei dir sind!«

Es gibt Völkerschaften, die wir versorgen werden;
dann aber wird sie eine Strafe von uns treffen,
die schmerzhaft ist. (Sure 11,48)

Der Verweis auf künftige Qualen ist Ausdruck von Allahs Wissen, dass die Botschaft des Islams möglicherweise in Vergessenheit geraten wird, so dass Er neue Gesandte wird schicken müssen, die neuen Völkern mit neuen Strafen drohen, wenn sie nicht ihren falschen Göttern abschwören und stattdessen Ihn verehren.

Damit ist die Hauptgeschichte um Noah zu Ende, doch die Geschichte innerhalb der Geschichte verlangt nach einem zusätzlichen Kommentar. Als Allah Noah erklärt, sein Sohn »gehört nicht zu den Deinen«, spricht Er am Propheten Noah vorbei zur und über die künftige muslimische *umma*, den weltweiten »Stamm« oder das »Volk« der Gläubigen (so die Bedeutung des arabischen Wortes). Ihre Gemeinschaft sollte nicht auf Genealogie oder Blutsverwandtschaft beruhen, sondern auf einer gemeinsamen Verpflichtung, sich Allah als dem einzigen Gott zu unterwerfen und den Propheten Mohammed als Seinen wahren Gesandten zu akzeptieren.

Bei christlichen Lesern könnte Sure 11,46 – »er gehört nicht zu den Deinen« – mehrere Stellen aus dem Neuen Testament wachrufen. Am deutlichsten ist hier das Markusevangelium:

Und es kommen seine Mutter und seine Brüder; und sie standen draußen, sandten zu ihm und riefen ihn. Und eine Volksmenge saß um ihn her; sie sagten aber zu ihm: Siehe, deine Mutter und deine Brüder und deine Schwestern draußen suchen dich. Und er antwortete ihnen und spricht: Wer sind meine Mutter und meine Brüder? Und er blickte umher auf die um ihn im Kreise Sitzenden und spricht: Siehe, meine Mutter und meine Brüder! Wer den Willen Gottes tut, der ist mein Bruder und meine Schwester und meine Mutter. (Mk 3,31–35)

Der Apostel Paulus, der Jahre nach Jesu Tod in einem Bogen von Jerusalem bis Rom das Christentum verkündete, griff Jesu Übertragung geschwisterlicher Identität auf die »Familie« seiner Anhänger auf und verwandelte damit Gottes Bund mit Abraham in einen Bund mit der gesamten Menschheit als spiritueller Nachkommenschaft Abrahams:

> Da ist nicht Jude noch Grieche, da ist nicht Sklave noch Freier, da ist nicht Mann und Frau; denn ihr alle seid einer in Christus Jesus. Wenn ihr aber des Christus seid, so seid ihr damit Abrahams Nachkommenschaft und nach der Verheißung Erben. (Gal 3,28–29)[2]

Christentum und Islam ähneln sich als Weltgemeinschaft darin, dass es sich nicht um natürliche, sondern um intentionale Gemeinschaften handelt oder dass sie zumindest als solche gedacht waren. Auf einem Planeten mit zwei Milliarden Christen und eineinhalb Milliarden Muslimen ist es ganz offensichtlich so, dass Millionen in die eine oder die andere Gemeinschaft hineingeboren werden, ohne dass sie dabei im Grunde große Wahlmöglichkeiten hätten. Und doch nahm keine der Weltreligionen als auf Geburt basierende Gemeinschaft ihren Anfang, und keine hat ihre Ursprünge völlig vergessen. Die einzigartige Stärke solcher intentionalen Gemeinschaften besteht darin, dass jeder sich ihnen anschließen kann; jeder kann zu ihnen konvertieren, denn sie sind Abrahams spirituelle Nachkommenschaft. Die einzigartige Schwäche ist, dass jeder sie verlassen kann; jeder kann vom Glauben abfallen. Auf Geburt basierende Gemeinschaften können nicht so leicht wachsen, aber sie können auch nicht so leicht schrumpfen. Und so ist ein Jude, der den jüdischen Glauben nicht praktiziert, trotzdem weiter ein Jude. Das ist der Unterschied.

Wie bereits erwähnt, entspricht in den Kapiteln 6 bis 9 der Genesis, der biblischen Noah-Geschichte, nichts der Geschichte von Noahs widerspenstigem Sohn. An dieser Stelle muss ich jedoch, als etwas amüsantes Zwischenspiel, Noahs widerspenstige Frau erwähnen, wie sie in dem spätmittelalterlichen Mysterienspiel *Noyes Fludd* vorkommt. In diesem anonymen und durchaus respektlosen Volksdrama ist Noahs Frau mit Sicherheit keine Ungläubige. Sie glaubt nicht nur an Gott, sondern auch an Jesus und sämtliche Heilige. Und sie hegt auch keinerlei Zweifel daran, dass die Sintflut kommen wird. Trotzdem will sie absolut nicht mit an Bord der Arche kommen, wenn sie nicht ihre Freundinnen – ihre »Klatschtanten«, wie sie sie nennt – mitnehmen kann. Das seien alles gute Frauen. Sie möchte nicht, dass sie von der Flut mitgerissen werden.

Der wahrhafte Witz dieses Werkes entfaltet sich vermutlich nur im gereimten, verspielten mittelenglischen Original.[3] Trotzdem sei hier ein Wortwechsel zwischen Herrn und Frau Noah in Prosa wiedergegeben:

NOAH
Frau, komm her. Was stehst du dort?
Ich schwöre dir, wir müssen fort.
Komm, in Gottes Namen, es ist höchste Zeit,
sonst werden wir ertrinken.

NOAHS FRAU
Gut, mein Lieber, setz dein Segel,
und rudere hinaus, beherzt und munter.
Ich aber werde ganz bestimmt nicht hier weggehen
ohne meine Klatschtanten, jede einzelne,
keinen Schritt gehe ich weiter.
Sie sollen nicht ertrinken, beim heiligen Johannes,
wenn ich ihr Leben retten kann.
Sie liebten mich so, bei Christus,
entweder nimmst du sie mit an Bord,
oder du fährst in großer Hast hinaus
und suchst dir eine neue Frau.

Während im Tanach, insbesondere im Buch Jona, mitunter eine ähnliche Leichtigkeit zu spüren ist, finde ich im Neuen Testament oder im Koran keine Spur davon, und die zweite koranische Erzählung der Noah-Geschichte endet mit einer besonders nüchternen und weitreichenden Bemerkung. In Sure 11,49, dem letzten Vers in diesem ausführlichen zweiten Zitat, wendet sich Allah erneut direkt an Mohammed, und was er sagt, ist eine Art Fortführung von Sure 11,35, wo der Vorwurf der Erfindung thematisiert und zurückgewiesen wird. In Sure 11,49 verweist Gott explizit auf die Tatsache, dass in der soeben erzählten Geschichte Elemente enthalten sind, die Mohammed vorher nicht wissen oder aus allgemein bekannten Geschichten übernehmen konnte:

> Dies ist eine der verborgenen Geschichten –
> *dir* offenbaren wir sie.
> *Weder du noch dein Volk haben sie vorher gekannt.*
> So sei geduldig!
> Siehe, der Ausgang ist zugunsten derer,
> die gottesfürchtig sind.
> (Sure 11,49; Hervorhebung von mir)

Im Christentum, dem östlichen wie dem westlichen, war eine der mildesten der zahlreichen feindseligen Charakterisierungen Mohammeds (als Häretiker, Dämon, Verrückter, Antichrist) vom frühen Mittelalter bis zum 17. Jahrhundert die, dass er nichts weiter als ein Schwindler sei – ein falscher Prophet, dessen angebliche Offenbarungen in Wirklichkeit nichts weiter als Erfindungen waren.

Sure 11,35, wo Mohammeds Widersacher davon sprechen, er habe sich das alles nur ausgedacht, entspricht in vielem Sure 11,27, wo Noahs Widersacher ihn als Lügner bezeichnen. In Sure 11,49 bereitet Allah Mohammed darauf vor, auf das Misstrauen in Mekka damit zu reagieren, dass er den Spieß umdreht. Mit Verweis auf völlig neue und unbekannte Bestandteile in der Geschichte Noahs, wie Gott sie soeben Mohammed erzählt hat, spricht Allah im Grunde davon, Mohammed solle behaupten, dass gerade diese Neuartigkeit die Authentizität der Offenbarung belege. In heutiger Sprache ausgedrückt, kann man die Glaubwürdigkeit eines Berichts dadurch unterstreichen, dass man behauptet, so etwas könne man gar nicht erfinden. Das ist auch Allahs Rat an Mohammed: Mohammed hätte so etwas gar nicht erfinden oder aus irgendeiner menschlichen Quelle übernehmen können. Doch Allah wappnet Mohammed gegen Vorwürfe, die ihm dann in der Tat gemacht werden. »So sei geduldig«, sagt Allah, »der Ausgang ist zugunsten derer, die gottesfürchtig sind.«

Seine weitreichendste Korrektur der jüdischen und christlichen Schriften nimmt Allah nicht mittels durchaus bedeutsamer Details wie der Geschichte von Noahs widerspenstigem Sohn vor, sondern durch zwei viel allgemeinere strukturelle Revisionen.

Erstens wählt Allah eine ganze Reihe der zentralen Figuren in den früheren Schriften aus – Figuren, die, würden wir diese Schriften für sich nehmen, in viele verschiedene Kategorien fallen: Patriarchen, Priester, Leviten, Richter, Könige, Generäle, Berater, Propheten, Seher, Schreiber und so weiter – und macht sie allesamt zu Propheten, die von Allah geschickt wurden, damit sie ihr jeweiliges Volk vor der Strafe warnen, die über sie kommen wird, wenn sie nicht Ihn allein verehren. Nimmt man das Alte Testament für bare Münze, so ist Abraham kein Prophet. Nimmt man das Neue Testament für bare Münze, so ist Jesus kein Prophet. Doch für Allah im Koran ist das offenkundig durchaus der Fall, wohingegen die frühen Schriften in der falschen Form, in der sie überlebt haben, in die Irre gegangen sind. Allahs Neuerzählung dieser Geschichten macht seinen Anspruch deutlich: Diese Figuren *waren* Propheten, und Allah erklärt Mohammed lediglich, *inwiefern* sie Propheten waren.

Indem Allah die biblischen Geschichten, wie Juden und Christen sie kennen, diesem prophetischen Modell einpasst, sorgt er dafür, dass sie alle mit der Geschichte des Propheten, an den er sich wendet, übereinstimmen – Mohammed, das »Siegel der Propheten«, den letzten Propheten, den die Welt noch benötigen wird. Wie in den Noah-Geschichten, die wir in diesem Kapitel analysiert haben, wendet sich Allah, wie wir sehen werden, auch an anderen Stellen im Koran immer wieder an Mohammed als den letzten und besten seiner Propheten. Und weil der Koran rezitiert werden soll, spricht Allah, wenn er *zu* Mohammed spricht, auch *über* Mohammed zu uns. Gleichzeitig jedoch geschieht etwas, was leicht übersehen wird, aber mindestens genauso wichtig ist. Allah unterzieht die Darstellung Seiner selbst, wie sie in den früheren Schriften zu finden ist, einer Revision. Die Gottheit, die sich an Mohammed wendet, ist nicht mehr rücksichtslos, unberechenbar, kaum moralisch und hochemotional, sondern durchaus auf grausame Weise streng, aber eben auch auf berechenbare, stimmige Weise, streng aufgrund von Prinzipien, die sich nicht ändern und die von Anfang an offen zutage liegen. Ja, er ist voll und ganz bereit, widerspenstige Menschen auf ewig »dem Höllenfeuer« zu übergeben, eine Strenge, die Jahwe niemals in Erwägung zieht. Doch er ist auch darauf *erpicht* – nicht nur willens –, all denen gegenüber gnädig zu sein, die bereit sind, ihn als Gott zu akzeptieren und seinen *nabi'* als wahren Gesandten wie auch, im Falle Mohammeds, als letzten, endgültigen Gesandten anzuerkennen.

4

ABRAHAM UND SEIN VATER

Zwar wurde Adam zum ersten Muslim, weil er seinen Ungehorsam sofort bereute und sich dem Urteil (und der Bestrafung) Allahs unterwarf, doch als den eigentlich paradigmatischen Muslim präsentiert der Koran Abraham, und zwar nicht erst in seinen reifen Jahren, sondern schon in seiner Jugend. Wie nach ihm Mohammed unterwirft sich Abraham im Koran nicht nur Allah, sondern verteidigt Ihn auch furchtlos gegen die Ansprüche aller vermeintlichen Rivalen. Und weil Allah sich wiederholt sehr wohlwollend, ja begeistert über Abraham äußert, kommt Abraham im Koran eine ganz spezielle Bedeutung als Vehikel für Allahs indirekte Selbstcharakterisierung zu.

Eine in vielfacher Hinsicht aufschlussreiche Passage und ein guter Ausgangspunkt ist Sure 21,51–73. Allah hat soeben Mohammed, seinen höchsten Gesandten, getröstet: »Schon vor dir machte man sich über Gesandte lustig«, doch Mohammed wird wie diese früheren Gesandten verteidigt werden: »doch da erfasste diejenigen, die über jene spotteten, das, worüber sie sich lustig machten.« (Sure 21,41) Und schon bald darauf erinnert Allah Mohammed eingehender an die Beschwernisse und die schlussendliche Errettung Abrahams:

Abraham hatten wir seine Reife schon früher gegeben und
   kannten ihn.
Als er zu seinem Vater und zu seinem Volke sprach:
»Was sind das hier für Götterbilder, die ihr verehrt?«
Sie sprachen: »Wir fanden, dass ihnen schon unsere Väter
   dienten!«

Er sprach: »Ihr und eure Väter seid in klarem Irrtum.«

Sie sprachen: »Kamst du mit ernster Botschaft zu uns,
oder treibst du nur Scherz mit uns?«

Er sprach: »Keineswegs! Euer Herr ist Herr der Himmel
und der Erde,
der sie erschuf – und ich bin dafür Zeuge.

Bei Gott, ich werde eure Götzen überlisten,
wenn ihr ihnen den Rücken zugewandt habt.«

Da haute er sie kurz und klein, bis auf den ›Großen‹,
den sie hatten;
vielleicht würden sie sich zu ihm wenden.

Sie sprachen: »Wer hat das unseren Göttern angetan?
Das ist fürwahr ein Frevler!«

Sie sprachen: »Wir hörten einen jungen Mann mit Namen
Abraham sie nennen!«

Sie sprachen: »Bringt ihn herbei vor aller Leute Augen,
dass sie es vielleicht bezeugen können!«

Sie sprachen: »Abraham, hast du das unseren Göttern angetan?«

Er sprach: »Keineswegs! Der ›Große‹ unter ihnen da,
der hat es getan!

So fragt sie doch, wenn sie sprechen können!«

Da wandten sie sich einander selbst zu und sprachen:
»Siehe, ihr seid die Frevler!«

Dann wandelten sie ihren Sinn:
»Du wusstest doch, dass diese da nicht sprechen können!«

Er sprach: »Wollt ihr denn außer Gott verehren,
was euch nichts nützt und auch nicht schadet?

O Schande über euch und über das, was ihr außer Gott verehrt!
Könnt ihr denn nicht begreifen?«

Sie sprachen: »Verbrennt ihn, und helft euren Göttern,
wenn ihr entschlossen seid!«

Wir sprachen: »Feuer, sei kalt und taste Abraham nicht an!«

Sie wollten eine List gegen ihn anwenden,
doch wir machten sie zu Verlierern.
Da retteten wir ihn und Lot in jenes Land,
das wir für die Weltbewohner segneten.
Und wir schenkten ihm Isaak, und Jakob als Gnadengabe,
und machten alle zu Rechtschaffenen.
Wir machten sie zu Vorbildern, die nach unserem Geheiß
    rechtleiten,
und gaben ihnen ein, Gutes zu tun,
das Gebet zu verrichten und die Armensteuer zu entrichten;
sie waren uns zu Diensten! (Sure 21,51–73)

Der Generationenkonflikt zwischen Vätern und Söhnen ist ein universelles Thema in der Literatur und oft genug auch in der Religion. So schrieb Rudyard Kipling, verbittert über den Tod seines Sohnes im Ersten Weltkrieg: »If any question why we died, / tell them, because our fathers lied« (»Wenn jemand fragt, warum wir starben, / sagt ihnen, weil unsere Väter gelogen haben«). Und Wilfred Owens »The Parable of the Old Man and the Young« – ein Gedicht, in dem sich jede Menge abrahamitischer Anklänge finden – ist ein weiteres Poem über den Ersten Weltkrieg, das die gleiche bittere Aussage enthält.

Es wäre jedoch falsch, Abrahams Aufbegehren mit Hilfe dieses überzeitlichen psychologischen Filters zu interpretieren. Die Worte, die der junge Mann »zu seinem Vater und zu seinem Volke« spricht, zeugen zwar von einigem Mut, aber nicht von Verbitterung. Allah macht in zahllosen Aussagen überall im Koran ganz deutlich, dass diejenigen, die Ihn nicht als die eine und einzige Gottheit verehren, dazu verdammt sind, auf ewig in der Hölle zu schmoren, und insofern ist es ein Gnadenakt von Seiten Abrahams, seinem Volk diesen fatalen Irrtum vor Augen zu führen. Das Warnen war ein wesentlicher Teil von Mohammeds Botschaft an die Menschen in Mekka, und Gleiches gilt für Abraham. Und Abraham überbringt diese Warnung auch nicht einfach eigenmächtig. Allah hat ihm den Auftrag dazu erteilt und ihm schon früher seine »Reife«, seine »Rechtleitung« (so die Übersetzung von Max Henning) oder »rechte Einsicht« (Rudi Paret) gegeben.

Wie übermittelte Allah Abraham diese Urteilskraft? In Sure 6,75–79 beschreibt Er, wie Er Abraham darauf vorbereitete, gegen seinen Vater Azar (der in der Bibel Terach heißt) aufzubegehren:

> So zeigten wir Abraham die Herrschaft über die Himmel und
> die Erde,
> damit er zu den Überzeugten gehöre.
> Als die Nacht über ihn hereinbrach,
> sah er einen Stern und sprach:
> »Das ist mein Herr!«
> Als er aber unterging, da sprach er:
> »Ich liebe nicht die Untergehenden!«
> Und als er den Mond aufgehen sah, da sprach er:
> »Das ist mein Herr!«
> Als er aber unterging, da sprach er:
> »Wenn mich mein Herr nicht leitet,
> gehöre ich zu den Menschen, die vom Weg abirren.«
> Und als er die Sonne aufgehen sah, da sprach er:
> »Das ist mein Herr, denn das ist größer!«
> Als sie aber unterging, da sprach er:
> »Mein Volk, ich habe nichts zu schaffen mit dem, was ihr
> beigesellt.
> Siehe, ich wende mich, als wahrer Gläubiger, dem zu,
> der die Himmel und die Erde erschaffen hat.
> Und ich bin keiner von den Beigesellern.« (Sure 6,75–79)

Der Begriff *hanīf* (der bei Rudi Paret nicht übersetzt wird) wird hier bei Hartmut Bobzin als »wahrer Gläubiger« wiedergegeben, während Max Henning von einem Menschen »lauteren Glaubens« spricht (Rückert spricht nur von »andächtig« und die Ahmadiyya-Übersetzung seltsam glaubenslos von »Aufrichtigkeit«). Das »wahr« spiegelt womöglich die muslimische Sichtweise wider, wonach der reine Monotheismus die eigentliche Religion des Menschen ist. Später sollten Muslime den Ausdruck *hanīf* respektvoll zur Bezeichnung von nicht-christlichen, nicht-jüdischen, aber vormohammedanischen Monotheisten verwenden (im Hedschas gab es zur Zeit von Mohammeds Geburt solche arabischen Monotheisten). Von all diesen Proto-Monotheisten ist Abraham der *hanīf* par excellence.

Mit seiner Schilderung, wie Er Abraham von relativer Unsicherheit zu absoluter Gewissheit führte, will Allah Mohammed vor allem eines vor Augen führen:

Dies ist unser Beweis,
den wir Abraham gegenüber seinem Volk gaben.
Um Stufen erhöhen wir, wen wir wollen.
Siehe, dein Herr ist weise, wissend. (Sure 6,83;
    Hervorhebung von mir)

Allah hätte auch jemand anderen erhöhen können, aber es war nun einmal ausgerechnet Abraham, den Er erhöhte und mit diesem kosmologischen Beweis bewaffnete, um Azar und seinem Volk die rettende Botschaft besonders wirksam zu übermitteln, die da lautet: »Euer Herr ist Herr der Himmel und der Erde, der sie erschuf – und ich bin dafür Zeuge.« (Sure 21,56)

Die Herausforderung für Azars Volk ist eine doppelte: Die Menschen müssen erstens Allah akzeptieren und alle konkurrierenden Götter als falsche ablehnen; und sie müssen zweitens Azars Sohn Abraham als Gesandten akzeptieren, der Zeugnis ablegt von Allah. Doch ihre tatsächliche Reaktion darauf ist das spöttische und abschätzige »Du machst sicherlich Scherze. Du meinst es sicherlich nicht ernst.« Abraham aber, Allahs Gesandtem, könnte es ernster gar nicht sein. Er macht deutlich, dass mit ihm nicht zu spaßen ist, indem er ihre Götzen in Stücke haut, als sie ihnen den Rücken zuwenden, »bis auf den ›Großen‹, den sie hatten; vielleicht würden sie sich zu ihm wenden«. Die Bedeutung dieser List wird im weiteren Verlauf der Geschichte deutlich.

Als die Menschen fragen, wer die Götzen zerstört hat, und den jungen Abraham in Verdacht haben, sagt der: »Keineswegs! Der ›Große‹ unter ihnen da, der hat es getan!« Wenn sie ihm nicht glaubten, sollten sie doch die anderen, verwundeten Götzen fragen: »So fragt sie doch, wenn sie sprechen können!« Das tun die Götzendiener denn auch zunächst, indem sie so tun, als könnten die Götzen tatsächlich auf eine direkte Frage antworten, und werfen ihnen sogar vor: »Siehe, ihr seid die Frevler!« Doch dann »wandelten sie ihren Sinn« und kehren zu ihrem früheren Verdacht gegen Abraham zurück, sie kommen zur Vernunft und sagen: »Du wusstest doch, dass diese da nicht sprechen können!«

Mit diesen Worten sind sie Abraham natürlich in die Falle gegangen, und in rechtschaffenem und triumphalem Zorn ruft er aus: »O Schande über euch und über das, was ihr außer Gott verehrt!« Als Reaktion darauf rotten sie sich zu einem Lynchmob zusammen, entschlossen, diesen frevlerischen jungen Häretiker auf dem Scheiterhaufen zu verbrennen. »Verbrennt ihn, und helft euren Göttern, wenn ihr entschlossen seid!«, brüllen sie. Doch Allah durchkreuzt ihren Plan, ganz gleich, ob sie erkennen, dass Er es ist, der das tut. Der Satz: »Feuer, sei kalt und taste Abraham nicht an!« ist schließlich nicht an sie gerichtet, sondern an das Feuer, und nirgends spricht Allah davon, Abraham sei gefesselt auf irgendeiner Art von Scheiterhaufen gestanden. »Wir machten sie zu Verlierern«, sagt Allah, aber wie genau das gelang, belässt er im Unklaren.

Ziemlich klar ist hingegen, dass Allah über Abrahams eifrigen Einsatz für Ihn hocherfreut ist. Allah belohnt Abraham und seinen Bruder Lot mit jenem »Land, das wir für die Weltbewohner gesegnet haben«, und Abraham überdies mit seinem Sohn Isaak und seinem Enkel Jakob. Diese beiden macht Allah dann, wie Abraham selbst, zu Anführern und

Lehrern des Islams – Er leitet und führt sie, wie Er das zuvor auch bei Abraham getan hat.

Was aber ist mit Azar? Akzeptiert er die Botschaft, die sein Sohn ihm überbrachte, und akzeptiert er ihn schließlich als Allahs designierten Gesandten? Es hat nicht den Anschein. In Sure 26,83–95 lesen wir ein recht berührendes Gebet zu Allah, in dem Abraham um Vergebung für Azar zu bitten scheint, gefolgt von einer lebendigen Schilderung des Urteils, das der alte Mann als uneinsichtiger Ungläubiger zu gewärtigen hat.

> »Mein Herr, verleih mir Weisheit,
> und nimm mich in den Kreis der Frommen auf!
> Schaffe mir einen gerechten Ruf unter den Späteren,
> und mache mich zu einem Erben des Gartens der Glückseligkeit!
> Vergib meinem Vater, denn er war ein Irrender!
> Beschäme mich nicht am Tag, da sie auferweckt werden,
> am Tag, da weder Besitz noch Söhne nützen,
> außer dem, der zu Gott mit lauterem Herzen kommt!«
> Der Paradiesesgarten wird für die Gottesfürchtigen
>   herbeigebracht,
> und das Höllenfeuer wird den Irrenden gezeigt.
> Zu ihnen wird gesagt: »Wo ist denn das, was ihr verehrt habt
> außer Gott – helfen sie euch, oder bedürfen sie selbst der Hilfe?«
> Und kopfüber werden sie dort hineingeworfen,
>   sie und die Irrenden
> und die Heerscharen von Iblis, allesamt. (Sure 26,83–95)

Diese Passage enthält eine gewisse Schärfe, denn Allah ruft Mohammed in Erinnerung, wie Abraham zunächst um Vergebung für Azar bat, dann aber sogleich einräumte, dass die Hölle für Menschen wie Azar, die in ihrem Leben nie zu Allah gebetet haben, unausweichlich sei. In diesem Gebet erkennen wir, wie weit entfernt Abrahams Ablehnung seines Vaters von der Verbitterung Kiplings entfernt ist. Und obwohl Allah voll und ganz beabsichtigt, Azar mit dem Höllenfeuer bis in alle Ewigkeit zu bestrafen (es sei denn, Er lässt am Jüngsten Tag Gnade walten), enthält er sich jedes Tadels für Abrahams Verehrung des alten Götzendieners, dessen Glauben Abraham selbst abgelegt. In Sure 31,14–15 sagt Allah:

> Dem Menschen haben wir besonders seine Eltern anbefohlen –
> mit ihm war seine Mutter schwanger – Mühsal über Mühsal! –,
> und seine Entwöhnung dauerte zwei Jahre:
> »Sei dankbar – gegen mich und deine Eltern!
> Zu mir hin ist der Lebensgang.
> Doch wenn dich deine Eltern drängen,
> dass du mir etwas beigesellst,
> wovon du gar kein Wissen hast – gehorche ihnen nicht!
> Pflege mit ihnen Umgang in dieser Welt,
>   wie es recht und billig ist!
> Folge dem Wege derer, die sich zu mir kehrten.«

Dass Allah Mohammed sowohl an Abrahams Gebet als auch an Seinen eigenen strengen Rat erinnert, ist umso bewegender, wenn wir bedenken, dass Abu Talib, Mohammeds verwaister Onkel und Ziehvater, es nie geschafft hat, mit dem Glauben seiner Vorfahren zu brechen. Zwar verteidigte Abu Talib Mohammed in Mekka gegen die Feinde des Propheten, doch wie Azar war er als Ungläubiger für die Hölle bestimmt, es sei denn, Allah würde noch außer der Regel eingreifen. Der Glauben kann Familien zusammenhalten. Er kann sie aber auch auseinanderreißen.

In Matthäusevangelium spricht Jesus die berühmten Worte (und zitiert dabei an der kursiv gesetzten Stelle den israelitischen Propheten Micha):

Meint nicht, dass ich gekommen sei, Frieden auf die Erde zu bringen; ich bin nicht gekommen, Frieden zu bringen, sondern das Schwert. Denn ich bin gekommen, *den Menschen zu entzweien mit seinem Vater und die Tochter mit ihrer Mutter und die Schwiegertochter mit ihrer Schwiegermutter; und des Menschen Feinde werden seine eigenen Hausgenossen sein.* (Mt 10,34–36)

Das Schwert, auf das sich Jesus an dieser Stelle bezieht, ist nicht das Schwert militärischer Eroberung, sondern das Schwert innerer Unruhen und familiären Zwists. Der Messias, der mit göttlicher Autorität spricht, wollte – und tat das auch – Zwietracht in den größeren jüdischen Haushalt seiner Zeit bringen. Nichts Geringeres sollte Mohammed zu seiner Zeit tun. Allah tröstet Mohammed damit, dass er ihm erklärt, so sei es schon für den großen Abraham gewesen und so werde es immer sein, was es auch koste: Die Verehrung Gottes müsse immer über der Hingabe an die Familie stehen.

Angesichts dessen, dass Abraham freundlich mit seinem götzendienerischen Vater umging, ist zu fragen, ob er trotz alledem in Azars Haushalt wohnen blieb. In der Apokalypse des Abraham, einem visionären jüdischen Text, der ursprünglich auf Hebräisch und etwa zur gleichen Zeit wie das Neue Testament verfasst wurde, ist Abrahams Vater nicht nur ein Götzendiener, sondern auch ein Götzenhersteller und -händler. Die Tatsache, dass Abraham die durch und durch menschliche Herstellung und den Verkauf angeblich göttlicher Bilder hautnah erlebt, löst in ihm eine Krise mit Blick auf den götzendienerischen Glauben aus. Er betet anschließend zum (echten) Gott, er möge sich offenbaren; und als Gott spricht, befiehlt er Abraham, das Haus seines Vaters zu verlassen (Abrahams Vater heißt im Koran Azar, in der Bibel und in späteren jüdischen Texten Therach beziehungsweise Terach):

Und als ich dies zu meinem Vater Therach sprach,
im Hofe meines Hauses,
da fiel die Stimme eines Starken von dem Himmel
in einem Feuerwolkenbruch und rief:
Abraham! Abraham!
Ich sagte: Hier bin ich.
Er sprach:
Du suchst den Gott der Götter,
den Schöpfer
in deines Herzens Sinn.
Ich bin es.
Geh fort von deinem Vater Therach!
Verlaß das Haus,
daß nicht auch du den Tod
in deines Vaterhauses Sünden findest!
Ich ging hinaus.
Noch war ich nicht zur Tür des Hofs gekommen,
kam eines großen Donners Schall,
und Feuer fiel vom Himmel,
und dies verbrannte ihn, sein Haus
und alles drin bis auf den Grund an vierzig Ellen.[1]

In Sure 19 erinnert Allah für Mohammed an eine Geschichte, die der in der Apokalypse des Abraham erzählten in gewisser Weise ähnelt:

Gedenke im Buch des Abraham!
Siehe, er war gerecht und ein Prophet.
Damals, als er zu seinem Vater sprach:
»Mein Vater! Warum verehrst du etwas, was nicht hört und sieht und dir auch nichts hilft?
Mein Vater! Siehe, zu mir gelangte Wissen, das noch nicht zu
     dir kam!

So folge mir, dass ich dich führe einen geraden Weg!

Mein Vater! Diene nicht dem Satan!

Siehe, der Satan widersetzt sich dem Erbarmer.

Mein Vater! Ich fürchte, dass dich eine Strafe vom Erbarmer trifft

und du ein Gefolgsmann des Satans wirst!«

Er sprach: »Willst du meine Götter verlassen, Abraham?

Wenn du nicht endlich aufhörst, werde ich dich steinigen!

Doch nun meide mich für längere Zeit!«

Er sprach: »Friede sei mit dir!

Ich werde meinen Herrn für dich um Vergebung bitten!

Siehe, er ist mir wohlgeneigt.

Ich halte mich von euch getrennt

und von dem, was ihr an Gottes statt anruft,

und rufe einzig meinen Herrn an.

Vielleicht werde ich dadurch, dass ich meinen Herrn anrufe,

   nicht unglücklich!« (Sure 19,41–48)

Hier begegnet Abraham seinem Vater Azar mit der Freundlichkeit, die Allah verlangt, und verspricht sogar, bei Allah um Vergebung für ihn zu bitten, doch der Riss zwischen ihnen ist trotz allem tief und wird sich am Ende für Azar als tödlich erweisen, so wie er sich in der Apokalypse des Abraham in anderer Weise für Terach als tödlich erwies. Indem Abraham familiäre Werte denen des Glaubens unterordnet, ist er in diesen Passagen erneut wie Jesus, der, als er im Kreis seiner Jünger durch die Nachricht unterbrochen wird, seine Mutter und seine Brüder würden draußen auf ihn warten, sagt:

Wer ist meine Mutter, und wer sind meine Brüder? Und er streckte seine Hand aus über seine Jünger und sprach: Siehe da, meine Mutter und meine Brüder! Denn wer den Willen meines Vaters tut, der in den Himmeln ist, der ist mein Bruder und meine Schwester und meine Mutter. (Mt 12,48–50)

Ganz genauso ist Allah erfreut darüber, dass Abraham die Verehrung für Ihn so deutlich über die Verehrung für Azar gestellt hat; in Sure 9,113–114 formuliert er das noch deutlicher, mit unmissverständlichem Verweis auf Mohammed selbst:

> Der Prophet und die Gläubigen können für die Beigeseller
>   nicht um Vergebung bitten,
> auch dann nicht, wenn es Verwandte sind,
> nachdem ihnen klar geworden war,
> dass sie ja Bewohner der Feuerhölle werden.
> Dass Abraham für seinen Vater um Vergebung bat,
> geschah nur eines Versprechens wegen,
>   das er ihm gegeben hatte.
> Als ihm aber klar geworden war, dass er ein Feind Gottes ist,
> sagte er sich von ihm los.
> Siehe, Abraham war voller Güte, milde.

Abrahams Erleichterung ist verständlich. Allah wirft ihm nicht vor, dass ihm die Verdammnis Azars Kummer bereitete, und lobt ihn sogar für seine freundliche, zurückhaltende Art, doch Abraham muss sich Allahs Entschlossenheit beugen, wonach alle Ungläubigen, auch Azar, für immer »Bewohner der Feuerhölle« sind. Deshalb hatte Allah »sich Abraham zum Freund« genommen (Sure 4,125) und ihn wie schon erwähnt belohnt:

> Als er sich von ihnen und dem, was sie an Gottes statt verehrten,
>   trennte,
> schenkten wir ihm Isaak und Jakob
> und machten beide zu Propheten.
> Wir schenkten ihnen von unserer Barmherzigkeit
> und gaben ihnen einen hohen Leumund der Wahrhaftigkeit.
>   (Sure 19,49–50)

Abrahams Charakter wird im Koran scharf konturiert und stimmig gezeichnet, aber uns geht es hier nicht um Abraham als solchen oder um irgendeine andere Person, die im Koran genauso wie in der Bibel auftaucht, sondern um Gott und darum, wie sich sein Charakter in der jeweiligen Schrift indirekt durch seine Interaktionen mit einer Reihe dieser Figuren offenbart. Für einen solchen Vergleich kann der Blick auf formale oder stilistische Unterschiede zwischen den beiden Heiligen Schriften mitunter überraschend hilfreich sein.

Im Koran ist Allah omnipräsent, denn er ist in jedem Augenblick derjenige, der spricht. Wenn eine Geschichte in Erinnerung gerufen wird, ist er entsprechend der Erzähler. Wenn hingegen in der Genesis eine Geschichte erzählt wird, bleibt der Erzähler anonym. Wie ich bereits erwähnt habe, betrachtet die jüdische Tradition zwar Mose als den von Gott inspirierten Verfasser der Tora, welche die fünf Bücher Mose umfasst, von denen die Genesis das erste ist. Doch der Text der Genesis präsentiert Mose nirgends in dieser Rolle. Nein, die anonyme Erzählerstimme gilt als selbstverständlich; sie ist immer zuverlässig, und sie ist ganz einfach automatisch da, als würde die Bibel ihre eigene Geschichte erzählen.

Anders im Koran. Weil Allah niemals von der Bühne abtritt und weil Er sich oftmals auf genau den Koran bezieht, den er als Buch ins Dasein spricht, scheint es Allah sozusagen in erster Linie um den Charakter des Korans als gesprochenes und anschließend niedergeschriebenes Kunstwerk zu gehen. Allah ist am Koran als Schrift deutlich intensiver und hörbarer beteiligt als Jahwe etwa am Buch Genesis als Schrift. Einfach gewendet: Für Allah ist das Schreiben wichtiger als für Jahwe.

Und doch schreibt sich Allah innerhalb der Geschichten, die Er im Koran über Abraham erzählt, selten eine Sprecherrolle zu. Zwar ist Er von Anfang bis Ende als Erzähler da; und doch sagt Er innerhalb seiner Erzählung selten oder nie: »Und dann sagten wir zu Abraham« und schon gar nicht »Und dann sagte ich zu Abraham«. Abrahams Worte an Allah werden gelegentlich unmittelbar zitiert; ein Beispiel wäre etwa das oben analysierte Gebet. Allahs Gespräche mit Abraham dagegen werden nicht direkt zitiert.

In der Genesis hingegen zitiert der anonyme Erzähler häufig Jahwes Worte unmittelbar. In einem Fall gerät der Schlagabtausch zwischen Jahwe und Abraham besonders lebendig und ist, von Seiten Abrahams, nur noch bemüht ehrfürchtig. Gemeint ist Abrahams Versuch, Jahwe die Zerstörung der sündigen Stadt Sodom auszureden:

> Und Abraham trat hinzu und sagte: Willst du wirklich den Gerechten mit dem Ungerechten wegraffen? Vielleicht gibt es fünfzig Gerechte innerhalb der Stadt. Willst du sie denn wegraffen und dem Ort nicht vergeben wegen der fünfzig Gerechten, die darin sind? Fern sei es von dir, so etwas zu tun, den Gerechten mit dem Ungerechten zu töten, so dass der Ungerechte wäre wie der Gerechte; fern sei es von dir! Sollte der Richter der ganzen Erde nicht Recht üben? Da sprach der HERR: Wenn ich in Sodom fünfzig Gerechte in der Stadt finde, so will ich ihretwegen dem ganzen Ort vergeben. Und Abraham antwortete und sagte: Siehe doch, ich habe mich erdreistet, zu dem Herrn zu reden, obwohl ich Staub und Asche bin. Vielleicht fehlen an den fünfzig Gerechten nur fünf. Willst du wegen der fünf die ganze Stadt vernichten? Da sprach er: Ich will sie nicht vernichten, wenn ich dort 45 finde. Und er fuhr fort, weiter zu ihm zu reden, und sagte: Vielleicht werden dort vierzig gefunden. Und er sprach: Ich will es nicht tun wegen der vierzig. (Gen 18,23–29)

Dieses Feilschen geht weiter bis zur Zahl Zehn. Zwar zerstört Jahwe Sodom am Ende schließlich doch, aber eine Gottheit, mit der man auf diese Weise streiten und verhandeln kann, kann nur weniger erhaben und übermächtig wirken als eine, bei der solche Widerworte schlicht ausgeschlossen sind. Bei aller Macht und Dynamik ist Jahwe in der Bibel weniger absolut und überwältigend als Allah im Koran. So gesehen liefert Allah in der koranischen Interaktion zwischen Ihm und Abraham nirgends eine so intensiv einschüchternde Demonstration seiner Macht zum privaten Nutzen Abrahams, wie das Jahwe in Kapitel 15 der Genesis tut. Dort beginnt der anonyme Erzähler mit einem weiteren hitzigen Dialog zwischen Abraham und Jahwe, in dem sich Abraham – der an dieser Stelle noch immer Abram heißt – darüber beschwert, dass Jahwe Sein Fruchtbarkeitsversprechen nicht gehalten habe:

Und er sprach zu ihm: Ich bin der HERR, der ich dich herausgeführt habe aus Ur, der Stadt der Chaldäer, um dir dieses Land zu geben, es in Besitz zu nehmen. Und er sagte: Herr, HERR, woran soll ich erkennen, dass ich es in Besitz nehmen werde? Da sprach er zu ihm: Bring mir eine dreijährige Jungkuh, eine dreijährige Ziege und einen dreijährigen Widder, eine Turteltaube und eine junge Taube. Und er brachte ihm alle diese. Und er zerteilte sie in der Mitte und legte je einen Teil dem anderen gegenüber. Die Vögel aber zerteilte er nicht. Da stießen die Raubvögel auf die toten Tiere herab; aber Abram verscheuchte sie. (…)
Und es geschah, als die Sonne untergegangen und Finsternis eingetreten war, siehe da, ein rauchender Ofen und eine Feuerfackel, die zwischen diesen Stücken hindurchfuhr. An jenem Tag schloss der HERR einen Bund mit Abram und sprach: Deinen Nachkommen habe ich dieses Land gegeben, vom Strom Ägyptens an bis zum großen Strom, dem Euphratstrom: die Keniter und die Kenasiter und die Kadmoniter und die Hetiter und die Perisiter und die Refaïter und die Amoriter und die Kanaaniter und die Girgaschiter und die Jebusiter. (Gen 15,7–11, 17–21)

Was ist das für ein Bund? Dieser Bund macht deutlich, dass es Jahwe im Kern um etwas anderes geht als Allah. Jahwe ist ein Fruchtbarkeitsgott; Allah ist ein Gott der Verehrung. Dieses charakteristische Interesse Allahs lässt sich am besten mit dem Begriff der *Theolatrie* fassen, der Gottesverehrung im Gegensatz zur Bilderverehrung oder zum Götzendienst *(Idolatrie)*: Er will selbst verehrt werden, und Er will, dass kein anderer Gott verehrt und Ihm damit »beigesellt« wird. Jahwe hingegen verlangt im deutlichen Gegensatz dazu niemals Verehrung von Abraham oder bringt seine Empörung darüber zum Ausdruck, dass ein anderes Wesen möglicherweise die Verehrung erfährt, die nur Ihm zusteht. Die Frage der Verehrung scheint Ihn überhaupt nicht zu interessieren. Ihm geht es um anderes – nämlich zunächst um menschliche Fruchtbarkeit und später um Abrahams Fruchtbarkeit.

In Kapitel 1 der Genesis befahl Elohim dem ersten menschlichen Paar, fruchtbar zu sein und sich zu vermehren und über die Erde zu herrschen. In Kapitel 15 der Genesis wurde das in diesem Befehl implizit vorhandene Versprechen sowohl eingeschränkt als auch intensiviert: eingeschränkt auf Abraham, aber intensiviert insofern, als Abrahams Fruchtbarkeit eine wahrhaft wundersame ist, und als Gegenleistung dafür wird Abraham einen unverbrüchlichen Bund mit Jahwe eingehen, der ihn zu absolutem Gehorsam unter der Pein des Todes verpflichtet.

Diese beiden Elemente – die Fruchtbarkeit und der Gehorsamsschwur – sind in dem Ritual, wie es in Kapitel 15 der Genesis vollzogen wird, vorhanden. Die verschiedenen Tiere, die Abraham gehorsam zerteilt, werden nicht einfach geopfert. Weil es sich um ein Schwurritual handelt, sollen ihre Zerteilung und die göttliche Flamme, die zwischen ihren Körperteilen hindurchfährt, den Schrecken sichtbar machen, der über Abraham kommen wird, sollte er es jemals wagen, den Bund mit Jahwe zu brechen. Dieser Schrecken wird ihm wohlgemerkt nicht im Jenseits widerfahren, sondern schon zu Abrahams Lebzeiten. Anders als Allah, der so oft vom Jenseits und dem qualvollen Höllenfeuer spricht, das diejenigen erwartet, welche Ihn zu ihren Lebzeiten auf Erden nicht verehrt haben, spielt Jahwe niemals auf irgendeine Strafe oder Belohnung an, zu der es nach dem Tod kommt.

Abrahams Belohnung für die Treue zu seinem Bund mit Jahwe soll nicht ewiges Glück in einem himmlischen Garten sein, sondern eher ein auf großartige Weise langes Menschenleben, das bereichert wird durch den riesigen Besitz sämtlichen Landes vom Nil in Ägypten bis zum oberen Euphrat. Jahwe hat deshalb Abraham versprochen, er werde über den gesamten östlichen Zipfel der Mittelmeerküste herrschen, indem er dieses riesige Gebiet mit der Frucht seiner nunmehr wundersamen Lenden bevölkert und sämtliche Völker regiert, die dieses Land bereits bewohnen: Hetiter, Kanaaniter, Girgaschiter und so weiter.

Jahwe geht es jedoch nicht um irgendeine quasi-imperiale Gier nach Territorium um seiner selbst willen. Schließlich ist Jahwe bereits »Richter der ganzen Erde«, wie Abraham Ihn in der oben zitierten Passage zu Recht nennt. Land (mitsamt den unterjochten Völkern, die das Land bestellen) hat für ihn rein instrumentellen Wert: Es dient dazu, die Fruchtbarkeit des einen Menschen Abraham zu befördern, denn »ich habe ihn erkannt, damit er seinen Söhnen und seinem Haus nach ihm befehle, dass sie den Weg des HERRN bewahren, Gerechtigkeit und Recht zu üben, damit der HERR auf Abraham kommen lasse, was er über ihn geredet hat«. (Gen 18,19)

Gerechtigkeit und Recht zu üben hat hier ebenfalls rein instrumentelle Funktion, insofern es die alle menschliche Vorstellungskraft übersteigende Fruchtbarkeit fördern soll, die Jahwe Abraham versprochen hat:

Und ich will deine Nachkommen machen wie den Staub der
Erde, so dass, wenn jemand den Staub der Erde zählen kann,
auch deine Nachkommen gezählt werden. (Gen 13,16)

Blicke doch auf zum Himmel, und zähle die Sterne, wenn du sie
zählen kannst! Und er sprach zu ihm: So zahlreich wird deine
Nachkommenschaft sein! Und er glaubte dem HERRN; und er
rechnete es ihm als Gerechtigkeit an. (Gen 15,5–6)

Ich, siehe, das ist mein Bund mit dir: Du wirst zum Vater einer Menge von Nationen werden. Und nicht mehr soll dein Name Abram heißen, sondern Abraham soll dein Name sein! Denn zum Vater einer Menge von Nationen habe ich dich gemacht. Und ich werde dich sehr, sehr fruchtbar machen, und ich werde dich zu Nationen machen, und Könige werden aus dir hervorgehen. (Gen 17,4–6)

Warum wünscht sich Jahwe Abrahams Fruchtbarkeit so sehr? Beziehungsweise warum wünscht er sich überhaupt Fruchtbarkeit? Warum hat Elohim die Erschaffung der Welt so ausgerichtet, dass ihr Höhepunkt die Fruchtbarkeit und Weltherrschaft von Adam und Eva sein sollten? Auf diese Fragen gibt es keine wirkliche Antwort. Sie stehen nicht am Ende einer Argumentation, sondern bilden deren Prämisse. Zahlreiche Konsequenzen entspringen Gottes Entschlossenheit, wonach die Menschheit sich zunächst ungehindert vermehren sollte und später Abraham und sein Volk sich so wundersam reproduzieren sollten, dass sie all die anderen Völker auf dem Gebiet, das Jahwe ihnen versprochen hat, beherrschen würden. Woher diese Entschlossenheit rührt, bleibt in der Bibel im unergründlichen Geiste Gottes verborgen. Hat Jahwe Elohim die Welt aus Liebe zu Seinen menschlichen Geschöpfen oder aus besonderer Liebe zu Abraham und seinen Nachkommen geschaffen? Vielleicht ist Letzteres der Fall, aber wenn dem so sein sollte, sprich die Bibel das nie aus: Sie lässt uns in staunender Ungewissheit.

Genauso verhält es sich mit Allahs Wunsch nach ausschließlicher menschlicher Verehrung. Eigentlich könnte es Ihm ja egal sein, ob bloße Menschen – »Wir schufen euch aus Erde, sodann aus einem Samentropfen, sodann aus einem Klumpen, sodann aus einer Körpermasse«, wie es in Sure 22,5 heißt – Ihn anbeten oder nicht. Aber die Sache quält ihn, und die Folgen dieser Beunruhigung sind auf so gut wie jeder Seite des Korans zu spüren. Wünscht sich Allah menschliche Verehrung um der Menschen willen? Mag sein, aber wenn dem so ist, spricht der Koran es nie eindeutig aus. Er lässt uns in staunender Verwunderung angesichts eines alles bestimmenden Ansinnens, das schlicht als solches akzeptiert werden muss.

Einig sind sich Allah und Jahwe in der Erwartung, dass Ihre menschlichen Geschöpfe ihren Willen dem göttlichen Willen unterwerfen sollten, doch Allah erwartet nicht, dass diese Unterwerfung zu irgendeiner anderen als normalen Fruchtbarkeit bei seinem Diener Abraham führt. Ebenso wenig steht auf seiner Agenda, dass Abraham über andere Völker in der Levante herrschen soll. Es geht einzig und allein darum, dass Abraham formal und öffentlich Allah als Gott anerkennen, dementsprechend alle konkurrierenden Ansprüche auf Göttlichkeit zurückweisen und diese Botschaft seinem Volk furchtlos verkünden soll. Seinen Lohn dafür wird Abraham nicht in diesem Leben erhalten, sondern im Glanz seines Lebens nach dem Tod.

Bemerkenswerterweise ist Abrahams Welt im Koran eine sehr bevölkerte, die im Allgemeinen sowohl vom Polytheismus wie auch von der Götzendienerei geprägt ist. In der Bibel hingegen durchstreift der Nomade Abraham eine offenbar deutlich leerere Landschaft, in der er niemals einem Götzendiener oder einem erklärten Polytheisten begegnet. Überdies nimmt Abram in Kapitel 14 der Genesis an einem Ritual mit Brot und Wein teil, das von dem Priesterkönig von Salem vollzogen wird, ein Ritual, bei dem unklar ist, ob der verehrte 'el 'elyon, »Gott, der Höchste«, mit Jahwe identisch ist oder nicht. Das Ritual, zu dem Brot und Wein gehören, scheint typisch für ein Agrarvolk, während Abram ein Weidehirte ist, dessen Reichtum sich an der Größe seiner Herden bemisst und der Rituale vollzieht (wie in Genesis 15), bei denen Tiere und kein Getreide geopfert werden. Es ist somit zumindest vorstellbar, dass Abram – der noch keines der Gebiete kontrolliert, die Jahwe ihm versprochen hat – hier eine Art politisch pragmatischer Glaubensdiplomatie praktiziert und dass Jahwe bereit ist, das zu tolerieren. Man kann sich kaum vorstellen, dass der im Wortsinne und auf gewaltsame

Weise bilderstürmerische Abraham aus Sure 21 des Korans eine solch zweifelhafte Toleranz gegenüber dem Polytheismus an den Tag legt, noch ist vorstellbar, dass Allah so etwas je gutheißen würde.

Was die Fruchtbarkeit angeht, so ist es keineswegs so, dass Allah sie nicht als menschliches Gut anerkennt, doch in seinen Interaktionen mit Abraham macht Allah Fruchtbarkeit zu einem Gut, das dem Gut angemessener Gottesverehrung folgt und nicht vorausgeht. Erst nachdem Er Abraham zu seinem Gesandten ernannt und entsprechend ausgebildet hat und nachdem er mit Genugtuung beobachtet hat, wie tapfer und gut Abraham Azar und seinem Volk die Stirn geboten hat, sagt er in einer bereits zitierten Passage: »Und wir schenkten ihm Isaak, und Jakob *als Gnadengabe*, und machten alle zu Rechtschaffenen.« (Sure 21,72; Hervorhebung von mir) Fruchtbarkeit ist eine Belohnung, ein zusätzliches Geschenk für korrekte und eifrige Gottesverehrung. Zudem sollen Abrahams Nachkommen nicht nur aufgrund ihrer schieren wundersamen Zahl Zeugnis von der Größe Allahs ablegen, sondern mehr noch durch ihre beispielhafte Arbeit als Praktizierende des Islams, die rechtschaffen leben, beten und Almosen geben, gekrönt durch die Verehrung einzig und allein Allahs:

> und gaben ihnen ein, Gutes zu tun,
> das Gebet zu verrichten und die Armensteuer zu entrichten;
> sie waren uns zu Diensten! (Sure 21,73)

Für Jahwe ist es genau umgekehrt – erst Fruchtbarkeit, dann Gottesverehrung. Jahwe verspricht Abram zuerst Land und Nachkommen in dem »Land, das ich dir zeigen werde! Und ich will dich zu einer großen Nation machen« (Gen 12,1–2). Erst nachdem Abram in dem Land eingetroffen ist, in das Jahwe ihn geführt hat, kommt es zur Theolatrie: »und er baute dort dem HERRN einen Altar und rief den Namen des HERRN an«. (Gen 12,8) Von Gott versprochene (wenn auch noch nicht verwirklichte) Fruchtbarkeit ist zuerst die Voraussetzung; menschliche Verehrung folgt dann als Konsequenz daraus. Abrahams Vertrauen (in der Genesis) darauf, dass Jahwe Sein Versprechen halten wird, entspricht im Koran Abrahams eifriges Eintreten für Allahs Anspruch auf alleinige und allgemeine Verehrung. »Und er [Abram] glaubte dem HERRN; und er rechnete es ihm als Gerechtigkeit an.« (Gen 15,6)

Bei dem Bund oder Bündnis zwischen Allah auf der einen Seite und Abraham, Isaak und Jakob auf der anderen Seite geht es somit im Kern um Theolatrie: Allah verlangt Verehrung, und zwar aus Seinen Gründen; Seine menschlichen Verehrer leisten sie. Im Bund zwischen Jahwe und Abraham hingegen geht es im Wesentlichen um Fruchtbarkeit: Jahwe verspricht aus ganz eigenen Gründen Fruchtbarkeit; Allah errichtet einen Gebetsaltar als Zeugnis seines Vertrauens darauf, dass Fruchtbarkeit folgen wird.

Da dieses Kapitel mit einer Konfrontation zwischen Abraham und seinem Vater Azar in Sure 21 begann, müssen wir abschließend noch danach fragen, wie es um Abrahams Verhältnis zu seinem Vater Terach in der Bibel bestellt ist.

In der Bibel verlässt Abraham Terachs Haus. Als Abram folgt er pflichtgemäß Jahwes Forderung, sein Land, seine Verwandtschaft und das Haus seines Vaters zu verlassen (Gen 12,1) und sich von Jahwe ins Land Kanaan führen zu lassen. Nirgends jedoch ist davon die Rede, dass er damit auch mit dem Gott beziehungsweise den Göttern seines Vaters gebrochen hätte. In Genesis 11,31 lesen wir, dass Terach Abram und seine Frau sowie Abrams Neffen Lot, also Terachs Enkel, nahm, »und sie zogen miteinander aus Ur, der Stadt der Chaldäer, um in das Land Kanaan zu gehen«. Zwar macht die Familie kurz vor Kanaan in Haran Station; aber als Abram Haran in Richtung Kanaan verlässt, ist es, als würde er die von der Familie ursprünglich beabsichtigte Reise als ihr Stellvertreter vollenden. Später wird Abraham, wie wir sehen werden, in Haran nach einer Frau für seinen Sohn Isaak suchen lassen. All das bildet den Kontext für Jahwes Feststellung in Genesis 15,7: »Ich bin der HERR, der ich dich herausgeführt habe aus Ur, der Stadt der Chaldäer«, womit indirekt angedeutet wird, dass Jahwe Terach auf dieser früheren Reise von Ur nach Haran begleitet hat. Jedenfalls vergehen Jahre zwischen Abrams Abreise aus Haran und Terachs Tod dort, doch in der Bibel sind keine weiteren Interaktionen zwischen Vater und Sohn verzeichnet.

Viele Jahrhunderte später sollte ein rabbinischer Kommentar zum Buch Genesis (der zugleich eine Erweiterung darstellte) eine ganz andere, konfliktgeladene Geschichte von Abraham und Terach erzählen, die zahlreiche Elemente mit der koranischen Geschichte von Abraham und Azar gemeinsam hat. Kapitel 38 der *Genesis Rabba*, eines umfangreichen Werkes, das kurz vor der Geburt Mohammeds abgeschlossen wurde, ist nominell eine Erweiterung von Genesis 11,27–28:

> Terach zeugte Abram, Nahor und Haran; und Haran zeugte Lot.
> Haran aber starb zu Lebzeiten seines Vaters Terach im Land
> seiner Verwandtschaft, in Ur, der Stadt der Chaldäer.[2]

Warum, so fragten die stets neugierigen Rabbiner, starb Haran? Und die Antwort, die sie gaben und die in vielem der koranischen Erzählung von Abrahams Aufbegehren gegen Azar entspricht, umfasst die Geschichte Abrahams, der die Götzen seines Vaters zerstört und dann, wie im Koran, behauptet, der größte Götze müsse die kleineren zerschlagen haben. Die *Genesis Rabba* führt anschließend die Figur des Nimrod ein, eines legendären mesopotamischen Königs, der Abraham ins Feuer werfen ließ, auf dass sein Gott ihn retten möge. Der Herr rettet Abraham tatsächlich, doch als Haran – Terachs Bruder und Abrahams Onkel – beschließt, auch er werde nun seinen Glauben an Abrahams Gott verkünden, und daraufhin seinerseits ins Feuer geworfen wird, rettet Gott ihn nicht, und damit haben die Rabbiner eine Antwort auf die Frage, warum Haran starb. Diese Antwort wirft natürlich weitere Fragen auf, aber so ist das für gewöhnlich mit rabbinischen Kommentaren.

Nimrod taucht auch in vielen späteren arabischen Legenden auf, doch es geht hier nicht darum, die gesamte jüdische Tradition mit der gesamten muslimischen Tradition zu vergleichen, sondern lediglich die Bibel mit dem Koran. Dieser ohnehin bereits begrenzte Vergleich wird in diesem Kapitel noch weiter eingeschränkt, denn es widmet sich allein Abraham und allein seiner Beziehung zu seinem Vater in den beiden Schriften. Innerhalb dieses begrenzten Vergleichs können wir zu dem Schluss kommen, dass das Verhältnis zwischen Abraham und seinem Vater im Koran von zentraler Bedeutung ist, weil es Allah dort in erster Linie um Gottesverehrung geht und Azar ein Götzendiener ist, während das gleiche Verhältnis im Buch Genesis nur eine marginale Rolle spielt, weil es Jahwe in erster Linie um Fruchtbarkeit geht und weil Terach, ob er nun Jahwe anbetet oder nicht, durch seinen Sohn Teil an Jahwes Versprechen wundersamer Fruchtbarkeit hat. Später in der Bibel, insbesondere in Seiner Beziehung zu Mose, wird Jahwe eine Vorliebe für die Gottesverehrung entwickeln, die dem Wunsch Allahs in diesem Kapitel entspricht oder ihn sogar noch übertrifft, aber richtig bleibt, dass weder Idolatrie noch Polytheismus in Jahwes Beziehung zu Abraham eine Rolle spielt, solange wir unsere Aufmerksamkeit allein auf die Bibel beschränken.

Doch bei aller Bedeutung von Abrahams Beziehung zu seinem Vater ist in der Bibel wie im Koran gleichermaßen etwas anderes noch viel wichtiger und mit Blick auf den Charakter Gottes aussagekräftiger: Abrahams Beziehung zu seinen beiden Söhnen Ismael und Isaak. Diesem Thema wenden wir uns nun zu.

5

ABRAHAM
UND SEINE SÖHNE

Die Geburt eines Kindes und die großen Hoffnungen, die dem vorausgehen. Der Tod eines Kindes und das anschließende Zerbrechen jeder Hoffnung. Die Rettung eines Kindes in letzter Minute aus tödlicher Gefahr. Die selbstlose Aufopferung eines Kindes für einen Elternteil in Not.

Wenige Themen in der Literatur (welcher Art auch immer) haben mehr urwüchsige Kraft als diese, und sie bestimmen in der Bibel wie im Koran die Geschichte von Abraham und seinen beiden Söhnen: dem älteren, Ismael (mit seiner Mutter Hagar), und dem jüngeren, Isaak (mit seiner Mutter Sara).

Beginnen wir dieses Mal mit der Bibel, wieder im Buch Genesis, wo in Abrams Leben nicht nur Jahre, sondern Jahrzehnte vergangen sind, seit Jahwe ihm Nachwuchs so zahlreich wie die Staubkörner auf der Erde und ein Reich, das sich von Syrien bis nach Ägypten erstreckt, versprochen hat. Abram ist 85 Jahre alt und kinderlos. Seine Frau, Sarai, ist offenkundig unfruchtbar. Vor lauter Verzweiflung hat sie Abram ihre Sklavin Hagar zur Konkubine gegeben, und diese ist denn auch rasch schwanger geworden. Nun aber fügt sich Hagar nicht mehr als Magd ihrer Herrin, und Abram gestattet es der wütenden Sarai, Hagar so schlecht zu behandeln, dass diese in die Wüste flieht, wo sie und ihr noch ungeborenes Kind so gut wie sicher zugrunde gehen werden.

Ein Engel entdeckt Hagar schließlich in der Nähe einer Quelle in der Wüste, befiehlt ihr, zu ihrer Herrin zurückzukehren, und fährt tröstend fort:

Siehe, du bist schwanger und wirst einen Sohn gebären; dem sollst du den Namen Ismael geben, denn der HERR hat auf dein Elend gehört. (Gen 16,11)

Ismael ist, wie viele hebräische Namen, ein Satzname und bedeutet »Gott hat gehört«.

Und so kehrt Hagar zurück, bringt Ismael zur Welt, und dreizehn Jahre vergehen. Abram geht auf die 99 zu, und Sarai ist 90 geworden, als Jahwe Elohim Abram unter dem geheimnisvollen Namen El Shaddai (was möglicherweise »Gott der Berggipfel« bedeutet und in der Regel als »der Allmächtige« übersetzt wird) erscheint, seinen Namen von Abram zu Abraham ändert, den der Sarai zu Sara, die Beschneidung des Mannes als neues Zeichen des bereits bestehenden Bundes verfügt und schließlich Abram/Abraham mit der Ankündigung überrascht, dass Sarai/Sara schließlich doch noch ein Kind empfangen werde:

Und ich werde sie segnen, und auch von ihr gebe ich dir einen Sohn; und ich werde sie segnen, und sie wird zu Nationen werden; Könige von Völkern sollen von ihr kommen.
(…) Sara, deine Frau, wird dir einen Sohn gebären. Und du sollst ihm den Namen Isaak geben! Und ich werde meinen Bund mit ihm aufrichten zu einem ewigen Bund für seine Nachkommen nach ihm. (Gen 17,16 und 19)

Wie nimmt Abraham diese Prophezeiung auf? »Da fiel Abraham auf sein Angesicht und lachte und sprach in seinem Herzen: Sollte einem Hundertjährigen ein Kind geboren werden, und sollte Sara, eine Neunzigjährige, etwa gebären?« (Gen 17,17)

Fruchtbarkeit kann auf zweifache Weise ein Wunder sein. Sie kann, wie bereits angesprochen, so groß sein, dass sie alle menschliche Berechnung übersteigt. Oder sie kann sich, wie hier verkündet, in eklatanter Weise über alle bekannten Naturgesetze hinwegsetzen. Frauen werden mit neunzig nicht mehr schwanger. Ein Mann von 85 Jahren kann eine deutlich jüngere Frau schwängern; das war der Fall bei Abraham und Hagar. Aber jetzt? Mit 99? Diese Aussicht ist tatsächlich lachhaft. Abram wird am Ende wegen seines Glaubens verehrt werden, aber in dieser Szene ist seine spontane Reaktion schallendes Gelächter.

Rasch jedoch wird deutlich, dass es hier um etwas sehr Ernstes geht. Abraham, der noch immer an Jahwes/Elohims Versprechen glaubt, hat nun dreizehn Jahre lang darauf gewartet, dass dieses Versprechen durch seinen Sohn und Erben Ismael erfüllt wird. Selbst nachdem er Elohims Verkündigung vernommen hat, Sara werde ein Kind empfangen und seine Linie werde fortan durch einen anderen, noch nicht geborenen Sohn fortgeführt werden, bleibt er aufrichtig skeptisch. Er klammert sich an den Gedanken, dass der junge Ismael höchstwahrscheinlich sein einziger Erbe bleiben wird: »Möchte doch Ismael vor dir leben!«, beschwört er Elohim (Gen 17,18).

Elohim rudert daraufhin zumindest teilweise zurück. Auch Ismael, so konzediert er, werde Vater einer großen Nation sein:

Aber auch für Ismael habe ich dich erhört: Siehe, ich werde ihn segnen und werde ihn fruchtbar machen und ihn sehr, sehr mehren. Zwölf Fürsten wird er zeugen, und ich werde ihn zu einer großen Nation machen. (Gen 17,20)

Und doch beharrt Elohim: »Aber meinen Bund werde ich mit Isaak aufrichten, den Sara dir im nächsten Jahr um diese Zeit gebären wird.« (Gen 17,21)

An dieser Stelle der Geschichte entsteht einige Spannung, denn alle Männer in Abrahams Haushalt, Sklaven ebenso wie Freie, sollen durch Beschneidung Teil des Bundes werden, wie Elohim es verkündet hatte: »Das wird das Zeichen des Bundes sein zwischen mir und euch.« (Gen 17,11) Auch Ismael, Sohn einer Sklavenmutter und dennoch Abrahams Erbe, ist mit dem Zeichen des Bundes versehen. Tatsächlich hat die Beschneidung, wie der Erzähler berichtet, auch die Verbindung zwischen Vater und Sohn deutlich enger werden lassen:

> Abraham war 99 Jahre alt, als er am Fleisch seiner Vorhaut beschnitten wurde. Und sein Sohn Ismael war dreizehn Jahre alt, als er am Fleisch seiner Vorhaut beschnitten wurde. So wurden an ebendiesem Tag Abraham und sein Sohn Ismael beschnitten. (Gen 17,24–26)

Wie also kann Ismael nicht Sohn des Bundes sein? Doch wenn es bei dem Bund im Grunde um Fruchtbarkeit geht, spielt es dann überhaupt eine Rolle, ob Ismael in den Bund aufgenommen wird oder nicht, da ja beiden Erben gleichermaßen Fruchtbarkeit versprochen ist? Das Spannungsverhältnis bleibt bestehen, denn obwohl beiden Fruchtbarkeit und Größe versprochen wurde, wurde ihnen das *nicht am gleichen Ort* in Aussicht gestellt. Jahwes Bund mit Abraham hat eine territoriale oder nationale Komponente, die in Allahs Bund fehlt.

Derweil hat die mit einem neuen Namen versehene Sara trotz ihres Erstaunens ob dieser plötzlichen Massenbeschneidung noch nicht erfahren, dass sie schwanger werden soll. Abraham, so scheint es, hat in jüngster Zeit nichts getan, um sie daran zweifeln zu lassen, dass ihre fruchtbaren Jahre endgültig vorbei sind. Dann, als der betagte Patriarch am Eingang seines Zeltes unter dem Schatten einer Eiche ruht, erscheint ihm Jahwe beziehungsweise drei Männer erscheinen ihm beziehungsweise Jahwe und zwei Männer oder Jahwe und zwei Engel: Das Hebräisch von Genesis 18–19 ist auf rätselhafte Weise fließend, da die Verweise auf Jahwe, seine Botschaft und seine Gesandten (Engel) so abrupt wechseln, dass sie sich miteinander vermischen. Jedenfalls erkennt Abraham, dass es sich hier nicht um gewöhnliche Besucher handelt, und mit Saras Hilfe bereitet er ihnen ein üppiges Mahl. Die Besucher speisen und dann wendet sich die Aufmerksamkeit Sara zu:

Und sie sagten zu ihm: Wo ist deine Frau Sara? Und er sagte: Dort im Zelt. Da sprach er: Wahrlich, übers Jahr um diese Zeit komme ich wieder zu dir, siehe, dann hat Sara, deine Frau, einen Sohn. Und Sara horchte am Eingang des Zeltes, der hinter ihm war. Abraham und Sara aber waren alt, hochbetagt; es erging Sara nicht mehr nach der Frauen Weise. Und Sara lachte in ihrem Innern und sagte: Nachdem ich alt geworden bin, sollte ich noch Liebeslust haben? Und auch mein Herr ist ja alt! Da sprach der HERR zu Abraham: Warum hat Sara denn gelacht und gesagt: Sollte ich wirklich noch gebären, da ich doch alt bin? Sollte für den HERRN eine Sache zu wunderbar sein? Zur bestimmten Zeit komme ich wieder zu dir, übers Jahr um diese Zeit, dann hat Sara einen Sohn. Doch Sara leugnete und sagte: Ich habe nicht ge-lacht! Denn sie fürchtete sich. Er aber sprach: Nein, du hast doch gelacht! (Gen 18,9–15)

Sara kennt ihren Körper. Und sie kennt auch den Körper ihres Gatten. Doch Jahwe argumentiert anders: Ismaels Geburt war vielleicht bemer-kenswert, aber die Geburt Isaaks wird wahrlich ein Wunder sein – eine biologische Unmöglichkeit, die gleichwohl geschehen wird. Wenn Fruchtbarkeit ein Wunder ist, dann besitzt Jahwe Elohim sie.

Der Koran erzählt in Sure 11,69–76 eine ähnliche Geschichte, aller-dings mit einigen bemerkenswerten Unterschieden oder Korrekturen:

Unsere Boten kamen zu Abraham mit der frohen Botschaft.
Sie sprachen: »Frieden!«
Er sprach: »Frieden!«
Und alsbald brachte er ein gebratenes Kalb.
Als er nun sah, dass sie es nicht anrührten,
hegte er Argwohn gegen sie und empfand Furcht vor ihnen.
Sie sprachen: »Fürchte dich nicht! Siehe, wir sind zum Volke Lots
    gesandt!«

Seine Frau stand da und lachte.

Da kündigten wir ihr Isaak an und nach Isaak Jakob.

Sie sprach: »Weh mir, soll ich gebären, da ich doch schon alt bin

und mein Gatte hier ein Greis ist?

Siehe, das ist fürwahr ein wunderliches Ding!«

Sie sprachen: »Seid ihr über Gottes Befehl verwundert?

Gottes Erbarmen und sein Segen seien über euch,

    ihr ›Leute des Hauses‹!

Siehe, er ist zu loben und zu rühmen.«

Als der Schreck von Abraham gewichen war

und die gute Kunde zu ihm kam,

begann er mit uns über das Volk Lots zu streiten.

Siehe, Abraham ist wahrlich milde, mitfühlend und bereit

    zur Buße.

»Abraham! Wende dich davon ab!

Die Entscheidung deines Herrn ist gefallen.

Siehe, über sie wird eine Strafe kommen, die unabwendbar ist.«

    (Sure 11,69–76)

Allah ist in dieser Geschichte als ihr Erzähler anwesend, doch wie üblich weist Er sich selbst keine Sprecherrolle zu. Seine Boten/Engel besuchen Abraham und Sara. Er selbst ist nicht dabei.

Wenn ein arabischer Gastgeber Fremde empfängt, tischt er ihnen als Zeichen der Freundschaft ein Mahl auf. Als Zeichen, dass sie die Freundschaft erwidern, müssen die Gäste es verspeisen. Denn sollten sie es ignorieren, müsste man annehmen, dass sie das ganz bewusst getan haben, um die mit dem Essen angebotene Freundschaft abzulehnen. Sind diese Besucher somit Feinde? Welche Absichten hegen sie im Hinblick auf ihren Gastgeber Abraham und seine Familie?

In Genesis 18 verspeisen Abrahams Besucher das Essen, das er ihnen vorsetzt. In Sure 11 des Korans tun sie das nicht, aber nur deshalb, weil es sich um Engelsboten handelt (so argumentieren alte Kommentare), die keine menschliche Nahrung brauchen. Abraham, der ihr wahres Wesen noch nicht erkannt hat, befürchtet feindliche Absichten von ihrer Seite. Sie versichern ihm, ihre Absichten seien durchaus feindselig, richteten sich aber gegen das Volk von Lot, Abrahams Neffen, und nicht gegen Abraham und seine Leute. An diesem Punkt lacht Sara, offenkundig erleichtert darüber, dass sie und ihr Mann nicht in Gefahr sind. Bis dahin war von ihrer künftigen Schwangerschaft noch keine Rede. Als dieses Wort fällt, reagiert sie gleichermaßen verwundert und offen bestürzt. Im Buch Genesis lacht Sara über die groteske, aber gleichwohl angenehme Aussicht auf sexuelle Vergnügung mit ihrem betagten Ehemann. Im Koran jammert Sara über die drohende Aussicht auf eine Schwangerschaft und Geburt in ihrem fortgeschrittenen Alter. Das gleiche Empfinden tritt in einer kürzeren, aber parallelen Erzählung dieser Geschichte in Sure 51,29–30 zutage:

> Da kam, schreiend, seine Frau herbei, schlug sich ins Gesicht
> und sprach: »Eine unfruchtbare alte Frau!«
> Sie sprachen: »Genau so! Gesprochen hat dein Herr!
> Siehe, er ist der Weise, der Wissende.« (Sure 51,29–30)

Sich selbst ins Gesicht zu schlagen ist ein Zeichen extremer Erregung und Bestürzung, aber die namenlos bleibende Frau muss alles, was ihr bevorsteht, akzeptieren, denn: »Gesprochen hat dein Herr!«

Als Abraham merkt, dass die von Allah gesandten Engel gute Nachrichten für ihn und sein Haus und schlechte Nachrichten nur für seinen Neffen Lot und dessen Haus im Gepäck haben, beginnt Abraham um göttliche Gnade für seine Verwandten zu bitten, so wie er schon früher um Erbarmen für seinen eigenen Vater gebeten hatte. Erneut preist Allah Abraham als jemanden, der voller Milde und Güte sei, und doch lautet die Botschaft an ihn erneut, dass an Allahs Beschlüssen nicht zu rütteln ist, nicht einmal wenn sie die eigene Familie betreffen: »Abraham! Wende dich davon ab! Die Entscheidung deines

Herrn ist gefallen. Siehe, über sie wird eine Strafe kommen, die unabwendbar ist.«

Die biblische Geschichte geht damit weiter, dass Isaak geboren, beschnitten und entwöhnt wird. In einer Zeit, da die Kindersterblichkeit hoch war, war es ein Grund zum Feiern, wenn ein Neugeborenes lange genug überlebte (vielleicht zwei Jahre), um von der Mutterbrust entwöhnt zu werden. Um Isaaks Entwöhnung zu feiern, veranstaltet Abraham ein großes Fest, in dessen Verlauf Sara sieht, wie Ismael, nun etwa fünfzehn Jahre alt, mit dem kleinen Isaak spielt. Diese Demonstration ihrer tiefen brüderlichen Verbundenheit und damit ihrer vermeintlichen Gleichheit als Abrahams Söhne und Erben empört sie, und sie verlangt, dass Abraham Hagar und Ismael enteignet und, schlimmer noch, in die Wüste schickt, damit sie dort sterben. Abraham ist entsetzt ob des Gedankens, seinen eigenen erstgeborenen Sohn zu verlieren, aber Jahwe versichert ihm, er solle sich Saras tödlichen Wünschen fügen, denn er, Jahwe, werde eingreifen, um Hagar und Ismael zu retten und Ismael schließlich doch noch zu einer großen Nation zu machen.

Hagar weiß davon nichts, als sie, mit ein wenig Brot und einem Schlauch Wasser ausgestattet, weggeschickt wird. Auch Sara weiß davon nichts. In der Wüste Beerscheba geht Hagar das Wasser aus. Sie glaubt, dass sie nun sterben müsse. Schlimmer noch, ihr junger Sohn scheint rascher als sie zu sterben. Sie legt ihn unter einen Strauch, »und sie ging und setzte sich gegenüber hin, einen Bogenschuss weit entfernt, denn sie sagte sich: Ich kann das Sterben des Kindes nicht ansehen. So setzte sie sich gegenüber hin, erhob ihre Stimme und weinte.« (Gen 21,16)

Ismael unter seinem Strauch weint ebenfalls, doch dann hörte Elohim

die Stimme des Jungen. Da rief der Engel Gottes der Hagar vom Himmel zu und sprach zu ihr: Was ist dir, Hagar? Fürchte dich nicht! Denn Gott hat auf die Stimme des Jungen gehört, dort wo er ist. Steh auf, nimm den Jungen, und fasse ihn mit deiner Hand! Denn ich will ihn zu einer großen Nation machen. Und Gott öffnete ihre Augen, und sie sah einen Wasserbrunnen; da ging sie hin und füllte den Schlauch mit Wasser und gab dem Jungen zu trinken. Gott aber war mit dem Jungen, und er wurde groß und wohnte in der Wüste; und er wurde ein Bogenschütze. Und er wohnte in der Wüste Paran, und seine Mutter nahm ihm eine Frau aus dem Land Ägypten. (Gen 21,16–21)

Doch wo ist diese Wüste Paran? In der Bibel gilt Ismael als Stammvater der Araber: *Araber* und *Ismaeliten* sind im Grunde gleichbedeutend. Als arabische Heimat gilt die Gegend südlich der Stadt Beerscheba, die traditionellerweise die Südgrenze des Gebiets bildete, das von den zwölf Stämmen Israels bewohnt wurde. Wenn die Bibel hier allerdings von der Wüste Beerscheba spricht, so ist damit eigentlich die Gegend gemeint, die in Beerscheba *beginnt* und sich südlich davon erstreckt. Irgendwo in dieser Wüste fand der Engel Hagar und führte sie zur lebensrettenden Quelle. Ismael wuchs in dieser Gegend auf, und seine ägyptische Mutter fand in Ägypten eine Frau für ihn.

Ismael hatte nicht gewusst, dass Abraham von Jahwe Elohims Absicht wusste, sein Leben zu retten und ihm eine große Zukunft zu garantieren. Hätte er es gewusst, hätte er unter dem Strauch nicht so geweint. Nahm er den Kontakt zu seinem Vater wieder auf, als er heranwuchs und umherwanderte? Eine ähnliche Überlieferungstradition, die im Koran eher anklingt als formal erzählt wird, legt nahe, dass er das tat und dass Abraham tatsächlich seinen Anteil daran hatte, dass Ismael sich letztlich im Hedschas niederließ, der an Mekka angrenzenden Wüstenregion, wo zu Mohammeds Zeit die geheiligte Kaaba – oftmals schlicht nur »das Haus« oder »das heilige Haus« genannt – lag. In Sure 14 des Korans heißt es:

Damals, als Abraham sprach: »Mein Herr, gib diesem Ort
  Sicherheit!
Bewahre mich und meine Söhne davor, dass wir den
  Götzenbildern dienen!
Mein Herr, sie haben viele Menschen fehlgeleitet;
doch wer mir nachfolgt, der gehört zu mir;
und wer sich auflehnt gegen mich –
siehe, Gott ist bereit zu vergeben, barmherzig.
Unser Herr, siehe, ich habe von meinen Nachkommen
  einige angesiedelt
in einem unfruchtbaren Tal bei deinem Heiligtum,
unser Herr, auf dass sie das Gebet verrichten.
Mach du, dass Menschenherzen sich hin zu ihnen neigen,
und schenke ihnen Früchte für den Lebensunterhalt,
vielleicht sind sie ja dankbar.
Unser Herr, du weißt, was wir verbergen und offenlegen.
Gott bleibt kein Ding verborgen,
auf Erden nicht und nicht im Himmel.
Gelobt sei Gott, der mir trotz meines Alters
noch Ismael und Isaak geschenkt hat.
Siehe, mein Herr erhört das Gebet.« (Sure 14,35–39)

In der Einleitung haben wir darauf hingewiesen, dass Allah eine allgemeine Vertrautheit Mohammeds mit den in der Bibel erzählten Geschichten voraussetzt. In der weitgehend mündlichen Kultur des Hedschas dürfte diese Vertrautheit vom wiederholten Hören statt vom Lesen hergerührt haben und genau aus diesem Grund im lokalen Gedächtnis besonders tief verankert gewesen sein. Üblicherweise erinnert Allah Mohammed an die eine oder andere dieser bereits vertrauten Geschichten und erzählt einige Höhepunkte, ohne eine vollständige, detaillierte Erzählung darzubieten. Wenn es von diesen Geschichten eine gab, die Mohammed wie die meisten anderen Araber seinerzeit mit hoher Wahrscheinlichkeit besonders gut kannte, dann war es mit Sicherheit die Geschichte der Abstammung der Araber aus dieser Heimatregion Abrahams und Hagars über ihren Sohn Ismael. Allah muss deshalb die Geschichte Hagars für Mohammed nicht noch einmal erzählen. Überdies kann er darauf vertrauen, dass Mohammed problemlos Allahs Anspielung versteht, Abraham habe Hagar und Ismael im Hedschas »angesiedelt«, wo doch der erste Schritt der Besiedlung den beiden als ein traumatisches Verlassenwerden erschien.

Es sei noch einmal wiederholt: Was Mohammed über die Bibel weiß – und wovon Allah weiß, dass er es weiß –, resultiert nicht aus einer *Lektüre* der Bibel. Soweit wir wissen, war Mohammed des Lesens und Schreibens nicht mächtig. Doch die religiöse Kultur des Hedschas vermengte jüdische und christliche Traditionen mit arabischem Stammespolytheismus zu einer reichhaltigen mündlichen Überlieferung, die ihre eigenen (oftmals durchaus elaborierten) Versionen des übernommenen Materials »kanonisierte«. Allah korrigiert diese Versionen mitunter, manchmal aber fügt er sie, wie oben, einfach in seine Botschaft an Mohammed ein, wodurch er seine Absichten mit recht knappen Anspielungen deutlich machen kann.

Und so lesen wir in Sure 2,158 des Korans:

Safa und Marwa gehören zu den Dingen, die Gott heilig sind.
Und wer zum »Hause« pilgert oder es besucht,
der sündigt nicht, wenn er sie beide umkreist.
Wer aus eigenem Antrieb Gutes tut –
siehe, Gott ist dankbar, wissend.

Safa und Marwa waren zwei Hügel in der Nähe von Mekka, bei denen Pilger Hagars verzweifelte Suche nach Wasser in Gestalt eines formellen Rituals nachvollzogen, bei dem sie zwischen den Hügeln hin und her liefen. Das Ritual stammte wie die Geschichte von Hagar und Ismael im Hedschas aus der Zeit vor Mohammed und damit auch vor dem Koran. War das Ritual also nach der Ankunft Mohammeds noch immer legitim? Diese Frage stellte sich ganz offensichtlich. Ja, so versichert Allah Mohammed und seinen frühen Gefolgsleuten, das alte Ritual ist noch immer legitim, es war und ist nicht nur Teil der muslimischen Hadsch (der großen Pilgerreise, die nur zu einer ganz bestimmten Zeit im Jahr durchgeführt werden kann), sondern auch der verwandten, einfacheren *'umra* (der kleineren Pilgerfahrt, die Muslime jederzeit absolvieren können).

Es geht uns hier freilich nicht um islamische Pilgerrituale, sondern wir wollen lediglich auf die – trotz formellen Schweigens – gefühlte Präsenz der Geschichte von Abraham, Hagar und Ismael im Koran hinweisen – dieser Geschichte von der Geburt von Abrahams erstgeborenem Sohn; von der frühen Beinahtod-Erfahrung dieses Sohnes und seiner Mutter in der Wüste; und schließlich ihrer dramatischen Rettung durch Gott.

Die biblische Geschichte von Abraham und seinen Söhnen geht, nachdem Hagar und Ismael weggeschickt wurden, mit der Geburt Isaaks weiter:

> Und es geschah nach diesen Dingen, da prüfte Gott den Abraham. Und er sprach zu ihm: Abraham! Und er sagte: Hier bin ich! Und er sprach: Nimm deinen Sohn, deinen einzigen, den du lieb hast, den Isaak, und ziehe hin in das Land Morija, und opfere ihn dort als Brandopfer auf einem der Berge, den ich dir nennen werde! (Gen 21,1–2)

Abraham hat sich bislang jedem Befehl Elohims gefügt, aber hat Elohim Seinen Teil beigetragen? Hat Er für die versprochene wundersame Fruchtbarkeit gesorgt? Abraham, der sich wiederholt über seine Kinderlosigkeit beklagt hat, ist jetzt 100 Jahre alt und hat genau zwei Söhne, von denen er einen möglicherweise niemals wiedersieht. Schwächt sich sein Eintreten für Jahwe Elohim dadurch ab? Aber wenn wir die Sache aus Sicht Elohims betrachten, ist Abraham Ihm gegenüber überhaupt je eine andere als eine durch und durch bedingte, auf Gegenseitigkeit gründende Verpflichtung eingegangen? Elohim, der Seinen Bund mit Isaak und dessen künftigen Nachkommen deutlich begrenzt hat, treibt die Sache nun brutal auf die Spitze und verlangt, dass Abraham Isaak zurückgibt.

In diesem Bund ging es, wie schon erwähnt, um Fruchtbarkeit. Was aber, wenn Elohim nun die Fruchtbarkeit wegnimmt, indem er Abraham aller Nachkommen über Isaak beraubt und, so scheint es, damit den Bund von seiner Seite aus aufkündigt? Wird Abraham seinem Befehl gehorchen? Wird er diese Prüfung bestehen? Und warum ist die Prüfung überhaupt notwendig? Was hat Abraham getan, dass Elohim Zweifel gekommen sind?

Oder haben wir es hier mit einer paradoxen Prüfung zu tun – also einer Prüfung, die man nur bestehen kann, indem man scheitert? Da Elohim bereits den Mord verboten hat, wird Abraham dann paradoxerweise die Prüfung bestehen, indem er Elohim *nicht gehorcht*? In Genesis 9,6 hat Elohim Noah nach der Sintflut feierlich verkündet:

Wer Menschenblut vergießt, dessen Blut soll durch Menschen vergossen werden; denn nach dem Bilde Gottes hat er den Menschen gemacht. (Gen 9,6)

Isaak, noch immer jung genug, dass er zu Hause bei seinen Eltern lebt, ist ein Menschenkind, geschaffen nach dem Bilde Elohims. Wenn Elohim befiehlt, ihn zu töten, kann man dann an ihn glauben oder, wie Abraham in ungläubigen Tonfall fragen könnte: »Was ist das, eine Art Prüfung oder was?« Welchem der beiden Befehle Elohims soll Abraham gehorchen? Hat es Abraham überhaupt mit ein und derselben Gottheit zu tun? Ohne dass er je mit so vielen Worten die Bereitschaft erklärt hätte, Isaak zu opfern, beginnt Abraham schweigend ganz mechanisch zu handeln:

Da machte sich Abraham früh am Morgen auf, sattelte seinen Esel und nahm seine beiden Knechte mit sich und seinen Sohn Isaak. Er spaltete Holz zum Brandopfer und machte sich auf und ging an den Ort, den Gott ihm genannt hatte. Am dritten Tag erhob Abraham seine Augen und sah den Ort von fern. Da sagte Abraham zu seinen Knechten: Bleibt ihr mit dem Esel hier! Ich aber und der Junge wollen dorthin gehen und anbeten und zu euch zurückkehren. (Gen 22,3–5)

Anbeten: eine höchst interessante Wortwahl. Sie schließt ein Opfer weder aus noch zwangsläufig mit ein. Die Kernbedeutung der hebräischen Wurzel umfasste schlicht das *Verbeugen:* Ehrerbietung ja, aber nicht notwendigerweise Gehorsam.

Abraham und seine Begleiter sind seit drei vollen Tagen unterwegs; begonnen haben sie ihre Reise offenkundig in Beerscheba am äußersten Südrand des späteren israelitischen Territoriums, aber in welche Richtung sind sie marschiert? Die spätere jüdische Tradition setzt den Berg Moria mit dem Tempelberg in Jerusalem gleich, aber was, wenn sie sich gen Süden aufgemacht haben in die gleiche Richtung, die Hagar und Ismael genommen haben, und nicht Richtung Norden gen Jerusalem? Abraham weiß, dass Elohim schon einmal einen seiner Söhne scheinbar zum Tod verurteilt und schließlich doch gerettet hat. Wird er das erneut tun?

Im weiteren Fortgang der Geschichte entsteht eine enorme Spannung:

Und Abraham nahm das Holz zum Brandopfer und legte es auf seinen Sohn Isaak, und in seine Hand nahm er das Feuer und das Messer. Und sie gingen beide miteinander. Da sprach Isaak zu seinem Vater Abraham und sagte: Mein Vater! Und er sprach: Hier bin ich, mein Sohn. Und er sagte: Siehe, das Feuer und das Holz! Wo aber ist das Schaf zum Brandopfer? Da sagte Abraham:

Gott wird sich das Schaf zum Brandopfer ersehen, mein Sohn.
Und sie gingen beide miteinander. (Gen 22,6–8)

Wer stellt hier wen auf die Probe? Im Hebräischen ist Abrahams Satz »Gott wird sich das Schaf zum Brandopfer ersehen« identisch mit »Gott ersehe sich das Schaf zum Brandopfer«; das Verb kann im Hebräischen entweder Futur oder ein sogenannter Jussiv sein – also ein Imperativ, der sich an eine dritte, nicht anwesende Person richtet. Abraham kann damit entweder Gott auffordern, tatsächlich ein Schaf zu liefern, oder behutsam vor Isaak verbergen, dass er das Opferlamm sein soll. Spannung entsteht, weil sich die Worte in beiderlei Weise verstehen lassen.

Und nebenbei bemerkt: Wer von den beiden – Abraham oder Isaak – wird hier einer echten Glaubensprüfung unterzogen? Der biblische Text impliziert, dass Isaak – jung, naiv und vertrauensselig – keine Ahnung hat, was da auf ihn zukommt, aber das schließt keineswegs die Möglichkeit aus, dass er durchaus etwas ahnt. Wenn dem so ist, ist er dann ein williges oder ein angsterfülltes und widerspenstiges Opfer?

Der anonyme Erzähler der Genesis lässt diese Frage unbeantwortet, doch Allah beantwortet sie im Koran. In Sure 37 erklärt Allah, dass er Abraham für den Eifer, mit dem er die Götzendienerei von Azar und dessen Volk bekämpft hat, mit der Geburt eines »trefflichen Knaben« belohnt habe. Doch dann, als er

mit ihm den Lauf erreichte, sprach er:
»Mein Sohn! Ich sah im Traum, dass ich dich opfern soll.
Nun sieh, was meinst du dazu?«
Er sprach: »Mein Vater, handle so, wie dir befohlen wird;
du wirst mich, so Gott will, geduldig finden.« (Sure 37,102)

Hier korrigiert Allah die biblische Darstellung deutlich: Abraham verheimlicht seinem Sohn den göttlichen Befehl, den er in einem Traum erhalten hat, keineswegs, und der Sohn seinerseits verharrt nicht in einem Zustand nichtsahnenden Vertrauens wie Isaak im Buch Genesis, sondern – weil er alt genug ist, um auf reflektierte und verantwortungsvolle Weise an dem Opfer teilzuhaben – erklärt seine ausdrückliche Bereitschaft, sein Leben hinzugeben, wenn dies Allahs Wille ist. Wie sein Vater unterwirft er sich seinem göttlichen Herrn – beide sind gute Muslime.

In der jüdischen Deutungstradition verschob sich der Schwerpunkt über die Jahrhunderte allmählich von Abraham hin zu Isaak, denn verfolgte Juden sahen ihr traumatisiertes Vertrauen in Gott in Isaaks traumatisiertem Vertrauen in Abraham gespiegelt.[1] Diese Verschiebung zeigt sich ganz deutlich in den *Aussprüchen des Rabbi Eliezer*, einem Werk, das auf Hebräisch verfasst und im frühen 9. Jahrhundert, vermutlich nach einer langen Zeit der Ausformulierung und wiederholten Überarbeitung, fertiggestellt wurde. In diesem Werk ruft Isaak, als er sich mit seiner eigenen Opferung konfrontiert sieht, aus:

> Mein Vater, binde meine beiden Hände und meine beiden Füße, damit ich nicht als einer erscheine, der das [Gebot] Ehre deinen Vater (Ex 20,12) aus Unachtsamkeit entweiht.[2]

Angesichts der relativ späten Entstehung dieses Werks und seines möglichen Ursprungs im Mesopotamien unter muslimischer Herrschaft könnte hier durchaus der Einfluss des Korans zu spüren sein.

In recht jungen Jahren war ich im Stillen irritiert und befremdet darüber, dass im Wort *infantry* das Kleinkind, das *infant* enthalten ist, und die Schwerpunktverschiebung vom opfernden Vater hin zum geopferten Sohn hat etwas seltsam Modernes an sich. Wilfred Owen etwa ist sichtlich zutiefst bestürzt darüber, dass im Ersten Weltkrieg »die halbe Saat Europas, einer nach dem anderen« geopfert wurde. Ein ganz ähnliches Gefühl brachte inmitten des Vietnamkriegs Leonard Cohen in seinem Song »Story of Isaac« von 1969 zum Ausdruck.

In der biblischen Erzählung heißt es weiter:

Und sie kamen an den Ort, den Gott ihm genannt hatte. Und Abraham baute dort den Altar und schichtete das Holz auf. Dann band er seinen Sohn Isaak und legte ihn auf den Altar oben auf das Holz. Und Abraham streckte seine Hand aus und nahm das Messer, um seinen Sohn zu schlachten. Da rief ihm der Engel des HERRN vom Himmel her zu und sprach: Abraham, Abraham! Und er sagte: Hier bin ich! Und er sprach: Strecke deine Hand nicht aus nach dem Jungen, und tu ihm nichts! Denn nun habe ich erkannt, dass du Gott fürchtest, da du deinen Sohn, deinen einzigen, mir nicht vorenthalten hast. Und Abraham erhob seine Augen und sah; und siehe, da war ein Widder hinten im Gestrüpp an seinen Hörnern festgehalten. Da ging Abraham hin, nahm den Widder und opferte ihn anstelle seines Sohnes als Brandopfer. Und Abraham gab diesem Ort den Namen »Der HERR wird ersehen«, von dem man heute noch sagt: Auf dem Berg des HERRN wird ersehen. (Gen 22,9–14)

In dieser gesamten Episode sagt Abraham nichts weiter als »Hier bin ich!«, und das sagt er zweimal – das erste Mal, als Elohim zu ihm spricht und verlangt, er solle seinen einzigen und geliebten Sohn opfern; das zweite Mal, als Jahwes Engel zu ihm spricht und den Befehl widerruft. Wenn Jahwe Elohim weiß, dass »du [Abraham] deinen Sohn, deinen einzigen, mir nicht vorenthalten hast«, dann nicht, weil Abraham tatsächlich irgendetwas in dieser Richtung gesagt hätte. Und dazu, wie die Sache für Isaak nach dieser Prüfung möglicherweise aussieht, hat der Engel nichts zu sagen. Diese Erzählung ist von einer düsteren, geheimnisvollen Unterströmung durchzogen, und das ist mit Sicherheit ein Grund, warum sie über die Jahrhunderte von Juden und Christen unablässig kommentiert wurde.

Im Koran lässt Allah die Geschichte ein wenig überraschend so enden:

Als die beiden sich in ihr Geschick ergeben hatten
und er ihn auf die Stirn geworfen hatte,
da riefen wir ihm zu: »O Abraham!
Du hast das Traumgesicht für wahr gehalten.«
Siehe, so belohnen wir die, die Gutes tun.
Siehe, das war die klare Prüfung!
Durch ein herrliches Schlachtopfertier schafften wir
    Ersatz für ihn.
Wir erhielten für ihn unter den Nachgeborenen:
›Friede sei über Abraham!‹
So belohnen wir die, die Gutes tun.
Er war von unseren gläubigen Knechten.
Und wir verkündeten ihm Isaak,
    einen Propheten von den Frommen. (Sure 37,103–112)

Kein Holz, keine Fessel, kein Messer und kein unergründliches Schweigen von Seiten Abrahams: Abraham wirft seinen Sohn auf die Stirn, damit sich ihrer beider Blicke nicht begegnen, und Allah akzeptiert das sogleich als Unterwerfung und widerruft den Opferbefehl. Allah »schafft Ersatz« für Abrahams Sohn, ein »herrliches Schlachtopfertier«, das sie beide und vielleicht noch andere Gäste bei einer großen Feier verspeisen können, einer Feier, an die heute beim jährlichen islamischen Opferfest (Eid ul-Adha) erinnert wird.

In literarischer Hinsicht steckt die biblische Erzählung voller Vorahnungen, Ironie, Mehrdeutigkeiten und Spannung, und der vielleicht aufregendste Moment findet sich erst im allerletzten Vers. Die koranische Erzählung zielt auf keinen dieser Effekte ab, aber Allah ist bekanntlich nie auf Effekthascherei aus. Er versucht nicht, Mohammed zu unterhalten, sondern will ihn lediglich an Geschichten erinnern, die Mohammed bereits kennt und die jeweils aus dem gleichen Grund in Erinnerung gerufen werden: Sie sollen deutlich machen, was oberste Bedeutung hat, nämlich die Unterwerfung, 'islam, unter Allah.

Ich will damit nicht behaupten, dass Kapitel 22 der Genesis, als es ursprünglich verfasst wurde, bloße Unterhaltung war. Es gibt eindeutige archäologische Belege dafür, dass die Kanaaniter Kinder opferten. Hätten sich keine Israeliten dieser Praxis bedient, hätte Jahwe sie nicht verbieten müssen, wie Er das im Buch Levitikus tut: »Und von deinen Nachkommen sollst du nicht einen hingeben, um sie dem Moloch durch das Feuer gehen zu lassen. Und du sollst den Namen des HERRN, deines Gottes, nicht entweihen. Ich bin der HERR.« (Lev 18,21) Und Jahrhunderte später hätte Josia, König von Juda, sich nicht darum bemühen müssen, die gleiche Praxis in Jerusalem zu unterbinden (2 Kön 23,10).

Die Struktur der Genesis-Geschichte könnte durchaus einem kanaanitischen Mythos entlehnt sein, in dem Moloch die Opferung eines Kindes verlangte, ein Anhänger Molochs das Opfer vollzog und Moloch darüber erfreut war. Hier beginnt die Geschichte in gleicher Weise, doch dann, im entscheidenden Moment, nimmt sie eine andere Richtung. Es könnte sich also durchaus um einen Mythos handeln, der bewusst als Gegenentwurf zu einem früheren Mythos konzipiert wurde. Während die Kernelemente der Geschichte bestehen blieben, hat sich ihre Moral im Lauf der Zeit für aufeinanderfolgende Interpretationsgemeinschaften mehrmals geändert.

Aber um der koranischen Version nicht alle Spannung und jedes Geheimnis abzusprechen, sei angemerkt, dass sie den Zuhörer mit einer großen Frage entlässt: Wer ist der namenlose Sohn bei diesem Opfer? Die Wendung »Und wir verkündeten ihm Isaak, einen Propheten von den Frommen«, die nach der »Unterwerfung« folgt, lässt sich mit gutem Grund als Anspielung auf die bereits erwähnte Passage interpretieren – nämlich die Passage, in der Allah Abraham und seiner Frau die Nachricht überbrachte, ihnen werde Isaak geboren. Wenn aber Isaak, der jüngere Sohn, noch gar nicht auf der Welt ist, kann es sich nur um den älteren Sohn Ismael handeln, der sich soeben in der Opfergeschichte so bravourös geschlagen hat. Diese Lesart schlagen laut dem *Study Quran* zumindest einige muslimische Kommentatoren vor. Doch die

Herausgeber dieser Ausgabe fügen hinzu: »Andere verstehen diesen Vers als eigenständige Behauptung, die bekräftigt, dass Isaak Gegenstand des Opfers war und das Geschenk der Prophetenschaft erhalten sollte.«

Im Buch Genesis endet die Geschichte, die in der jüdischen Tradition als Akedah (was übersetzt so viel wie »Bindung« bedeutet) Isaaks bezeichnet wird, erst nachdem der Engel Jahwes Abraham erneut angerufen hat, dieses Mal mit einer letzten Botschaft von Jahwe:

> Ich schwöre bei mir selbst, spricht der HERR, deshalb, weil du das getan und deinen Sohn, deinen einzigen, mir nicht vorenthalten hast, darum werde ich dich reichlich segnen und deine Nachkommen überaus zahlreich machen wie die Sterne des Himmels und wie der Sand, der am Ufer des Meeres ist; und deine Nachkommenschaft wird das Tor ihrer Feinde in Besitz nehmen. Und in deinem Samen werden sich segnen alle Nationen der Erde dafür, dass du meiner Stimme gehorcht hast.
> (Gen 22,16–18)

Darauf erwidert der schweigsame Abraham nichts, sondern wendet sich schlicht seinen wartenden Bediensteten zu und macht sich auf den Heimweg nach Beerscheba. Jahwe hat nach dieser traumatischen Episode nichts versprochen, was er nicht bereits versprochen gehabt hätte. Ursprünglich wurde von Abraham nichts verlangt außer seinem Gehorsam gegenüber dem Befehl »Geh aus deinem Vaterland und von deiner Verwandtschaft und aus deines Vaters Hause in ein Land, das ich dir zeigen will«. (Gen 12,1) In dieser Schlüsselszene wurde erneut nichts anderes als Gehorsam verlangt, aber sollen wir zu dem Schluss gelangen, dass Abraham erneut gehorchte, oder ist es nicht vielmehr so, dass Jahwe nachgegeben und Seinen eigenen Befehl widerrufen hat, ohne je zu erfahren, ob Abraham lieber die Sünde des Kindsmordes begehen als den Bund mit ihm brechen würde?

Die Akedah enthält wie in einem Mikrokosmos die gesamte Sage der Israeliten und der späteren jüdischen Geschichte, denn was ist die Antithese zu wundersamer Fruchtbarkeit anderes als der Völkermord? Ist nicht die Vernichtung riesiger Populationen, die so weit geht, dass die bloße Vernichtung sprichwörtlich wird, die Antithese zur versprochenen sprichwörtlichen Fruchtbarkeit, einer so wundersamen Fruchtbarkeit, dass »in dir (…) alle Geschlechter auf Erden« gesegnet werden sollen (Gen 12,3)?

Abraham in der Akedah und Mose in Ägypten verhalten sich zueinander wie These und Antithese. Hätte Abraham Isaak geopfert, wären die unzähligen israelitischen Nachkommen, die auf wundersame Weise vor den sie verfolgenden Truppen des Pharaos gerettet wurden, nie zur Welt gekommen. Es wäre so gewesen, als wären sie in Rauch aufgegangen und zusammen mit Isaak auf Abrahams Opferaltar gestorben.

Dass eine postmenopausale, neunzig Jahre alte Frau Isaak zur Welt brachte, war ein Wunder, genauso groß wie eine jungfräuliche Geburt. Es geschah einzig und allein dank göttlicher Intervention. Isaaks Überleben – die Lockerung seiner Fesseln an diesem Tag am Berg Moria – erfolgte durch einen weiteren Akt göttlichen Eingreifens. Und weil das einzige Leben nach dem Tod, das im Buch Genesis anerkannt wird, das Leben ist, das durch den eigenen Nachwuchs verlängert wird, wurde das Leben, das Isaak wiedergegeben wurde, als das Messer von seinem Nacken weggenommen wurde, auch Abraham wiedergegeben.

Bemerkenswerterweise spricht der Text nicht davon, dass Abraham *und Isaak* sich den Knechten anschlossen und anschließend gemeinsam nach Beerscheba zurückkehrten. Floh Isaak, sobald er seine Fesseln los war, allein nach Hause zu seiner Mutter Sara, um ihr zu berichten, was geschehen war? Sara stirbt im folgenden Kapitel, und später, als Isaak heiratet, lesen wir: »Dann führte Isaak sie in das Zelt seiner Mutter Sara; und er nahm Rebekka, und sie wurde seine Frau, und er gewann sie lieb. Und Isaak tröstete sich nach dem Tod seiner Mutter.« (Gen 24,67)

Starb die alte Frau an einem Schock? Wie viele Jahre waren vergangen zwischen der Akedah und seiner Eheschließung? Wie alt war er an diesem schicksalsträchtigen Tag? Die Bibel verrät es uns nicht. Dagegen liefern die *Aussprüche des Rabbi Eliezer* eine überraschend genaue Angabe:»Isaak war bei seinem Gang zum Berg Moria 37 Jahre alt.«[3]

Wäre er jünger gewesen, so hätte er womöglich seinen Glauben verloren. Aber in diesem Alter unverheiratet? Das sei nicht wirklich typisch für diese Zeit und diesen Ort, so würden Historiker behaupten, aber Isaak führte in vielerlei Hinsicht ein außergewöhnliches Leben.

Jahrhunderte später sollten die ersten Christen den Glauben selbst als das benennen, was Gott sich am meisten von der Menschheit wünschte, von Abel über Abraham bis hin zu ihrem eigenen Glauben an die Wiederauferstehung Jesu. Von Abraham heißt es im Brief an die Hebräer:

> Durch Glauben hat Abraham, *als er geprüft wurde, den Isaak dargebracht,* und er, der die Verheißungen empfangen hatte, brachte *den einzigen Sohn* dar, über den gesagt worden war: *»In Isaak soll deine Nachkommenschaft genannt werden«,* indem er dachte, dass Gott auch aus den Toten erwecken könne, von woher er ihn auch im Gleichnis empfing. (Hebr 11,17–19; Zitate aus anderen Büchern der Bibel kursiv)

Im Brief an die Römer und im Brief an die Galater relativiert Paulus den gesamten mosaischen Bund – dessen Absicht es war und ist, durch ein gerechtes, rechtschaffenes Leben Israels Bund mit Gott aufrechtzuerhalten – mit dem Hinweis, dass Abraham lange vor Mose gelebt habe, und doch sagte Gott von ihm in einem bereits zweimal zitierten Vers: »Und er glaubte dem HERRN; und er rechnete es ihm als Gerechtigkeit an.« (Gen 15,6) Paulus springt somit über Mose und Jahrhunderte gerechten israelitischen Lebens im Rahmen des mosaischen Bundes zurück zu Abrahams auf dem Glauben beruhenden Weg hin zur gleichen

Gerechtigkeit. Deshalb sieht er das eigentlich unmögliche wunderbare Fruchtbarkeitsversprechen gegenüber Abraham nicht in physischer Nachkommenschaft erfüllt, sondern in seiner, Paulus' eigener neuen und größer werdenden Schar von Konvertiten, den spirituellen Nachkommen Abrahams – also von Menschen, die durch ihren Glauben und nicht qua Geburt Söhne Abrahams sind:

> *Ebenso wie Abraham Gott glaubte* und es ihm zur Gerechtigkeit gerechnet wurde. Erkennt daraus: Die aus Glauben sind, diese sind Abrahams Söhne! Die Schrift aber, voraussehend, dass Gott die Nationen aus Glauben rechtfertigen werde, verkündigte dem Abraham die gute Botschaft voraus: »*In dir werden gesegnet werden alle Nationen.*« Folglich werden die, die aus Glauben sind, mit dem gläubigen Abraham gesegnet. (Gal 3,6–9; die Zitate aus Gen 15,6 und 12,3 kursiv)

Was Paulus hier mit seinen jüdischen Brüdern macht, das macht Allah mit Juden und Christen gleichermaßen und mit allen Streitigkeiten zwischen ihnen um Abraham, wenn er sich gemeinsam an sie als das Volk der »Buchbesitzer« wendet:

> Ihr Buchbesitzer! Weshalb streitet ihr über Abraham?
> Wo doch Gesetz [gemeint ist die Tora] und Evangelium
>   erst nach ihm herabgesandt wurden?
> Begreift ihr denn nicht?
> Ihr da! Ihr habt gestritten über etwas, wovon ihr Wissen habt.
> Doch warum streitet ihr nun über etwas, wovon ihr kein Wissen
>   habt?
> Gott weiß, ihr aber wisst nicht.
> Abraham war weder Jude noch Christ;
> sondern er war ein wahrer Gläubiger, ein Gottergebener.
> Und er war keiner von den Beigesellern.

Siehe, die Menschen, die Abraham am nächsten stehen,
das sind diejenigen, die ihm nachfolgten,
und dieser Prophet hier und diejenigen, die gläubig sind.
Gott ist der Vertraute der Gläubigen. (Sure 3,65–68)

Hier setzt Allah mit außergewöhnlicher Klarheit die Unterwerfung Abrahams mit derjenigen Mohammeds gleich und relativiert damit alles, was zwischen den beiden liegt. Eine weitere, noch nachdrücklichere Gleichsetzung dieser Art erfolgt – mit einem plausiblen Verweis auf die Geschichte von Abraham, Ismael und dem ausgesetzten Opfer – in Sure 2 des Korans:

Damals, als sein Herr Abraham auf die Probe stellte
durch Worte, die er dann erfüllte.
Da sprach er: »Siehe, ich mache dich zu einem Leitbild für die
    Menschen.«
Er sprach: »Und auch von meinen Kindeskindern?«
Er sprach: »Mein Bund erstreckt sich nicht auf jene, welche
    freveln.«
Damals, als wir das Haus zu einem Ort der Einkehr für die
    Menschen machten
und zu einer Sicherheit:
»Nehmt die Stätte Abrahams zum Betplatz!«
Und wir zur Pflicht es machten Abraham – und Ismael:
»Reinigt mein Haus für die Umkreisenden und darin Weilenden,
für die sich Beugenden und die sich Niederwerfenden!«
Damals, als Abraham sprach:
»Mein Herr, mach dies zu einem sicheren Ort,
und beschenke die dort Wohnenden mit Früchten –
die von ihnen, die an Gott glauben und an den Jüngsten Tag!«
Er sprach: »Doch wer ungläubig ist, den werde ich nur weniges
    genießen lassen,

dann werde ich ihn in die Qual des Feuers zwingen.«
Welch schlimmes Schicksal!
Damals, als Abraham die Fundamente von dem Haus errichtete
    mit Ismael:
»Unser Herr! Nimm es von uns an!
Siehe, du bist der Hörende, der Wissende.
Unser Herr! Mach uns beide zu dir Ergebenen,
und mach aus unseren Kindeskindern eine Gemeinde,
    die dir ergeben ist!
Zeig uns unsere Opferriten, und wende dich uns zu!
Siehe, du bist es, der sich gnädig zukehrt, der Barmherzige.
Unser Herr! Lass unter ihnen einen Gesandten erstehen,
aus ihrer Mitte, der ihnen deine Verse vorträgt,
    sie das Buch und die Weisheit lehrt und sie läutert!
Siehe, du bist der Mächtige, der Weise.«
Nur der verschmäht die Glaubensweise Abrahams,
der gegen sich selber töricht ist.
Wir erwählten ihn schon in dieser Welt,
und im Jenseits wird er, fürwahr, einer von den Frommen sein.
    (Sure 2, 124–130)

Auch hier werden die Religion Abrahams und die Botschaften Mohammeds wieder vollständig gleichgesetzt. Aber wichtig ist in diesem Zusammenhang: Abraham wurde »zu einem Leitbild *für die Menschen*« gemacht. Die von Abraham und Ismael errichtete Kaaba wurde »zu einem Ort der Einkehr *für die Menschen*« gemacht. Entsprechend gilt die Botschaft Mohammeds, die so nachdrücklich mit Abraham gleichgesetzt wird, auch der Menschheit allgemein.

Und doch bleibt sie in einer ganz besonderen Weise eine Botschaft für die Araber. So wie Jahwe Souveränität über die gesamte Menschheit für sich beansprucht, aber seine Schrift auf Hebräisch übermittelt und seinen Bund einzig mit Israel schließt, womit er ihn nicht auf dem Planeten insgesamt, sondern nur im Gelobten Land verortet, so beansprucht auch Allah universelle Souveränität, übermittelt seine Offenbarung aber auf Arabisch und organisiert Seine Verehrung an einem ganz spezifischen Ort auf der Arabischen Halbinsel. Zu Beginn seiner Prophetenlaufbahn wies Mohammed seine Anhänger an, sie sollten sich bei ihren Gebeten in Richtung Jerusalem wenden. Später befahl Allah ihm, muslimische Gebete sollten stattdessen auf »das Haus« in Mekka ausgerichtet sein. Diese Umorientierung, diese neue *qiblah* (so das arabische Wort für »Gebetsrichtung«), war ein entscheidender Moment in der Selbstwerdung des Islams nicht als neue Form des Judentums oder als neue Form des Christentums, sondern als eine eigenständige neue Gemeinschaft mit einer geografisch wie spirituell neuen Ausrichtung. Juden wandten sich gen Jerusalem – Zion, die Stadt Davids –, wenn sie beteten. Christliche Kirchen waren gen Osten ausgerichtet, also Richtung Sonnenaufgang als Symbol für die Wiederauferstehung Christi. Jede der beiden Religionen hat ihre eigene *qiblah*. Doch Allah gibt Mohammed nun eine neue Richtung:

> Wohl sehen wir, wie du dein Angesicht gen Himmel hin- und
> herbewegst.
> So wollen wir dir eine Richtung geben, die dein Gefallen findet.
> So wende nun dein Angesicht zur heiligen Anbetungsstätte!
> Wo immer ihr auch seid, kehrt euer Angesicht ihr zu!
> Siehe, denen das Buch gegeben wurde, die wissen wahrlich,
> dass es die Wahrheit ist von ihrem Herrn.
> Gott lässt, was sie tun, nicht unbeachtet. (Sure 2,144)

Als Allah über Mohammed zu Arabern spricht, die vor kurzem erst zum Islam konvertierten, sagt er an anderer Stelle im Koran:

> Siehe, wir sandten es herab als Lesung auf Arabisch,
> vielleicht begreift ihr ja.

Wir erzählen dir aufs Schönste
durch das, was wir als diese Lesung dir offenbaren.
Wahrlich, früher warst du einer derer,
die nicht darauf achteten. (Sure 12,2–3)

Unter den Wundererzählungen nimmt die von der heldenhaften gemeinsamen Unterwerfung Abrahams und seines Sohnes eine besondere Stellung ein. Ihre Prüfung, die in der Hebräischen Bibel eine historische, im Neuen Testament eine symbolische ist, wird im Islam sowohl
paradigmatisch als auch grundlegend, denn sie ist sowohl mit dem arabischen Koran als auch mit der heiligsten Wüstenoase auf der Arabischen Halbinsel verbunden, in deren Richtung Millionen Muslime auf
aller Welt noch immer fünfmal am Tag ihre Gebete, ihre Gottesverehrung verrichten.

6

JOSEPH

Einem alten spanischen Sprichwort zufolge schreibt Gott auf krummen Zeilen gerade (»Dios escribe derecho con renglones torcidos«), aber wie krumm lässt er die Zeilen werden, bevor er anfängt, sie gerade zu machen? Diese Frage wird unsere Überlegungen zu Jahwe Elohim und Allah in der Geschichte Josephs leiten.

Ein paar berühmte Verse aus Shakespeares *Hamlet* benennen die gleiche Sache wie das spanische Sprichwort und werfen die gleiche Frage auf:

Laßt uns einsehn,
Daß Unbesonnenheit uns manchmal dient,
Wenn tiefe Pläne scheitern, und das lehr uns,
Daß eine Gottheit unsre Zwecke formt,
Wie wir sie auch entwerfen. (*Hamlet* 5. Akt, 2. Szene, V. 8–11)

Um mit Shakespeare zu sprechen: Wie »grob« können wir unsere Zwecke »behauen« (im Englischen ist von »rough-hew ends« die Rede), bevor die Gottheit sie formt? An dieser Stelle der Tragödie hat der mordlustige und machtbesessene Dänenkönig Claudius seinen Neffen, Prinz Hamlet, den Sohn von Claudius' vergiftetem Vorgänger auf dem Thron, nach England geschickt. Hamlets Reisebegleiter auf dem Schiff, Rosenkranz und Güldenstern, haben einen Brief von Claudius an den englischen König im Gepäck. Hamlet öffnet dieses Schreiben heimlich und muss feststellen, dass Claudius den englischen König darin bittet, ihn, Hamlet, umzubringen. In entsprechend blumiger diplomatischer Sprache verfasst Hamlet daraufhin einen Ersatzbrief, in dem der König von England angewiesen wird, die Überbringer des Schreibens, Rosenkranz und Güldenstern, hinzurichten. Hamlet legt diesen Brief in genau den Umschlag, den Claudius' vermutlich arglose Erfüllungsgehilfen überbringen sollen, versiegelt ihn, und der englische König tut schließlich, worum er gebeten wurde.

Mit dem Tod von Rosenkranz und Güldenstern ist die Tragödie jedoch noch nicht zu Ende. Hamlets Brief war nur eine der krummen Zeilen, und in der Schlussszene des Stücks wird auch er sterben. Aber ist sein Tod wirklich der endgültige Schluss des Dramas? Was erwartet ihn nach dem Tod? »Das unentdeckte Land, von des Bezirk / Kein Wandrer wiederkehrt«, an das er so fest glaubt? Wo hört die Gottheit, die »unsre Zwecke formt«, mit ihrem Tun auf? Die letzten Worte des sterbenden Hamlet lauten: »Der Rest ist Schweigen.«

In der biblischen Sage ist nach der Ausweisung von Hagar und Ismael von dem Jungen kaum noch und von seiner Mutter gar nicht mehr die Rede. Die Erzählung geht mit Isaak weiter, der zwei Söhne hat, von denen einer, Jakob, den Beinamen Israel erhält. Jakob/Israel zeugt dann zwölf Söhne mit zwei Ehefrauen und ihren jeweiligen Sklavinnen, die er zu Konkubinen macht: Diese zwölf sollen die namengebenden Patriarchen der zukünftigen zwölf Stämme Israels sein. Unter diesen ist, sieht man vom Knirps Benjamin einmal ab, Jakob der siebzehn Jahre alte Joseph am liebsten – ihn hat seine Lieblingsfrau Rahel zur Welt gebracht –, lieber jedenfalls als die zehn anderen, die von den Konkubinen und der weniger geliebten Frau Lea geboren wurden.

> Und Israel liebte Josef mehr als all seine Söhne, weil er der Sohn
> seines Alters war; und er machte ihm einen bunten Leibrock. Als
> aber seine Brüder sahen, dass ihr Vater ihn mehr liebte als alle
> seine Brüder; da hassten sie ihn und konnten ihn nicht mehr
> grüßen. (Gen 37,3–4)

Die erbitterte Rivalität zwischen den Ehefrauen, die nun auf ihre jeweiligen Söhne übertragen wird, bildet den Kontext für eine »grob be-
hauene« Unüberlegtheit des jungen Joseph, welche die Handlung in
Gang setzt.

> Und Josef hatte einen Traum, den erzählte er seinen Brüdern;
> da hassten sie ihn noch mehr. Und er sagte zu ihnen: Hört doch
> diesen Traum, den ich gehabt habe: Siehe, wir banden Garben
> mitten auf dem Feld, und siehe, meine Garbe richtete sich auf
> und blieb auch aufrecht stehen; und siehe, eure Garben stellten
> sich ringsum auf und verneigten sich vor meiner Garbe. Da sag-
> ten seine Brüder zu ihm: Willst du etwa König über uns werden,
> willst du gar über uns herrschen? Und sie hassten ihn noch mehr
> wegen seiner Träume und wegen seiner Reden. Und er hatte noch
> einen anderen Traum, auch den erzählte er seinen Brüdern und
> sagte: Siehe, noch einen Traum hatte ich, und siehe, die Sonne
> und der Mond und elf Sterne beugten sich vor mir nieder. Und er
> erzählte es seinem Vater und seinen Brüdern. Da schalt ihn sein
> Vater und sagte zu ihm: Was ist das für ein Traum, den du gehabt
> hast? Sollen wir etwa kommen, ich und deine Mutter und deine
> Brüder, um uns vor dir zur Erde niederzubeugen? Und seine
> Brüder waren eifersüchtig auf ihn; aber sein Vater bewahrte das
> Wort. (Gen 37,5–11)

Sowohl in der Bibel als auch im Koran spricht Gott mitunter durch
Träume zu den Menschen, aber nicht nur die Reaktion der Brüder, sondern auch die Jakobs machen deutlich, dass sie glauben, dieser Traum
entspringe einzig und allein der Fantasie eines eingebildeten Jünglings.
Eine schwere Sünde? Wohl kaum. Eher die Unbesonnenheit eines Jungen, die lediglich den alten Jakob ins Grübeln bringt.

Diese Unüberlegtheit stellt für die Brüder jedoch einen Affront dar,
der das Fass endgültig zum Überlaufen bringt. Als die Brüder mit den

Herden des Vaters draußen auf den Weiden sind, weit entfernt vom Zelt, sehen sie, wie Joseph herbeikommt, und werden urplötzlich von einem mörderischen Impuls erfasst:

> Und sie sagten einer zum andern: Siehe, da kommt dieser Träumer! So kommt nun und lasst uns ihn erschlagen und ihn in eine der Zisternen werfen, und wir wollen sagen: Ein böses Tier hat ihn gefressen! Dann werden wir sehen, was aus seinen Träumen wird. (Gen 37,19–20)

Ruben, der älteste der Brüder, überzeugt sie davon, Joseph in eine ausgetrocknete Zisterne zu werfen, aber nicht sofort zu töten. Nachdem sie Joseph für den Augenblick losgeworden sind, setzen sie sich hin, um zu essen. Doch zufällig kommt eine Karawane von Ismaelitern (Arabern) vorbei, und Juda sagt zu seinen Brüdern:

> Was für ein Gewinn ist es, dass wir unseren Bruder erschlagen und sein Blut zudecken? Kommt, lasst uns ihn an die Ismaeliter verkaufen; aber unsere Hand sei nicht an ihm, denn unser Bruder, unser Fleisch ist er! Und seine Brüder hörten darauf.
> (Gen 37,26–27)

In Ägypten verkaufen die Händler Joseph an Potifar, »einen Kämmerer des Pharao, den Obersten der Leibwächter« (Gen 37,36). Zuhause stürzen die Brüder Jakob in viele Tage der Trauer, indem sie Josephs Leibrock in Ziegenblut tränken, was den alten Mann glauben lässt, sein Lieblingssohn sei tot, verschleppt und gefressen von einem wilden Tier.

Bis dahin hat der anonyme Erzähler der biblischen Geschichte die Geschichte Josephs nicht als in irgendeiner Weise exemplarisch kenntlich gemacht, und er hat Jahwe Elohim darin keinerlei sprechende Rolle zugewiesen und Ihn auch in keinster Weise eingreifen lassen. Die Handlung scheint nur durch eines vorangetrieben zu werden, nämlich menschliches Handeln, so unüberlegt oder impulsiv, so verständlich oder unverzeihlich es auch sein mag.

Einen ganz anderen Charakter bekommt die Geschichte, wenn Allah sie im Koran erzählt:

Damals, als Joseph zu seinem Vater sprach:
»Mein Vater! Siehe, ich sah elf Sterne, die Sonne
    und den Mond –
ich sah, wie sie sich vor mir niederwarfen.«
Da sprach er: »Mein Sohn!
Erzähl dein Traumgesicht nicht deinen Brüdern,
sonst ersinnen sie gegen dich eine List!
Siehe, der Satan ist dem Menschen ein klarer Feind.
Denn ebenso wird dich dein Herr erwählen,
wird dich das Deuten von Geschichten lehren
und an dir und Jakobs Haus vollenden seine Gnade,
wie er sie früher schon vollendete an deinen Vätern
    Abraham und Isaak.
Siehe, dein Herr ist wissend, weise.«
In Joseph und seinen Brüdern liegen Zeichen für die Fragenden.
Damals, als sie sprachen:
»Wahrlich, Joseph und sein Bruder sind unserem Vater lieber
    als wir,
wo wir doch eine Schar sind!
Siehe, unser Vater ist in klarem Irrtum.
So tötet Joseph oder treibt ihn aus dem Lande,
damit das Antlitz eures Vaters auf euch allein sich richtet
und ihr hernach rechtschaffene Leute seid!«
Einer von ihnen sprach: »Tötet Joseph nicht!
Werft ihn hinunter auf den Grund des Brunnens,
damit ihn jemand von der Karawane mit sich nehme –
wenn ihr es tun wollt!«

Sie sprachen: »Vater!

Was ist mit dir, dass du uns Joseph nicht anvertraust?

Wir sind ihm wirklich zugetan!

Schick ihn morgen mit uns hinaus,

damit er sich vergnüge und spiele!

Wir werden ihn gewiss in unsere Obhut nehmen.«

Er sprach: »Es betrübt mich wirklich,

dass ihr ihn mit euch nehmen wollt.

Ich fürchte, dass ihn ein Wolf frisst,

wenn ihr nicht auf ihn achtgebt.«

Sie sprachen: »Wenn ihn ein Wolf frisst,

wo wir doch eine Schar sind,

siehe, dann wären wir wahrlich Verlierer!«

Als sie nun mit ihm fortgegangen und übereingekommen waren,

ihn auf den Grund des Brunnens hinabzutun,

da gaben wir ihm ein:

»Gewiss wirst du ihnen diese ihre Tat dereinst verkünden,

ohne dass sie es merken.« (Sure 12,4–15)

In der biblischen Erzählung gibt es einerseits den göttlichen Akteur und andererseits die menschlichen Akteure. In der koranischen Erzählung haben wir den göttlichen Akteur und die menschlichen Akteure und darüber hinaus den dämonischen Akteur: Aus einem Zweipersonenstück wird ein Dreipersonenstück, in dem Satan über die gottgleiche Macht verfügt, in den Geist der Menschen einzudringen, ihn zu beeinflussen und den Gang der Ereignisse zu manipulieren. So wie der biblische Erzähler die Geschichte erzählt, erklärt sich der Neid der Brüder von selbst. So wie Allah sie erzählt, hat Satan sein Möglichstes getan, um die Brüder zur Sünde zu verführen.

Der biblische Erzähler möchte uns glauben machen, dass Jakob Joseph zu seinen Brüdern aufs Feld schickte, ohne dass er ahnte, dass er seinen Lieblingssohn damit in Gefahr brachte. Allah, der Jakob als einen seiner Propheten ehrt, erzählt uns eine andere Geschichte. In seiner Darstellung ist sich Jakob der Böswilligkeit der Brüder sehr wohl bewusst, denn er warnt Joseph im Voraus, sich vor den zehn in Acht zu nehmen und ihnen nichts von dem Traum zu erzählen, den Joseph seinem Vater anvertraut hat. Was den Traum selbst angeht, so korrigiert Allah erneut die Bibel: Jakob ist dadurch nicht brüskiert, sondern lediglich in Sorge, dass Satan und die Brüder – beide werden im gleichen Atemzug genannt – ihn gegen Joseph verwenden werden.

Jakob sagt anschließend voraus, dass auch Joseph ein Prophet werden wird: »Denn ebenso wird dich dein Herr erwählen, wird dich das Deuten von Geschichten lehren.« Überdies weist Allah darauf hin, dass er mit der Art und Weise, in der er die Ereignisse der Josephsgeschichte lenkt, vor allem ein Ziel hat, nämlich »Zeichen für die Fragenden« zu geben. Was Josef durch seine Brüder zustößt, geschieht mit anderen Worten, *damit* ihre Geschichte letztlich Teil des Korans sein kann.

Die biblische Josephsgeschichte ist eine Tour de Force hebräischer Erzählkunst, eines der subtilsten und elegantesten Erzählstücke in der gesamten Bibel. Verrat und Täuschung, bei denen der anonyme, allwissende Erzähler und wir, die Leser, die Wahrheit kennen, während der eine oder andere der menschlichen Akteure in der Geschichte – Jakob oder Joseph oder später Juda – sie nicht kennt, tragen wesentlich zu ihrer Eindringlichkeit bei. Wenn wir immer wieder darauf warten, dass der eine oder andere Akteur erfährt, was wir bereits wissen, steigert das die Spannung, lässt sie wieder abfallen, steigert sie wieder, lässt sie wieder abfallen und so weiter.

Aber wo ist bei all dieser Spannung Jahwe Elohim? Joseph – von seinen Brüdern verraten, am Grund einer Grube gefangen, ängstlich darauf wartend, was ihm wohl blüht – ist ein Mann, dessen Notlage scheinbar nach der Art von Gebet ruft, die wir so oft in den Psalmen hören, wo die Grube mitunter ein eindringliches Symbol für menschliche Verzweiflung und göttliche Verspätung ist.

Ein Beispiel dafür ist Psalm 69, in dem es heißt:

Denn deinetwegen trage ich Hohn, hat Schande bedeckt
   mein Gesicht.
Entfremdet bin ich meinen Brüdern und ein Fremder geworden
   den Söhnen meiner Mutter.
Denn der Eifer um dein Haus hat mich verzehrt, und die
   Schmähungen derer, die dich schmähen, sind auf mich
   gefallen. (…)
Ziehe mich heraus aus dem Schlamm, dass ich nicht versinke!
   Lass mich gerettet werden von denen, die mich hassen,
   und aus den Wassertiefen!
Lass die Flut des Wassers mich nicht fortschwemmen und die
   Tiefe mich nicht verschlingen; und lass die Grube ihren Mund
   nicht über mir verschließen! (Psalm 69,8–10, 15–16)

Eindrucksvolle Verse, doch im Buch Genesis mag Joseph von Angst
»verzehrt« werden, nicht aber von »Eifer« um Jahwes Haus. Er hat bislang noch keinerlei Empfinden göttlicher Erwähltheit oder Berufung
gezeigt. Der Leser fragt sich, ob Joseph Jahwe Elohim flehentlich darum
bitten wird, ihn zu retten, aber auch, ob Jahwe Elohim darauf reagieren
wird. Da diese im Hintergrund lauernden Fragen unbeantwortet bleiben, hebt hinter den vordergründigeren Elementen erzählerischer
Spannung ein Rauschen theologischer Spannung an.

   Nun geht es Allah im Koran überhaupt nicht um Spannung. Joseph,
dem Jakob bereits eine deutlich spannungslindernde Ahnung von dem,
was ihm bevorsteht, vermittelt hat, wird von Allah selbst aufgesucht,
während er noch immer in der Grube ist und bevor er überhaupt in die
Sklaverei nach Ägypten verkauft wurde. Allah erklärt ihm beruhigend:
»Gewiss wirst du ihnen diese ihre Tat dereinst verkünden, ohne dass sie
es merken.« (Sure 12,15) Im Grunde teilt Allah Joseph mit: Zu ihrer
großen Überraschung wirst du das letzte Wort haben. Im weiteren Verlauf der biblischen Geschichte erwähnt der anonyme Erzähler erstmals
Jahwe, und das sogar recht eindringlich:

Und Josef war nach Ägypten hinabgeführt worden. Und Potifar, ein Kämmerer des Pharao, der Oberste der Leibwächter, ein Ägypter, kaufte ihn aus der Hand der Ismaeliter, die ihn dorthin hinabgeführt hatten. Der HERR aber war mit Josef, und er war ein Mann, dem alles gelang; und er blieb im Haus seines ägyptischen Herrn. Als nun sein Herr sah, dass der HERR mit ihm war und dass der HERR alles, was er tat, in seiner Hand gelingen ließ, da fand Josef Gunst in seinen Augen, und er bediente ihn persönlich. Und er bestellte ihn über sein Haus, und alles, was er besaß, gab er in seine Hand. Und es geschah, seitdem er ihn über sein Haus bestellt hatte und über alles, was er besaß, da segnete der HERR das Haus des Ägypters um Josefs willen; und der Segen des HERRN war auf allem, was er hatte, im Haus und auf dem Feld. Und er überließ alles, was er hatte, der Hand Josefs und kümmerte sich bei ihm um gar nichts, außer um das Brot, das er aß. (Gen 39,1–6)

HERR, HERR, HERR, HERR, HERR – fünf Erwähnungen Jahwes innerhalb von nur sechs kurzen Versen. Aber weiß Joseph an dieser Stelle all das, was der allwissende biblische Erzähler weiß? Und worauf will der Erzähler hinaus mit den Worten »Als nun sein Herr sah, dass der HERR mit ihm war und dass der HERR alles, was er tat, in seiner Hand gelingen ließ«? Selbst im Rahmen einer Erzählung, in der Wunder geschehen und Gott immer wieder spricht, können wir durchaus fragen, was Potiphar tatsächlich gesehen hat. Sah er den Gott Abrahams, Isaaks und Jakobs in Aktion? Geht es dem Erzähler darum? Oder hat er schlicht einen charismatischen Joseph gesehen, der alle menschlichen Erwartungen übertrifft?

Im Wort *Charisma* – das aus dem Griechischen kommt und wörtlich »Gnadengabe« oder »göttliche Gunst« bedeutet – klingt eine Fähigkeit oder Macht jenseits des Menschlichen an. Wenn wir davon sprechen, jemand sei »begabt« oder gar »begnadet«, dann impliziert das stets, dass es jemanden gibt, der diese Begabung gibt oder diese Gnade verleiht, ganz gleich, ob wir noch danach fragen, wer genau dieser Gebende gewesen sein könnte. Hier ist Jahwe Elohim der Gebende, aber sieht Potiphar mehr als Josephs Begabungen? Im Koran bemerkt Allah:

> So sicherten wir Joseph seinen Platz im Lande,
> auch um das Deuten von Geschichten ihn zu lehren.
> Und Gott obsiegt in dem, was er gebietet,
> doch *die meisten Menschen* haben kein Wissen.
> Und als er volle Manneskraft erlangte,
> verliehen wir ihm Urteilskraft und Wissen.
> Auf diese Weise belohnen wir diejenigen, die Gutes tun.
>   (Sure 12,21–22; Hervorhebung von mir)

Die »meisten Menschen«, darunter auch Potiphar (der im Koran nur als »der aus Ägypten« firmiert), sehen die Auswirkungen göttlicher Gunst, nicht aber die Göttlichkeit selbst. Es fehlen ihnen die Augen, um das Wunder, das sich vor ihnen vollzieht, zu erkennen.

Im weiteren Fortgang der Geschichte erfahren wir, dass Joseph nicht nur über administratives Talent verfügt:

> Josef aber war schön von Gestalt und schön von Aussehen. Und
> es geschah nach diesen Dingen, da warf die Frau seines Herrn
> ihre Augen auf Josef und sagte: Liege bei mir! (Gen 39,6–7)

Joseph weigert sich aus Loyalität gegenüber Potiphar, der ihn so gut behandelt und ihm so vollständig vertraut hat, aber auch wegen Elohim: »Wie sollte ich dieses große Unrecht tun und gegen Gott sündigen?« (Gen 39,9)

Potiphars Frau versucht weiter Tag für Tag, ihn in Versuchung zu führen.

Da geschah es an einem solchen Tag, dass er ins Haus kam, um sein Geschäft zu besorgen, als gerade kein Mensch von den Leuten des Hauses dort im Haus war, da ergriff sie ihn bei seinem Gewand und sagte: Liege bei mir! Er aber ließ sein Gewand in ihrer Hand, floh und lief hinaus. (Gen 39,11–12)

Ein englisches Sprichwort aus dem 17. Jahrhundert lautet: »Hell hath no fury like a woman scorned«, das man etwas frei als »Schlimmer als Höllenglut brennt verschmähter Frauen Wut« übersetzen könnte. Als Potiphar nach Hause kommt, beklagt sich seine Frau (die in der Bibel namenlos bleibt) bitterlich über Joseph, er habe versucht, ihr Gewalt anzutun. Als Beweisstück zeigt sie Josephs Gewand. Der erzürnte Potiphar lässt Joseph sogleich in den Kerker werfen, der sich, weil er ja Befehlshaber der Leibwache ist, im Keller unter seinem Wohnhaus befindet.

Allah lässt diese Episode ganz anders enden. Josephs Herr befindet ihn für unschuldig und die eigene Frau für schuldig in einer Verführungsgeschichte, die eine durchaus erotisch angehauchte Verfolgungsszene enthält.

Da trachtete die Frau, in deren Haus er war, ihn zu verführen.
Sie verriegelte die Türen und sprach: »Herbei mit dir!«
Er sprach: »Behüte Gott!
Mein Herr hat ja meine Wohnstatt wohlbereitet.
Siehe, den Frevlern wird es nicht wohlergehen!«
Sie aber trug nach ihm Verlangen,
und auch er hätte sie wohl begehrt,
wäre nicht die Erleuchtung von seinem Herrn gekommen.
So wendeten wir Böses und Abscheuliches von ihm,
denn siehe, er ist einer unserer ergebenen Knechte.
Da liefen beide eilends hin zur Tür,
und sie zerriss sein Hemd von hinten,

und sie trafen an der Tür auf ihren Herrn.

Sie sprach: »Die Vergeltung für den, der den Deinen Böses
   antun wollte,

kann nur Gefängnis sein oder schlimme Pein.«

Er sprach: »Sie war es, die mich zu verführen suchte.«

Und ein Augenzeuge aus ihrem Haus bezeugte:

»Wenn sein Hemd von vorn zerrissen ist,

spricht sie die Wahrheit, und er ist einer von den Lügnern;

doch wenn sein Hemd von hinten zerrissen ist,

hat sie gelogen, und er ist einer, der die Wahrheit spricht.«

Als er nun sah, dass sein Hemd von hinten zerrissen war,
   sprach er:

»Siehe, das ist eins der Ränkespiele von euch Frauen!

Ja, eure Ränkespiele sind gewaltig.

Joseph! Wende dich ab davon!

Und du, Frau, bitte um Verzeihung wegen deiner Schuld!

Denn siehe, du warst eine von den Sündigen!« (Sure 12,23–29)

Allahs Erzählung endet mit dem allzu vertrauten »sie sprach/er
sprach«, aber da die Beweislage für den Mann spricht, richtet sich der
Zorn des Herrn direkt gegen die Frau. Die Darstellung des biblischen
Erzählers hingegen endet abrupt mit ihren Worten (»indem sie sagte«):
Joseph darf nichts erwidern, und Potiphars Zorn richtet sich unmittel-
bar gegen ihn.

Bei den weiteren Unterschieden zwischen diesen beiden Erzählungen (Unterschieden in Details wie dem, dass Joseph in der Bibel sein
Gewand zurücklässt, während im Koran sein Hemd zerrissen ist) ist
vor allem einer bedeutsam: Allah gestattet ganz offen, dass Joseph sich
zu der Frau hingezogen fühlte und bereit war, sie zu »begehren«, auch
wenn er ihre Avancen zurückwies. Dazu sagt der biblische Erzähler
nichts. Im Grunde aber stimmen beide Darstellungen darin überein,
dass Joseph sich den Avancen der Frau sowohl aus Loyalität gegenüber

seinem ägyptischen Herrn wie aus Gehorsam gegenüber Gottes Gesetz widersetzte. Interessanterweise taucht Satan als Akteur in dieser Szene nicht auf, dafür ist Allah aktiv und erklärtermaßen daran beteiligt, denn Er bestärkt Joseph in seiner Tugendhaftigkeit und ist in Nebenbemerkungen zugunsten Mohammeds interpretierend tätig. Jahwe Elohim hingegen ist, soweit wir an dieser Stelle wissen, allenfalls unsichtbar und hinter den Kulissen am Werk.

Das anschließende Kapitel erzählt in beiden Darstellungen von Joseph im Kerker. In der Bibel sitzt Joseph schlicht deshalb hinter Gittern, weil Potiphar ihn dorthin hat bringen lassen. Im Koran ist die Geschichte bemerkenswerterweise ein wenig komplizierter. Nachdem sein Herr Joseph weitgehend entlastet hat, berichtet Allah davon, dass seine Verführerin ihre Sünde zwar eingesteht, Joseph aber einer Ansammlung der »Frauen in der Stadt« vorführt, die ob seiner Schönheit ins Schwärmen geraten: »Gott bewahre, das ist kein Mensch, das ist vielmehr ein edler Engel!« (Sure 12,31) Sie waren so hingerissen, so Allah, dass sie mit dem Messer nicht das Essen zerteilten, das vor ihnen stand, sondern sich die Hände zerschnitten. Das impliziert, dass sie wie so viele rasende Mänaden kurz davor waren, ihrer Begierde massenhaft nachzugeben, und dass Potiphars Frau dazu bereit ist, sie anzuführen.

Sie sprach: »Genau der ist es ja, um dessentwillen ihr mich
   getadelt habt.
Ich wollte ihn verführen, doch er blieb standhaft.
Und wenn er nun nicht tut, was ich ihm befehle,
so wird er eingesperrt und ist dann einer der Erniedrigten.«
   (Sure 12,32)

Angesichts der Tatsache, dass ihm nur die Wahl zwischen Einkerkerung und Zustimmung zu einer Orgie bleibt, erwidert Joseph:

»Herr! Der Kerker ist mir lieber
als das, wozu die Frauen mich bewegen wollen.
Und wenn du ihre Ränkespiele nicht von mir wendest,
dann könnte ich ihnen verfallen und einer von den Toren sein.«
Da erhörte ihn sein Herr und wendete ihre Ränkespiele von
   ihm ab.
Siehe, er ist der Hörende, der Wissende. (Sure 12,33–34)

Sobald die Anzeichen für Josephs gottgegebene Entscheidung unmissverständlich deutlich werden, gehen die Frauen auf Joseph los und lassen ihn einkerkern. Doch das, so scheint es, gehört eindeutig zu Allahs
Plan.

In der Bibel erzählt sich die Geschichte von Joseph scheinbar von
selbst, denn ein Ereignis zieht das nächste nach sich oder provoziert es.
Dass Joseph im Kerker landet, hat seinen Grund darin, dass Potiphar
der falschen Beschuldigung seiner Frau glaubt, was wiederum durch
ihre verhängnisvolle Hingezogenheit zu Joseph versursacht wurde, die
ihrerseits in Josephs Schönheit begründet war, die ihm von Elohim geschenkt worden war. Sobald er im Kerker sitzt, werden die Ereignisse
erneut durch Josephs traumdeuterische Fertigkeiten in Gang gesetzt,
Fertigkeiten, die er vermutlich nicht zum Einsatz hätte bringen müssen,
wenn die Geschehnisse nicht zu seiner Inhaftierung geführt hätten.

Im Koran hat Allah, der göttliche Erzähler, seine Vorstellung von Josephs Zukunft Jakob, seinem Propheten, mitgeteilt, der, wie wir gesehen haben, einen Großteil davon an Joseph weitergegeben hat. Eines
Tages, so hatte Jakob Joseph anvertraut, werde »das Deuten von Geschichten« Allahs großes Geschenk an Joseph sein, und eines Tages
werde auch Josephs entschiedene Aufrichtigkeit allen Fragenden eine
Lehre sein – also denen, so dürfen wir annehmen, die nach Mohammeds Botschaft fragen. Allah erzählt also nicht nur die Geschichte, sondern kontrolliert auch, wie sie sich entfaltet, indem er seinen Gesandten
einen Großteil davon nach eigenem Gutdünken im Voraus offenbart.

Während er im Kerker sitzt, wächst Joseph allmählich in seine Berufung als Allahs Prophet für die polytheistischen Ägypter hinein:

> Mit ihm in den Kerker kamen zwei junge Burschen.
> Der eine sprach: »Ich sehe, wie ich Wein keltere.«
> Der andere sprach: »Ich sehe, wie ich auf meinem Haupt
>   Brot trage,
> von welchem dann die Vögel fressen.
> Verkünde uns, was das bedeutet!
> Wir sehen nämlich, dass du einer derer bist, die sich darauf
>   verstehen.« (Sure 12,36)

Joseph bestätigt das, ja, er besitze die von Allah gegebene Macht, Ereignisse zu deuten, bekundet dann aber, er folge »der Glaubensweise meiner Väter – Abraham, Isaak und Jakob«. Und was ihren Glauben angehe, verkündet er:

> Ihr meine Mitgefangenen!
> Sind mannigfache Herren besser –
> oder nicht doch Gott, der Eine, der Bezwinger?
> Was ihr da neben Gott verehrt, das sind doch nichts als Namen,
> die ihr und eure Väter so benannten;
> Gott sandte keine Vollmacht für sie herab.
> Die Entscheidung liegt allein bei Gott:
> Befohlen hat er, einzig ihm zu dienen:
> Das ist die Religion, die Bestand hat.
> Doch die meisten Menschen haben kein Wissen. (Sure 12,39–40)

Im Kerker gehaltene Predigten – und Josephs Worte an seine Mitgefangenen sind die umfangreichsten, die er in der koranischen Josephsgeschichte von sich gibt – können genauso willkommen und lebensspendend sein wie Wasser in der Wüste oder genauso entmutigend wie der

Blick von einem auf dem Meer treibenden Schiff auf das in immer weitere Ferne rückende Land. Vor Jahrzehnten, als ich in Rom studierte, wohnte ich im großzügigen Tagesraum eines heruntergekommenen Jugendgefängnisses einer Predigt bei. Über dem Priester hing ein riesiges Ölgemälde der Kreuzigung, und darüber war zu lesen: »Gott ist Liebe«. Die Leinwand des Gemäldes war so alt, dass sie schon Falten warf, an denen sich über die Jahre eine dicke Staubschicht festgesetzt hatte. Das helle Licht des Tages strömte durch die vergitterten Fenster oben im Deckengewölbe, weit außerhalb der Reichweite der jungen Männer, die sich darunter zu einem elenden Häuflein versammelt hatten. Einer der Jugendlichen, der etwas sehr Weibliches an sich hatte und von den anderen dafür verspottet wurde, trug den grausamen Spitznamen »Biancaneve«, also Schneewittchen. Die Szenerie hätte deprimierender nicht sein können. Trotzdem besuchte ich viele Jahre später einen amerikanischen Freund, der wegen eines Drogendelikts in einem Gefängnis im Norden Kaliforniens einsaß. Wie erfreut und aufgemuntert war er durch meinen überraschenden Besuch an diesem semi-normalen und doch freudlosen Ort! Ich hatte ihm nichts mitgebracht und konnte ihm überhaupt nicht helfen. Als ich ging, war ich ganz kleinlaut, betrübt und doch froh, dass ich da gewesen war.

Das Gefängnis kann ein Ort entweder brutaler oder zärtlicher Wahrheit sein. Ich denke an die Worte, die König Lear an seine Tochter Cordelia richtet, als sie – beide todgeweiht – in feindliche Gefangenschaft weggebracht werden:

Komm fort! Zum Kerker, fort! –
Da laß uns singen, wie Vögel in dem Käfig.
Bitt'st du um meinen Segen, will ich knie'n
Und dein Verzeihn erflehn; so woll'n wir leben,
Beten und singen, Märchen uns erzählen,
Und über goldne Schmetterlinge lachen.
Wir hören armes Volk vom Hofe plaudern,

Und schwatzen mit: wer da gewinnt, verliert;
Wer in, wer aus der Gunst; und tun so tief
Geheimnisvoll, als wären wir Propheten
Der Gottheit: (*König Lear* 5. Akt, 3. Szene)

Joseph im ägyptischen Kerker ist wie ein Prophet der Gottheit, der seinen beiden Mitgefangenen das Geheimnis der Dinge verrät:

»Ihr meine Mitgefangenen!
Was nun den einen von euch angeht,
so wird er seinem Herrn Wein kredenzen,
doch was den anderen angeht, der wird gekreuzigt werden,
und Vögel werden von seinem Haupte fressen.
Beschlossen ist die Sache, in der ihr mich um Rat befragt.«
Er sprach zu dem, von dem er glaubte, er käme frei:
»Erwähne mich bei deinem Herrn!«
Doch der Satan ließ ihn die Erwähnung bei seinem Herrn
    vergessen.
So blieb er noch im Kerker ein paar Jahre. (Sure 12,41–42)

In der Bibel berichtet der Erzähler von einem eng verwandten Doppeltraum und fügt dabei das Detail hinzu, dass es der oberste Mundschenk des ägyptischen Königs war, der den Weintraum hatte, und der oberste Bäcker des Königs, der den Brottraum hatte. Und die beiden biblischen Träumer wenden sich nicht wegen seiner charismatischen Tugendhaftigkeit an Joseph, wie es das Paar im Koran tut. Die Deutung wird von Joseph selbst in Gang gesetzt, der als eine Art hebräischer Diener der beiden königlichen ägyptischen Kämmerer fungiert:

Als Josef am Morgen zu ihnen kam und sie sah, siehe, da waren
sie traurig. Und er fragte die Kämmerer des Pharao, die mit ihm
im Haus seines Herrn in Gewahrsam waren: Warum sind eure

Gesichter heute so traurig? Da sagten sie zu ihm: Wir haben einen Traum gehabt, aber es gibt keinen, der ihn deute. Da sagte Josef zu ihnen: Sind die Deutungen nicht Gottes Sache? Erzählt mir doch! (Gen 40,6–8)

Die lange Rede, die Allah wiedergibt und in der Joseph die Religion seiner Vorfahren preist und die Religion Ägyptens kleinredet, schrumpft hier auf nur einen Satz zusammen, und dieser Satz ist nichts weiter als eine rhetorische Frage: »Sind die Deutungen nicht Gottes Sache?«

Nachdem er dem Mundschenk eine erste, zufriedenstellende Deutung geliefert hat, fügt der biblische Joseph hinzu:

Aber denke an mich bei dir, wenn es dir gut geht, und erweise doch Treue an mir, und erwähne mich beim Pharao, und bring mich aus diesem Haus heraus! Denn gestohlen bin ich aus dem Land der Hebräer, und auch hier habe ich gar nichts getan, dass sie mich in den Kerker gesetzt haben. (Gen 40,14–15)

Josephs Deutungen werden rasch durch die Ereignisse bestätigt, aber »der Oberste der Mundschenke dachte nicht mehr an Josef und vergaß ihn«. (Gen 40,23) Man kann diese Vergesslichkeit des Mundschenks als Undankbarkeit betrachten, als Gleichgültigkeit oder als verzeihliche menschliche Schwäche – Satan jedenfalls hat, so wie der biblische Erzähler die Geschichte erzählt, nichts damit zu tun. Und noch ein weiteres Detail macht den Unterschied deutlich: In der biblischen Darstellung setzt Joseph an dieser Stelle zu einer ersten Verteidigung seiner Unschuld in Ägypten an und verweist zum ersten Mal auf den herzlosen Verrat seiner Brüder an ihm in Kanaan: »Denn gestohlen bin ich aus dem Land der Hebräer.«

Joseph wird sowohl in der Bibel als auch im Koran aus dem Kerker befreit, als der Pharao einen verstörenden zweifachen Traum hat, den seine Höflinge (in der Bibel seine »Wahrsagepriester« und »Weisen«)

nicht deuten können. Der Mundschenk des Pharaos erinnert sich an Joseph, sucht ihn im Kerker auf und lässt ihn den Traum des Pharaos deuten: Sieben fette Kühe wurden von sieben mageren Kühen verschlungen, anschließend wurden sieben üppige Getreideähren von sieben mageren Ähren verschlungen. Joseph erklärt in der Bibel wie im Koran, dass die Träume sieben üppige Jahre gefolgt von sieben Jahren des Hungers zu bedeuten hätten. In beiden Darstellungen wird Joseph schließlich vom Pharao mit der Befugnis ausgestattet, während der Jahre der Fülle die Speicherung des Getreides für die große Not, die in den Jahren des Hungers kommen wird (und tatsächlich eintritt), zu organisieren.

Im Koran jedoch erzählt Allah Mohammed, dass Joseph sich weigerte, vor den Pharao zu treten, bevor nicht der Pharao die Frauen zur Rechenschaft gezogen hatte, die Joseph beschuldigt hatten, darunter die Frau seines alten Herrn. Erst nachdem sie sich schuldig bekannt und Josephs Unschuld bestätigt haben, ist er bereit, seine Aufgabe als Quartiermeister Ägyptens zu übernehmen, doch selbst jetzt behauptet Joseph nicht, dass seine Keuschheit seine eigene Leistung ist:

Ich spreche meine Seele nicht frei.
Die Seele lenkt ja hin zum Bösen,
nur dann nicht, wenn mein Herr Erbarmen zeigt.
Siehe, mein Herr ist bereit zu vergeben, barmherzig. (Sure 12,53)

Nachdem Joseph in dieses hohe Amt befördert wurde, fasst Allah die Geschichte bis zu diesem Punkt kommentierend folgendermaßen zusammen:

So sicherten wir Joseph seinen Platz im Land,
er ließ sich darin nieder, wo immer er nur wollte.
Mit unserem Erbarmen bedenken wir nur, wen wir wollen,
und lassen den Lohn derer, die Gutes tun, nicht verlorengehen.

Wahrlich: Der Lohn des Jenseits ist besser
für alle, welche glauben und gottesfürchtig sind. (Sure 12,56–57)

Wie in der Geschichte von Adam und Eva kommt das »Jenseits« in einem Schlüsselmoment der koranischen Josephsgeschichte ins Spiel; in der Bibel hingegen taucht es überhaupt nicht auf.

Die zweite Hälfte der Josephsgeschichte im Koran, die letzten zwei Drittel in der Bibel erzählen die Geschichte von Joseph, seinen Brüdern (zu denen jetzt auch Benjamin gehört) und ihrem Vater, die sich schließlich alle in Ägypten einfinden. Jede der beiden Darstellungen erreicht, auf ihre je eigene Art, einen bewegenden, emotionalen Höhepunkt, und dabei wird jeweils deutlich, wie unterschiedlich die beiden Schriften Jahwe Elohim beziehungsweise Allah charakterisieren.

In der biblischen Darstellung treibt der Hunger im biblischen »Land der Hebräer« die zehn älteren Brüder nach Ägypten, weil sie hier auf Getreide hoffen. Sie lassen lediglich den betagten Jakob und seinen jüngsten Sohn, Benjamin, zurück, der nun ein junger Mann und in etwa so alt ist, wie Joseph es war, als seine Brüder ihn an die arabischen Händler verkauften. In Ägypten angekommen, begegnen die zehn Joseph, erkennen ihn aber nicht, weil er nun Ägyptisch spricht und als Pharaos allmächtiger Vizekönig gekleidet ist. Der allwissende biblische Erzähler und wir, seine Leser, wissen, dass Joseph, ohne dass seine Brüder es merken, jedes Wort versteht, das sie untereinander auf Hebräisch wechseln.

Joseph tut so, als sei er ihnen feindselig gesinnt, er wirft ihnen vor, sie seien Spione, und lässt sie für drei Tage in Gewahrsam nehmen. Am dritten Tag jedoch bietet er ihnen einen Deal an: Er wird ihnen Getreide geben, aber Simon als Geisel behalten. Wenn die anderen neun zurückkehren und ihm ihren jüngsten Bruder – Benjamin, den einzigen vollen Bruder Josephs – mitbringen, wird er dies als Beweis dafür ansehen, dass sie ehrliche Händler und keine Spione sind. Dann, so sagt er, werde er sowohl Simon freilassen als auch ihnen eine zweite Karawane mit

Lebensmitteln zur Verfügung stellen. Sie akzeptieren diesen Deal und sagen einer zum anderen (doch so, dass Joseph es hören kann):

> Fürwahr, wir sind schuldbeladen wegen unseres Bruders, dessen Seelenangst wir sahen, als er uns um Gnade anflehte, wir aber nicht hörten. Darum ist diese Not über uns gekommen.
> (Gen 42,21)

Hier ist zum ersten Mal in der Bibel die Rede davon, dass Joseph damals in seiner elenden Lage seine Brüder tatsächlich flehentlich darum bat, ihn nicht zu töten oder in die Sklaverei zu verkaufen. Er wusste, dass sie ihn hassten, aber bis zu diesem Augenblick hätte er nie vermutet, wie sehr das der Fall war. Nun, da er hört, wie sie sich an ihr Vergehen erinnern, »wandte [er] sich von ihnen ab und weinte«. (Gen 42,24) Er kehrt erst zu ihnen zurück, nachdem er sich wieder gefasst hat.

Anschließend befiehlt Joseph, dass ihre Maultiere mit Lebensmitteln beladen werden, und lässt das Geld, das sie ihm dafür gezahlt haben, heimlich wieder in die Satteltaschen stecken. Sie sind verunsichert, als sie das bemerken: Wird es später gegen sie verwendet werden? Doch sie setzen ihre Heimreise fort, und anschließend kommt es zwischen ihnen und ihrem Vater Jakob wegen Josephs Forderung nach Benjamin zu quälenden Wortwechseln: »Ihr Vater Jakob aber sagte zu ihnen: Ihr habt mich der Kinder beraubt: Josef ist nicht mehr, und Simeon ist nicht mehr; und Benjamin wollt ihr wegnehmen! Das alles kommt über mich!« (Gen 42,36)

Als erster versucht Ruben einen Ausweg aus dieser verfahrenen Situation zu finden, doch vergeblich:

> Meine beiden Söhne darfst du töten, wenn ich ihn dir nicht wiederbringe. Gib ihn in meine Hand, und ich werde ihn zu dir zurückbringen. Er aber sagte: Mein Sohn zieht nicht mit euch hinab; denn sein Bruder ist tot, und er allein ist übrig geblieben.

Begegnete ihm ein Unfall auf dem Weg, auf dem ihr zieht, so würdet ihr mein graues Haar mit Kummer in den Scheol hinabbringen. (Gen 42,37–38)

Scheol ist die semitische Unterwelt – keine Hölle der Bestrafung und schon gar kein Himmel der Belohnung, sondern ein Bereich von lediglich geisterhafter Machtlosigkeit, ein Nichtsein kurz vor dem Nichts. In einfachere Sprache übersetzt, sagt Jakob schlicht: »Wenn Benjamin etwas zustößt, wird mich das umbringen.«

Derweil jedoch wird das Land von einer schlimmen Hungersnot heimgesucht, die Lage wird immer aussichtsloser. Schließlich unternimmt Juda einen letzten Versuch:

Schicke den Jungen mit mir, so wollen wir uns aufmachen und hinziehen, dass wir leben und nicht sterben, sowohl wir als du als auch unsere Kinder. Ich will Bürge für ihn sein, von meiner Hand sollst du ihn fordern; wenn ich ihn nicht zu dir bringe und ihn vor dein Gesicht stelle, will ich alle Tage vor dir schuldig sein. (Gen 43,8–9)

Dem beugt sich Jakob erschöpft: »Und Gott, der Allmächtige, gebe euch Barmherzigkeit vor dem Mann, dass er euch euren andern Bruder [Simeon] und Benjamin wieder mit zurückschicke. Und ich, wie ich die Kinder verlieren soll, muss ich die Kinder verlieren.« (Gen 43,14)

Und so ziehen die elf wieder gen Ägypten; Joseph empfängt sie gastfreundlicher als beim ersten Mal; und als ihm Benjamin vorgestellt wird, wird er erneut von Gefühlen übermannt und sagt: »Gott sei dir gnädig, mein Sohn!« (Gen 43,29) Joseph ist doppelt so alt wie Benjamin, er könnte schon sein Vater sein. Wie beim vorangegangenen Besuch befiehlt er, dass die Maultiere seiner Brüder mit Getreide beladen werden und dass den Brüdern ihr Geld erneut heimlich zurückgegeben wird. Dieses Mal wird zudem sein eigener silberner Kelch in Benjamins

Satteltaschen versteckt. Als sich die Brüder schon auf dem Heimweg befinden, hält Josephs Bediensteter (»der, der über sein Haus war«) sie an und verlangt nach einer Durchsuchung, dass Benjamin, der offenkundige Dieb, als Gefangener nach Ägypten zurückkehrt.

An dieser Stelle unterwirft sich Juda Josephs Gnade, mit extrem devoten Worten, aber höchst wirkungsvoll, als er – unbeabsichtigt, denn natürlich merkt er nicht, dass er zu Joseph spricht – etwas sagt, das Joseph emotional aufs Äußerste berührt:

> Da sagte dein Knecht, mein Vater, zu uns: »Ihr wisst, dass meine Frau mir zwei geboren hat. Der eine ist von mir weggegangen, und ich sagte: Fürwahr, er ist wirklich zerrissen worden; und ich habe ihn bis jetzt nicht mehr wiedergesehen. Und nehmt ihr auch den von mir weg und es begegnet ihm ein Unfall, dann bringt ihr mein graues Haar mit Unglück in den Scheol hinab.« Und nun, wenn ich zu deinem Knecht, meinem Vater, käme und der Junge wäre nicht bei uns – hängt doch seine Seele an dessen Seele –, dann würde es geschehen, dass er stirbt, wenn er sähe, dass der Junge nicht da ist. Dann hätten deine Knechte das graue Haar deines Knechtes, unseres Vaters, mit Kummer in den Scheol hinabgebracht. (…) Und nun, lass doch deinen Knecht anstelle des Jungen hier bleiben als Knecht meines Herrn, der Junge aber ziehe hinauf mit seinen Brüdern! Denn wie könnte ich zu meinem Vater hinaufziehen, ohne dass der Junge bei mir ist? – Dass ich nicht das Unglück mit ansehen muss, das meinen Vater dann trifft. (Gen 44,27–31, 33–34)

In der klassischen Philologie bezeichnet der Begriff der Anagnorisis den Moment des Erkennens, den (Höhe-)Punkt, an dem bislang verborgene Beziehungen oder ihre zuvor unbekannte Bedeutung offenbar werden. Das Paradebeispiel einer Anagnorisis ist vielleicht der Augenblick in Sophokles' Tragödie *König Ödipus*, da Ödipus erkennt, dass Jokaste, seine Frau, zugleich seine Mutter ist und dass er nicht nur ihren Mann, sondern seinen eigenen Vater getötet hat. Mit einem Schlag ändert sich für alle Beteiligten alles.

Hier wird Joseph von Gefühlsaufwallungen erfasst, die er nicht mehr verbergen kann, als er zum ersten Mal hört, was man Jakob vor so vielen Jahren über sein Verschwinden erzählt hat und wie sehr Jakob Josephs kleinen Bruder Benjamin liebt, den ihre Mutter Rahel spät gebar, die bei der Geburt starb an einem finsteren Tag, an den sich Joseph mit Sicherheit erinnert.

> Da konnte Josef sich nicht mehr bezwingen vor all denen, die um ihn her standen, und er rief: Lasst jedermann von mir hinausgehen! So stand niemand bei ihm, als Josef sich seinen Brüdern zu erkennen gab. Und er erhob seine Stimme mit Weinen, dass die Ägypter es hörten, und auch das Haus des Pharao hörte es.
> (Gen 45,1–2)

Dann kommt es zur echten *Anagnorisis*:

> Da sagte Josef zu seinen Brüdern: Tretet doch zu mir heran! Und sie traten heran. Und er sagte: Ich bin Josef, euer Bruder, den ihr nach Ägypten verkauft habt. Und nun seid nicht bekümmert, und werdet nicht zornig auf euch selbst, dass ihr mich hierher verkauft habt! Denn zur Erhaltung des Lebens hat Gott mich vor euch hergesandt. Denn schon zwei Jahre ist die Hungersnot im Land, und es dauert noch fünf Jahre, dass es kein Pflügen und Ernten gibt. Doch Gott hat mich vor euch hergesandt, um euch einen Rest zu setzen auf Erden und euch am Leben zu erhalten für eine große Rettung. Und nun, nicht ihr habt mich hierher gesandt, sondern Gott; und er hat mich zum Vater des Pharao gemacht und zum Herrn seines ganzen Hauses und zum Herrscher über das ganze Land Ägypten. (Gen 45,4–8)

Dios escribe derecho con renglones torcidos. Am Ende entspricht Josephs Deutung dessen, was geschah, genau der Interpretation Allahs. Elohim war die ganze Zeit verantwortlich. »(…) nicht ihr habt mich hierher gesandt, sondern Gott.« Doch der biblische Erzähler ist noch nicht fertig mit seiner Geschichte, und Joseph muss seine Deutung noch einmal bekräftigen.

Als sich die elf Brüder mit ihrem Vater im Gepäck Ägypten nähern, schickt Jakob Juda voraus, um Joseph über die bevorstehende Ankunft zu informieren, und an dieser Stelle der Geschichte beginnt der Erzähler damit, Jakob bewusst »Israel« zu nennen – er verwendet damit den Beinamen, den ihm ein geheimnisvoller nächtlicher Besucher ein paar Jahre zuvor gab, ein Fremder, mit dem er, Jakob, gerungen hatte, ohne dass einer von beiden die Oberhand behalten hätte:

> Und er [Israel] sandte Juda vor sich her zu Josef, dass er vor ihm her Weisung gebe nach Goschen. Und sie kamen in das Land Goschen. Da spannte Josef seinen Wagen an und zog hinauf, seinem Vater Israel entgegen nach Goschen; und als er vor ihm erschien, fiel er ihm um den Hals und weinte lange an seinem Hals. Und Israel sagte zu Josef: Nun kann ich sterben, nachdem ich dein Gesicht gesehen habe, dass du noch lebst!
> (Gen 46,28–30)

Dort in Goschen lässt sich der Patriarch Israel mit seinem Volk nieder, er adoptiert die beiden Söhne Josephs als eigene Kinder und erteilt jedem seiner Söhne kurz vor seinem Tod einen langen, poetischen Segen, der wie eine musikalische Reprise funktioniert. Doch wird sich, sobald Jakob/Israel tot ist, Joseph dann endgültig gegen seine Brüder wenden?

> Und als Josefs Brüder sahen, dass ihr Vater gestorben war, sagten sie: Wenn nun Josef uns anfeindet und uns gar all das Böse vergilt, das wir ihm angetan haben! So entboten sie dem Josef und

ließen sagen: Dein Vater hat vor seinem Tod befohlen und gesagt: »So sollt ihr zu Josef sagen: Ach, vergib doch das Verbrechen deiner Brüder und ihre Sünde, dass sie dir Böses angetan haben!« Und nun vergib doch das Verbrechen der Knechte des Gottes deines Vaters! Da weinte Josef, als sie zu ihm redeten. Und auch seine Brüder gingen und fielen vor ihm nieder und sagten: Siehe, da hast du uns als Knechte. Josef aber sagte zu ihnen: Fürchtet euch nicht! Bin ich etwa an Gottes Stelle? Ihr zwar, ihr hattet Böses gegen mich beabsichtigt; Gott aber hatte beabsichtigt, es zum Guten zu wenden, damit er tue, wie es an diesem Tag ist, ein großes Volk am Leben zu erhalten. Und nun, fürchtet euch nicht! Ich werde euch und eure Kinder versorgen. So tröstete er sie und redete zu ihrem Herzen. (Gen 50,15–21)

Der biblische Erzähler ist nicht der einzige Verfasser von fiktionaler Kunst, der eine emotional eindringliche Geschichte zu einem scheinbaren Ende bringt, nur um urplötzlich wieder und noch einmal Spannung aufzubauen, ehe er wirklich zum Schluss kommt. Ich denke hier an die ausgedehnten, mitunter explosiven Codas, mit denen einige von Beethovens Klaviersonaten enden. In Allahs Erzählung hingegen erfolgt die *Anagnorisis* deutlich unspektakulärer und schlichter als in der Bibel. Allah hält sich nicht mit einer Folge tränenreicher Szenen zwischen Joseph, seinem Vater und seinen Brüdern auf. Den Schwerpunkt in der ägyptischen Geschichte, wie er sie erzählt, bildet nicht die Tatsache, dass die Brüder Joseph so lange nicht erkennen. Josephs Fähigkeit, die Brüder zu belauschen und zu verstehen, wenn sie Hebräisch sprechen, spielt hier überhaupt keine Rolle.

Im Koran ist Jakob zudem blind, was er in der Bibel nicht ist. Joseph, der davon weiß, befiehlt seinen Brüdern, als sie das erste Mal nach Hause zurückkehren, ein Hemd von ihm mitzunehmen, und ist zuversichtlich, dass sein Vater Josephs Geruch darauf erkennen wird. So ist es denn auch, Jakob kann urplötzlich wieder sehen, und an *dieser* hochemotionalen Stelle brechen die Brüder zusammen und gestehen, viel früher und viel bereitwilliger, als sie das in der Bibel tun, wo zunächst nur Benjamin auf Josephs Tränen dadurch reagiert, dass er selbst zu weinen beginnt. Die Brüder flehen:

Sie sprachen: »Vater!
Bitte für uns um Vergebung wegen unserer Missetaten!
Siehe, wir waren Sünder.«
Er sprach: »Ich werde meinen Herrn für euch um Vergebung
    bitten.
Siehe, er ist der Vergebungsbereite, Barmherzige.«
    (Sure 12,97–98)

In einem Gedicht, das von einer koranischen Korrektur der Bibel inspiriert ist, macht der bedeutende persische Dichter Dschalal al-Din Rumi das Wunder, dass der Duft von Joseph in der Nase Jakobs Letzterem die Sehkraft zurückgibt, zu einer Metapher für den mystischen Zauber des Göttlichen in der menschlichen Seele:

Wenn jemand dich nach *Huris* [Jungfrauen im Paradies] fragt,
    zeig dein Gesicht und sag »Genau so«.
Wenn jemand vom Mond spricht, geh auf über dem Dachfirst
    und sag »Genau so«.
Wenn jemand nach einer Märchenprinzessin sucht, zeig ihnen
    dein Gesicht.
Wenn jemand von Moschus spricht, löse dein geflochtenes Haar
    und sag »Genau so«.
Wenn jemand dich fragt: »Wie lösen sich Wolken von Mond?«
Öffne dein Gewand, Knopf für Knopf, und sag »Genau so«.
Wenn jemand fragt: »Wie konnte der Messias die Toten zum
    Leben erwecken?«
Küsse vor ihm meine Lippen und sag »Genau so«.

Wenn jemand sagt: »Was heißt es, wenn die Liebe einen
    umbringt?«
Zeig ihm meine Seele und sag »Genau so«.
Wenn jemand sorgenvoll nach meinem Zustand fragt,
Zeig ihm deine Augenbraue, doppelt gekrümmt, und sag
    »Genau so«.
Der Geist trennt sich vom Körper und beseelt ihn dann wieder.
Komm, zeig es den Leugnern, tritt ein in das Haus und sag
    »Genau so«.
Worüber auch immer ein Liebender sich beklagt,
Das ist meine Geschichte, die ganze, bei Gott genau so.
Ich bin das Haus jedes Engels, meine Brust ist jetzt blau
    wie der Himmel –
Heb deinen Blick und schau mit Freude gen Himmel, genau so.
Das Geheimnis von der Vereinigung mit dem Freund hab ich
    allein dem Ostwind erzählt.
Durch die Reinheit seines eigenen Geheimnisses flüsterte dann
    der Ostwind »Genau so«.
Blind sind die, die sagen: »Wie kann der Knecht zu Gott
    gelangen?«
Gib jedem die Kerze der Reinheit in die Hand und sag
    »Genau so«.
Ich sagte: »Wie kann der Duft des Joseph von Stadt zu Stadt
    wandern?«
Der Duft Gottes schwebte von seinem Wesen hernieder und
    sagte »Genau so«.
Ich sagte: »Wie kann der Duft des Joseph einem Blinden das
    Augenlicht zurückgeben?«
Dein Hauch kam und ließ meine Augen erstrahlen –
    »Genau so.«[1]

Als die Brüder zum zweiten Mal nach Ägypten kommen, haben sie Jakob und dessen Frau, Josephs Mutter, dabei (die im Koran, anders als in der Bibel, noch nicht gestorben ist). Das alte Paar wirft sich vor Joseph nieder (eine – in der Bibel ausgelassene – Erfüllung von Josephs Traum von der Sonne, dem Mond und den elf Sternen), und alles endet im Großen und Ganzen so wie in der Bibel. Es gibt allerdings einen bemerkenswerten Unterschied in Josephs theologischem Schlusswort, so ähnlich es dem bereits zitierten aus der Bibel auch sein mag:

> Er aber sprach: »Vater!
> Das ist die Deutung meines Traumgesichts von früher.
> Zur Wirklichkeit ließ es mein Herr jetzt werden.
> Mir hat er Gutes angetan, als er mich aus dem Kerker holte,
> und euch führte er aus der Wüste,
> nachdem der Satan zwischen mir und meinen Brüdern
> > Zwietracht säte.
> Siehe, mein Herr ist fürsorglich in dem, was er will.
> Siehe, er ist der Wissende, der Weise.« (Sure 12,100)

Historisch kehrte Mohammed – der in Mekka zur Welt kam, aber in der historischen Hidschra mit seinen Anhängern nach Medina fliehen musste – 630 triumphal nach Mekka zurück und verbreitete Angst unter seinen einstigen Verfolgern. Doch bei dieser Gelegenheit rief Mohammed die Obersten und Ältesten der Stadt zusammen und rezitierte Verse aus Sure 12, der Josephs-Sure, wobei er sie vor allem mit den ersten Worten von Vers 92 beschwichtigte, dem Vers, in dem Joseph seine Brüder mit seinem Hemd im Gepäck nach Hause schickt:

> Er sprach: »*Kein Tadel sei auf euch an diesem Tag!*
> *Vergeben wird euch Gott, denn er ist der barmherzigste*
> > *Erbarmer.*
> Geht los, mit diesem meinem Hemd,

und legt es meinem Vater aufs Gesicht,
damit er wieder sehend wird!
Und kommt zu mir mit allen euren Anverwandten!«
(Sure 12,92–93, Hervorhebung von mir)

In den abschließenden Momenten der koranischen Geschichte wendet sich Joseph selbst an Allah und spricht ein Dankgebet, das in der Bibel keine Entsprechung hat:

Mein Herr! Du gabst mir Macht
und lehrtest mich das Deuten von Geschichten.
Schöpfer der Himmel und der Erde!
Du bist mein Schutzpatron im Diesseits wie im Jenseits.
Nimm mich als Gottergebenen zu dir,
und reihe mich bei den Rechtschaffenen ein! (Sure 12,101)

Wie in der Bibel, so auch hier: Die prophetische Macht Gottes steht am Ende über allem. Joseph bittet Allah darum, er möge ihn als Muslim aufnehmen, in dieser Welt und in der kommenden. In der Bibel erwähnt Joseph diese jenseitige Welt nie.

Der emotionale Höhepunkt von Sure 12 des Korans besteht jedoch nicht in irgendeiner Szene oder in einer Reihe von Szenen, wie bewegend auch immer sie sein mögen, zwischen den menschlichen Akteuren, sondern vielmehr in den innigen Worten, mit denen Allah die Sure beschließt und in denen er Mohammed die volle und endgültige Bedeutung dieser Geschichte offenbart, der einzigen Geschichte, die im Koran eine ganze Sure einnimmt. Ich bin kein Muslim, aber in diesen Worten ist etwas zu spüren, was ich nur als die Aufrichtigkeit Allahs bezeichnen kann – etwas, was diese Worte fast wie eine Art Essenz des Korans erscheinen lässt, als Essenz der Botschaft, die Mohammed, Allahs Gesandter, verbreiten soll. Schon zu Beginn der Suche bemerkte Allah: »In Joseph und seinen Brüdern liegen Zeichen für die Fragenden.« (Sure 12,7) Nun, am Ende der Sure, erklärt Er Mohammed genauer, was die Fragenden, so sie denn wollen, aus der Geschichte von Joseph lernen können und was Mohammed selbst daraus mitnehmen muss.

Ein zentraler Bestandteil von Allahs Botschaft an Mohammed besteht gerade in den korrigierten Versionen biblischer Geschichten wie der Josephsgeschichte, Geschichten, die Mohammed bereits allgemein kennt, aber bislang noch nicht von Allah selbst gehört hat und ohne Allahs Offenbarung in dieser Form nicht kennen würde. Seine Ausführungen, die den Höhepunkt dieser Sure bilden, beginnt und beendet Allah mit genau diesem Aspekt:

Das ist eine der verborgenen Geschichten,
dir offenbaren wir sie.
Du warst nicht bei ihnen, als sie zusammenkamen,
um Ränke auszudenken.
Die meisten Menschen sind nicht gläubig,
du magst dich noch so sehr darum bemühen.
Du verlangst ja keinen Lohn dafür von ihnen.
Denn siehe: Nichts als eine Mahnung ist es für die
    Weltbewohner!
Wie viele Zeichen sind in den Himmeln und auf Erden,
an denen sie vorübergehen, wobei sie sich davon abwenden.
Die meisten von ihnen glauben nicht an Gott –
nur dann, wenn sie beigesellen.
Sind sie denn davor sicher, dass von der Strafe Gottes
eine Heimsuchung zu ihnen kommt
oder, ganz unverhofft, ›die Stunde‹ zu ihnen kommt,
ohne dass sie es bemerken?
Sprich: »Das ist mein Weg!
Ich rufe auf zu Gott, aufgrund eines sichtbaren Beweises,
ich und wer mir folgt!

Gelobt sei Gott!
Ich bin keiner derer, die beigesellen!«
Auch vor dir sandten wir nur solche Männer,
denen wir eine Offenbarung gaben –
sie waren aus ›den Städten‹.
Sind sie denn nicht durchs Land gezogen,
so dass sie sahen, wie das Ende derer war, die vor ihnen lebten?
Wahrlich, das Haus des Jenseits ist besser für die,
die gottesfürchtig sind.
Wollt ihr denn nicht begreifen?
So dass, als die Gesandten dann verzweifelten
und meinten, dass man sie belogen hätte,
Hilfe von uns zu ihnen kam.
Und die, von denen wir es wollten, wurden gerettet.
Doch unsere Gewalt wird vom Volk der Frevler nicht
abgewendet.
In dem, was man über sie erzählt,
liegt eine Lehre für die, die es beherzigen.
Es ist keine frei erfundene Geschichte,
vielmehr Bestätigung für das, was vorher war,
und Auslegung aller Dinge,
Rechtleitung dann und Erbarmen für Menschen,
welche gläubig sind. (Sure 12,102–111)

Joseph und seine Brüder lautet der Titel eines großartigen, unübertroffenen vierbändigen Romans, den Thomas Mann als sein Meisterwerk betrachtet. Nun, da ich diesen doppelten Spaziergang durch die beiden Erzählungen der Josephsgeschichte beende, kommt mir ein imaginärer Untertitel für Thomas Manns opulentes Werk in den Sinn: *Joseph und seine Brüder. Eine Geschichte von Geleit und Gnade.*

7

MOSE

»Wer ist Gott?« dürfte eine Frage sein, die im Grunde unmöglich zu beantworten ist. Etwas leichter tun wir uns, insbesondere wenn wir unsere Aufmerksamkeit – wie in diesem Buch – allein auf den Koran und die Bibel beschränken, mit der Frage: »Was will Gott?« Diese Frage lässt sich besonders fruchtbar stellen, wenn wir Gott im Gespräch und in Interaktion mit der bemerkenswerten und schwer fassbaren Gestalt des Mose betrachten, dem Mann, der im Auftrag Gottes und mit Gottes Hilfe die Israeliten aus der Gefangenschaft in Ägypten befreite und durch die Wüste ins Gelobte Land führte.

Aber war das wirklich das, was Gott wollte, als er Mose nach Ägypten schickte, damit er dort den Gottkönig Pharao herausforderte? Wollte Gott vielleicht etwas ganz anderes, etwas für ihn Wichtigeres als die Befreiung der Israeliten? Im Koran erwähnt Allah Mose häufiger als jede andere biblische Gestalt. Die Geschichte des Mose ist ihm – wie die Abrahams – wichtig. Er erzählt sie mehrere Male, mit Variationen, und spielt noch viel häufiger darauf an. Allah macht alle biblischen Gestalten, die er erwähnt, zu Vorläufern Mohammeds, jeweils mit spezifischer Bedeutung. Abraham steht beispielhaft für die Unterwerfung unter Allah. Was Mose angeht, so macht Allah ihn zu einem paradigmatischen Warner (Ägyptens) und zu einem paradigmatischen Gesandten (der Seine Botschaft, die Tora, auf einem Berg empfängt, so wie Mohammed seine Botschaft empfing). Sicher, nebenbei sorgt Allah dafür, dass Israel befreit wird, aber diese Befreiung ist ein Nebeneffekt oder eine Sekundärfolge von Allahs primärem Auftrag an Seinen Propheten und Gesandten Mose, der da lautet: Verbreitung der wahren Religion.

Kurz gefasst lässt sich der Unterschied so benennen: Jahwe Elohim will den Pharao besiegen; Allah will ihn bekehren. Sicher, im Koran erleiden der Pharao und die Ägypter eine Niederlage, und Israel entkommt durch das Rote Meer. Sicher, in der Bibel erfahren der Pharao und die Ägypter umgekehrt zumindest flüchtig eine Bekehrung. In groben Zügen ist die Geschichte, die in den beiden Schriften erzählt wird, also die gleiche. Doch innerhalb dieser Geschichte erfährt das, was Jahwe Elohim und Allah jeweils wollen, unterschiedliche und aufschlussreiche Betonungen.

Das biblische Buch Exodus beginnt damit, dass sich die Israeliten noch immer in Ägypten befinden, so wie das am Ende der Josephsgeschichte der Fall war, mit der das Buch Genesis endet. Die Israeliten haben sich in Ägypten unglaublich vermehrt. Ihre Zahl übertrifft jetzt sogar die der Ägypter. Doch allmählich verändern sich die Dinge für sie auf ominöse Weise:

> Und Josef starb und alle seine Brüder und jene ganze Generation.
> Die Söhne Israel aber waren fruchtbar und wimmelten und
> mehrten sich und wurden sehr, sehr stark, und das Land wurde
> voll von ihnen. Da trat ein neuer König die Herrschaft über
> Ägypten an, der Josef nicht mehr kannte. Der sagte zu seinem
> Volk: Siehe, das Volk der Söhne Israel ist zahlreicher und stärker
> als wir. Auf, lasst uns klug gegen es vorgehen, damit es sich nicht
> noch weiter vermehrt! Sonst könnte es geschehen, wenn Krieg
> ausbricht, dass es sich auch noch zu unseren Feinden schlägt und
> gegen uns kämpft und dann aus dem Land hinaufzieht.
> (Ex 1,6–10)

Der Pharao befiehlt den Hebammen, alle neugeborenen männlichen Israeliten zu töten, doch die Hebammen weigern sich und erklären, die israelitischen Frauen

sind nicht wie die ägyptischen, denn sie sind lebenskräftig; ehe
die Hebamme zu ihnen kommt, haben sie schon geboren. Und
Gott tat den Hebammen Gutes, und das Volk vermehrte sich und
wurde sehr stark. (…) Da gebot der Pharao seinem ganzen Volk:
Jeden Sohn, der geboren wird, sollt ihr in den Nil werfen, jede
Tochter aber sollt ihr am Leben lassen! (Ex 1,19–20, 22)

Dieses Tauziehen zwischen den beiden nunmehr gleich großen rivalisierenden Bevölkerungsgruppen dauert viele Jahre fort: die von Gott
unterstützte Fruchtbarkeit der israelitischen Frauen gegen den verzweifelten und mörderischen Versuch des ägyptischen Herrschers, die rasch
wachsende Zahl und potentielle Macht der Israeliten zu verringern.
Schließlich aber

starb der König von Ägypten. Und die Söhne Israel seufzten
wegen ihrer Arbeit und schrien um Hilfe. Und ihr Geschrei
wegen der Arbeit stieg auf zu Gott. Da hörte Gott ihr Ächzen,
und Gott dachte an seinen Bund mit Abraham, Isaak und Jakob.
Und Gott sah nach den Söhnen Israel, und Gott kümmerte sich
um sie. (Ex 2, 23–25)

Erinnern wir uns daran, was Jahwe Elohim ursprünglich wollte, als er
Abram befahl: »Geh aus deinem Land und aus deiner Verwandtschaft
und aus dem Haus deines Vaters in das Land, das ich dir zeigen werde!«
(Gen 12,1) Er wollte sagenhafte Fruchtbarkeit für Abram, später Abraham, und er wollte, dass die daraus hervorgehende große Nation ein
ganz bestimmtes Land in Besitz nahm, nämlich Kanaan, das er anschließend Abram zeigte. Übermenschliche Fruchtbarkeit ist noch immer das, was Jahwe Elohim für Sein Volk will.
    Warum will Er das? Warum für dieses Volk und nicht für ein anderes? Er sagt dazu nichts, und wir wissen es nicht, doch es kann überhaupt kein Zweifel bestehen, dass Er es tatsächlich noch immer will.

Vorübergehend ist Jahwe Elohims Volk in Ägypten gefangen, aber seine Fruchtbarkeit ist – ganz nach Seinem Plan – so erstaunlich, dass die Israeliten binnen nur zweier Lebensspannen die heimische ägyptische Bevölkerung zahlenmäßig überholt haben. Der ägyptische Pharao versucht nun, Jahwe Elohims Plan zu vereiteln, die israelitische Fruchtbarkeit zu verringern oder gar, im Lauf der Zeit, Israel auszulöschen. Jahwe Elohims Gegenreaktion kommt wenig überraschend: Dieser Pharao muss gestoppt und entschieden in seine Schranken gewiesen werden. Und weil Jahwe Elohims Fruchtbarkeitsplan für Sein auserwähltes Volk in Kanaan verwirklicht werden soll, wo die zwölf Söhne Israels (Jakobs) sich niederließen, als sie von der Hungersnot ereilt wurden, müssen sie schon bald Ägypten verlassen und nach Kanaan zurückkehren. Sie werden jedoch verwandelt zurückkehren, nicht mehr als Klan, sondern als Nation, so bevölkerungsreich wie Ägypten.

An dieser Stelle beginnt Allah mit der Geschichte von Mose in Sure 20, der längsten und ausführlichsten Erzählung einer Mosegeschichte im Koran:

Kam zu dir der Bericht von Mose?
Damals, als er ein Feuer sah und zu den Seinen sprach:
»Bleibt! Siehe, ich nahm ein Feuer wahr;
vielleicht bringe ich euch davon ein brennendes Scheit
oder finde, durch das Feuer, den rechten Weg.«
Als er dann zu ihm kam, wurde er gerufen: »Mose!
Siehe, ich bin dein Herr!
So ziehe deine Schuhe aus,
denn du bist im heiligen Tale Tuwa.
Ich habe dich erwählt,
so höre dem, was offenbart wird, zu!
Siehe, ich bin Gott!
Kein Gott ist außer mir!
So diene mir, und verrichte das Gebet, mir zum Gedenken!

Siehe, ›die Stunde‹ kommt

– ich halte sie kaum mehr verborgen –,

dass eine jede Seele belohnt wird nach dem, was sie erstrebte.

So möge dich von ihr nicht der abhalten,

der an sie nicht glaubt und seiner Neigung nachgeht;

denn sonst gehst du zugrunde.

Was ist das da in deiner Rechten, Mose?«

Er sprach: »Das ist mein Stock, auf welchen ich mich stütze,

mit dem ich meiner Herde Laub abschlage

und den ich noch für anderes benutze.«

Er sprach: »Mose, wirf ihn hin!«

Da warf er ihn, und siehe da –

er wurde eine Schlange, die dahinlief.

Er sprach: »Ergreife sie, hab keine Angst!

Wir werden sie in ihre Ursprungsform zurückverwandeln.

Und stecke deine Hand in deine Seite,

so kommt sie weiß hervor und ohne Schaden –

als ein weiteres Zeichen,

um dir einige von unseren großen Zeichen zu zeigen.

Geh hin zu Pharao! Siehe, er ist aufsässig.« (Sure 20,9–24)

Hier, bei der Beauftragung des Mose, erwähnt Allah Israel oder dessen Not mit keinem Wort. Für die Untaten des Pharaos begnügt er sich mit einem »er ist aufsässig«. Der überwiegende Teil von Allahs Worten an Mose besteht aus einer Zusammenfassung der wahren Religion, die Mose nunmehr dem Pharao predigen soll:

– dass Allah der einzige Gott ist;
– dass es Allah zu dienen gilt;
– dass gebetet werden muss;
– dass der Jüngste Tag naht, auch wenn Allah will, dass er unbemerkt kommt, so dass alle für genau die Art von Leben belohnt oder

bestraft werden, das sie gerade führen, wenn der schicksalsträchtige Augenblick eintritt; und

– dass diejenigen, die an Allah glauben, nicht von Ungläubigen, die nur ihren eigenen Vorlieben und Leidenschaften folgen, auf Abwege geführt werden dürfen, wenn nicht auch die Gläubigen zugrunde gehen sollen.

Allah hat sehr wohl die Absicht, dass Mose die Israeliten aus der Gefangenschaft, aus Ägypten herausführt in ein Land, das er ihnen versprochen hat, aber dieses Thema – das in der langen, kontinuierlichen Geschichte, wie sie der anonyme Erzähler der Bücher Genesis, Exodus und darüber hinaus erzählt, eine so überwältigend zentrale Rolle spielt – wird hier wie auch in anderen parallelen Erzählungen im Koran bewusst nicht angesprochen. Deshalb heißt es in Sure 26 des Korans: »Als dein Herr zu Mose rief: ›Geh zu dem frevlerischen Volk, dem Volke Pharaos, ob sie nicht gottesfürchtig sein wollen?‹« (Sure 26,10–11) Für Allah besteht das eigentliche Vergehen der Ägypter darin, dass sie nicht den einen wahren Gott verehren. Ihre Unterdrückung der Israeliten ist lediglich ein Fehlverhalten, das von Ungläubigen zu erwarten ist. Daher Allahs Ton in den Eingangsworten einer dritten Koranerzählung der Mosegeschichte:

> Vortragen wollen wir dir – nach der Wahrheit –
> von dem, was mit Mose und Pharao geschah,
> für Menschen, welche glauben.
> Siehe, hochmütig herrschte Pharao im Land
> und machte dessen Volk zu Parteien,
> indem er eine ihrer Gruppen unterdrückte
> und ihre Söhne abschlachtete, doch ihre Frauen am Leben ließ.
> Siehe, er war einer, der Unheil stiftete. (Sure 28,3–4)

Ägypten ist in Sure 28 ein zerstrittenes, in verschiedene Fraktionen gespaltenes Land, und die Israeliten, die erneut namenlos bleiben, sind lediglich »eine ihrer Gruppen«. Das eigentliche Verbrechen des Pharaos besteht darin, dass er »hochmütig herrschte« und »Unheil stiftete«.

Allahs Wunsch, dass die gesamte Menschheit Ihn verehrt, Ihn anbetet und Sein Urteil über sie erwartet, ist das Grundmotiv von Seiner Seite, das die koranischen Erzählungen vorantreibt, so wie Jahwes Wunsch nach der Fruchtbarkeit Abrahams und seiner Nachkommen die biblische Erzählung antreibt. Warum wünscht Er sich überhaupt die Verehrung der Menschen? Warum will Er nicht, wie das die Götter einiger antiker griechischer Philosophien tun, mit der Menschheit überhaupt nichts zu tun haben? Auf diese Frage gibt Allah im Koran keine Antwort; tatsächlich wird diese Frage niemals irgendwo auch nur gestellt. Doch dass genau das Sein Wunsch ist, steht außer Zweifel und muss als die Prämisse akzeptiert werden, welche die rhetorisch Seite für Seite, Satz für Satz an Dynamik gewinnende Vorwärtsbewegung des Korans als literarisches Werk beseelt. Kein Wunder also, dass Allahs Auftrag an Mose mit Blick auf den Pharao und dessen ägyptische Untertanen im Kern darin besteht, dass sie alle Buße tun und – in Allahs Worten an Mose – anerkennen sollten, dass Er Gott ist und dass es keinen Gott außer Ihm gibt.

Wir hatten schon zuvor mehrmals die Gelegenheit, darauf hinzuweisen, dass Allah ganz bewusst jegliche Spannung aus der Erzählung nimmt, bevor sie überhaupt entstehen kann. Viele andere Formen literarischer Erzählung sind bestrebt, Spannung zu erzeugen. Die koranische Erzählung jedoch will oftmals das genaue Gegenteil. Das kann sowohl für die größeren Bestandteile in einer bestimmten Erzählung wie auch für die kleineren gelten. Man vergleiche beispielsweise Allahs Verhalten in der eben zitierten Sure 20 mit der Art und Weise, wie der anonyme Erzähler des Buchs Exodus Spannung erzeugt, und zwar sowohl innerhalb der Gesamtstruktur der Berufung Moses wie auch bei Jahwes Präsentation der beiden »Zeichen«, mit deren Hilfe Mose

Skeptiker davon überzeugen soll, dass er tatsächlich mit Hilfe göttlicher Macht handelt.

In der Exodus-Geschichte sieht Mose kein Feuer, sondern einen brennenden Dornbusch und nähert sich ihm aus schlichter Neugier und nicht, wie im Koran. auf der Suche entweder nach einem brennenden Scheit (um ein anderes Feuer zu entzünden) oder nach dem »rechten Weg«. Die Bibel gibt keinen frühen Hinweis darauf, was geschehen wird, wenn Mose den brennenden Dornbusch erreicht. Der biblische Erzähler vermeidet sorgfältig alles, was die Spannung verderben könnte. Dann spricht Jahwe aus dem brennenden Busch:

> Tritt nicht näher heran! Zieh deine Sandalen von deinen Füßen, denn die Stätte, auf der du stehst, ist heiliger Boden! Dann sprach er: Ich bin der Gott deines Vaters, der Gott Abrahams, der Gott Isaaks und der Gott Jakobs. Da verhüllte Mose sein Gesicht, denn er fürchtete sich, Gott anzuschauen. Der HERR aber sprach: Gesehen habe ich das Elend meines Volkes in Ägypten, und sein Geschrei wegen seiner Antreiber habe ich gehört; ja, ich kenne seine Schmerzen. Und ich bin herabgekommen, um es aus der Gewalt der Ägypter zu retten und es aus diesem Land hinaufzuführen in ein gutes und geräumiges Land, in ein Land, das von Milch und Honig überfließt, an den Ort der Kanaaniter, Hetiter, Amoriter, Perisiter, Hewiter und Jebusiter. Und nun siehe, das Geschrei der Söhne Israel ist vor mich gekommen; und ich habe auch die Bedrängnis gesehen, mit der die Ägypter sie quälen. Nun aber geh hin, denn ich will dich zum Pharao senden, damit du mein Volk, die Söhne Israel, aus Ägypten herausführst! (Ex 3,5–10)

Jahwe gibt sich nicht, wie Allah das tut, durch die Behauptung zu erkennen, dass Er allein Gott ist, sondern indem Er sich mit den Vorfahren Moses und implizit mit dem, was er für sie getan hat, in Verbindung bringt. Jahwe fährt fort, Er habe das Leid Seines Volkes von Seiten der grausamen Ägypter bemerkt und Er habe die Absicht, die Menschen zu befreien und sie in ein Land zu bringen, in dem »Milch und Honig« fließen. Vergleichen wir diese Worte mit den oben zitierten, in denen Allah aufführt, was von Mose *als Muslim* erwartet wird und was er somit dem Pharao predigen soll. Kurz gesagt spricht Allah Mose in erster Linie als einen Propheten der ewigen, unveränderlichen Botschaft des Islams an, während Jahwe in ihm den designierten Anführer eines unterdrückten Volkes sieht. Für den weiteren Fortgang der Geschichte spielt dieser Unterschied eine enorme Rolle.

So wie Allah die Geschichte erzählt, nähert sich Mose dem Feuer mit der Bereitschaft, sich den rechten Weg zeigen zu lassen: ein früher Hinweis, denn im Folgenden nimmt Mose, ohne zu zögern, den Auftrag, der ihm erteilt wurde, an und bittet Allah lediglich, seinen Geist zu stärken, ihm Beredsamkeit zu verleihen und ihm zur Unterstützung seinen Bruder Aaron mitzugeben. Zwischen Moses ursprünglicher Offenheit und seiner späteren, bereitwilligen Zustimmung entsteht keinerlei Spannung (im Sinne von Suspense) oder Spannungsverhältnis. Ganz anders ist es im Buch Exodus, wo ein Spannungsverhältnis entsteht, weil Mose sich Jahwes Auftrag, die Israeliten aus Ägypten herauszuführen, zunächst widersetzt. Mose wendet ein:

Und wenn sie mir nicht glauben und nicht auf meine Stimme hören, sondern sagen: Der HERR ist dir nicht erschienen? Da sprach der HERR zu ihm: Was ist das da in deiner Hand? Er sagte: Ein Stab. Und er sprach: Wirf ihn auf die Erde! Da warf er ihn auf die Erde, und er wurde zu einer Schlange, und Mose floh vor ihr. Der HERR aber sprach zu Mose: Strecke deine Hand aus und fasse sie beim Schwanz! Da streckte er seine Hand aus und ergriff sie, und sie wurde in seiner Hand zum Stab: Damit sie glauben, dass dir der HERR erschienen ist, der Gott ihrer Väter, der Gott Abrahams, der Gott Isaaks und der Gott Jakobs. Und der

HERR sprach weiter zu ihm: Stecke doch deine Hand in deinen Gewandbausch! Da steckte er seine Hand in seinen Gewandbausch. Und als er sie herauszog, siehe, da war seine Hand weiß von Aussatz, wie Schnee. Und er sprach: Tu deine Hand wieder in deinen Gewandbausch! Da tat er seine Hand wieder in seinen Gewandbausch. Und als er sie aus seinem Gewandbausch herauszog, da war sie wieder wie sein übriges Fleisch. (Ex 4,1–7)

In der Exodus-Version gibt Jahwe diese Demonstrationen, diese Zeichen erst, *nachdem* und *weil* Mose versucht hat, Jahwes großen Auftrag abzulehnen. Der Widerstand von Mose erzeugt Spannung; Jahwes Reaktion löst sie für den Moment oder verschiebt sie auf ihre spätere, beabsichtigte Ausübung vor den vermeintlich skeptischen Israeliten. Im Koran entsteht eine solche Spannung erst gar nicht, denn die Demonstrationen erfolgen, *bevor* Mose überhaupt gesprochen hat. Die Exodus-Version schreitet gleichsam filmisch voran. Gott befiehlt Mose, die Schlange beim Schwanz zu packen, doch Mose zuckt – während wir, die Leser, dabei zusehen – zurück, weil er nicht weiß, dass sich die Schlange wieder in seinen Stab zurückverwandeln wird. Wir erleben seinen Augenblick der Angst und der Anspannung in gewisser Weise förmlich mit. Im Koran hingegen *erklärt* Allah Mose schon von vornherein, dass die Schlange sich zurückverwandeln wird. In der Exodus-Version schauen wir erneut zu, wie Mose seine Hand aus seinem Gewand zieht und feststellen muss, dass sie »weiß von Aussatz, wie Schnee« ist, und wir teilen die Spannung (sein vermutliches Erschrecken), denn er weiß noch nicht, dass Jahwe seine Hand wieder gesund machen und zur normalen Hautfarbe zurückverwandeln wird. Im Koran sind die Weißheit und das Gesundsein miteinander verknüpft, und das zweimalige Hineinstecken und Herausziehen der Hand fällt zu einem zusammen. Wichtiger noch: Allah *lässt Mose* erneut *vorab wissen*, dass seine Hand gesund herauskommen wird. Wo der Erzähler des Exodus Spannung erzeugt, verhindert Allah sie. In der Art und Weise,

wie Allah eine biblische Geschichte zum Nutzen Mohammeds neu erzählt, durchdringt die Moral jede Geschichte von Anfang an. Unterhaltung würde nur ablenken von diesem moralischen Aspekt.

Jenseits aller Stilfragen aber gilt: Das Verhalten von Mose und von
Jahwe selbst während Moses Konfrontation mit dem Pharao und den
Ägyptern zeigt eindeutig, dass es Jahwe um einen Sieg geht, der so ver-
nichtend wie möglich ist, während Allahs Ziel die Bekehrung sogar des
Pharaos ist. Jahwe scheint keinerlei Absicht zu hegen, je selbst zum Kö-
nig Ägyptens zu werden. Allah hat genau diese Absicht.

Die koranische Erzählung in Sure 20 fährt damit fort, dass Mose mit
Aaron an seiner Seite den Pharao mit Allahs Botschaft konfrontiert. Allah schickt die beiden mit ermutigendem Zuspruch auf den Weg:

»Du und dein Bruder, geht mit meinen Zeichen,
und seid nicht müde, meiner zu gedenken!
Geht hin zu Pharao, siehe, er ist aufsässig!
Redet sanft zu ihm,
vielleicht lässt er sich mahnen oder fürchtet sich.«
Sie sprachen: »Unser Herr, siehe, wir fürchten,
er könnte uns Gewalt antun,
vielleicht auch Willkür üben!«
Er sprach: »Fürchtet euch nicht!
Siehe, ich bin mit euch,
ich höre, und ich sehe.
So geht nun beide zu ihm hin und sprecht:
›Siehe, wir sind die Gesandten deines Herrn.
Schick die Kinder Israel mit uns fort, und peinige sie nicht!
Wir sind zu dir gekommen mit einem Zeichen
    von deinem Herrn;
Friede sei mit dem, der dem rechten Wege folgt!
Siehe, uns wurde offenbart, dass Strafe auf den kommt,
der leugnet und sich abkehrt.‹«

Er sprach: »Mose, wer ist denn euer Herr?«

Er sprach: »Unser Herr ist der,

der allen Dingen Form und Dasein gab

und der dann führte auf den rechten Weg.«

Er sprach: »Und was ist mit den früheren Zeiten?«

Er sprach: »Das Wissen über sie ist bei meinem Herrn

in einem Buch.

Mein Herr irrt nicht vom Wege ab,

und er vergisst auch nicht.

Der euch die Erde zu einem Lager machte

und für euch Wege auf ihr bahnte

und der vom Himmel Wasser fließen ließ.«

Damit brachten wir mannigfache Pflanzenarten hervor.

Esst und weidet euer Vieh!

Siehe, darin sind wahrlich Zeichen für Leute mit Verstand.

Aus ihr erschufen wir euch,

und in sie bringen wir euch zurück,

und aus ihr bringen wir euch abermals hervor.

Alle unsere Zeichen ließen wir ihn sehen,

doch er leugnete und lehnte ab.

Er sprach: »Mose, kamst du zu uns,

um uns mit deiner Zauberei aus unserem Lande zu vertreiben?

Wir wollen dir mit Zauberei gleicher Art begegnen;

so lege einen Zeitpunkt fest zwischen uns und dir,

den wir nicht brechen werden, weder wir noch du,

an einem Ort, der beiden genehm ist.« (Sure 20,42–58)

So wie Allah Abraham die Argumente an die Hand gab, die er gegen seinen Vater und sein Volk verwenden sollte, so ist Allah auch hier an jedem Schritt beteiligt. Als Mose die Befürchtung äußert, der Pharao könnte ihnen »Gewalt antun, vielleicht auch Willkür üben«, diktiert Allah tatsächlich die ersten Worte, die Mose sagen soll, nachdem Er Mose zunächst geraten hat, sie sollten »sanft« zum Pharao sprechen: »vielleicht lässt er sich mahnen oder fürchtet sich.«

Die Bedeutung dieses »mahnen lassen oder fürchten« scheint in Moses Antwort auf die zögerlich offene erste Frage des Pharaos auf: »Mose, wer ist denn euer Herr?« Mit dem Hauch von Sanftheit, den Allah verlangt hat, charakterisiert Mose Allah gegenüber dem Pharao als den, »der allen Dingen Form und Dasein gab und der dann führte auf den rechten Weg« und so weiter. An genau diesem Punkt unterbricht Allah die Erzählung, wendet sich selbst an Mohammed – oder durch ihn an uns – und kommt zu dem Schluss: »Siehe, darin sind wahrlich Zeichen für Leute mit Verstand.« Allah verweist darauf, dass der Pharao Allahs Zeichen in der natürlichen Wirklichkeit womöglich selbst gesehen hat und deshalb dazu veranlasst wurde, sich mahnen zu lassen oder sich zu fürchten. In genau diesem Sinne halten Muslime den *'islam* – die spontane Unterwerfung unter Gott – für die »natürliche« Religion der Menschheit.

Die erste Reaktion des Pharaos besteht jedoch – wie bei Abrahams Vater Azar – darin, seine Vorfahren und deren ganz andere Überzeugungen zu beschwören. Wenn sie so falsch lagen, was ist dann mit ihnen geschehen? Ihr Schicksal, so sagt Mose, »ist bei meinem Herrn in einem Buch«. Für den *Study Quran* ist dieses Buch die »verwahrte Tafel«, auf die anderswo im Koran verwiesen wird und auf der alle guten und bösen Taten der Menschen verzeichnet sind. Die »verwahrte Tafel« des Islams ist wechselweise der Koran selbst oder so etwas wie das Buch des Lebens, das an verschiedenen Stellen im Alten wie im Neuen Testament auftaucht, insbesondere in Exodus 32,33 (siehe unten) sowie im Neuen Testament in der Offenbarung des Johannes:

Und ich sah einen großen weißen Thron und den, der darauf saß (…). und ein anderes Buch wurde geöffnet, welches das des Lebens ist. Und die Toten wurden gerichtet nach dem, was in den Büchern geschrieben war, nach ihren Werken. (Off 20,11–12)

Muhammad Asad erläutert die Antwort des Mose auf die Frage des Pharaos in Sure 20,52 so: »Das heißt, [Allah] allein entscheidet über ihr Schicksal im künftigen Leben, denn er allein kennt ihre Beweggründe und versteht die Ursachen ihrer Irrtümer, und er allein kann ihre Verdienste und Verfehlungen einschätzen.«

Der Pharao scheint Allahs Botschaft, wie Mose sie übermittelt hat, zunächst ernsthaft erwägen zu wollen, doch dann überkommt ihn das Misstrauen: Mose sei doch nur darauf aus, »uns mit seiner Zauberei aus unserem Lande zu vertreiben«. Doch auch der Pharao verfügt über Zauberer, und so ist es Zeit für ein Duell. Bevor wir uns dieser Szene zuwenden, müssen wir jedoch noch Allahs ursprünglichen Auftrag an Mose mit dem Jahwes vergleichen. Jahwe sagt zu Mose:

> Siehe, ich habe dich für den Pharao zum Gott eingesetzt, und dein Bruder Aaron soll dein Prophet sein. Du sollst alles reden, was ich dir befehlen werde, und dein Bruder Aaron soll zum Pharao reden, dass er die Söhne Israel aus seinem Land ziehen lassen soll. *Ich aber will das Herz des Pharao verhärten* und meine Zeichen und Wunder im Land Ägypten zahlreich machen. Und der Pharao wird nicht auf euch hören. Dann werde ich meine Hand an Ägypten legen und meine Heerscharen, mein Volk, die Söhne Israel, durch große Gerichte aus dem Land Ägypten herausführen. Und die Ägypter sollen erkennen, dass ich der HERR bin, wenn ich meine Hand über Ägypten ausstrecke und die Söhne Israel aus ihrer Mitte herausführe. Da handelten Mose und Aaron, wie ihnen der HERR befohlen hatte, so handelten sie. (Ex 7,1–6, Hervorhebung von mir)

Jahwe will nicht, dass der Pharao zu einem Jahwe-Verehrer konvertiert. Er will dem Pharao durch Mose gar nichts *mitteilen*. Ganz im Gegenteil wird Jahwe persönlich dafür sorgen, dass der Pharao stur bleibt, so dass Er dem Pharao unzweideutig *vor Augen führen* kann, wer Er ist. Wie die nachfolgenden Ereignisse in der biblischen Geschichte nur zu deutlich machen werden, will Jahwe all das tun, indem Er nicht allein dem Pharao, sondern ganz Ägypten ein Höchstmaß an Gewalt zufügt. Ägypten, der Unterdrücker, muss all die Unterdrückung erleiden, die es Israel zugefügt hat – und noch ein Stückchen mehr. Jahwe ist auf Rache aus.

Sowohl in der Bibel als auch im Koran folgt nun ein Duell »Stäbe zu Schlangen« zwischen den Zauberern des Pharaos und den Gesandten Gottes. So wie Allah die Geschichte erzählt, erwidert Mose auf Pharaos Aufforderung, Zeit und Ort zu bestimmen, Folgendes:

Er sprach: »Der Zeitpunkt sei für euch der Festtag!
In der Morgenfrühe sollen sich die Menschen versammeln!«
Da wandte Pharao sich ab, dachte sich eine List aus
    und kam herbei.
Mose sprach zu ihnen: »Wehe euch!
Ersinnt keine Lügen gegen Gott,
sonst rottet er euch durch eine Strafe aus!
Scheitern wird, wer das ersinnt!«
Da stritten sie in ihrer Sache unter sich
und redeten vertraulich, insgeheim.
Sie sprachen: »Das sind fürwahr zwei Zauberer,
die wollen euch mit ihrer Zauberei aus eurem Lande zaubern
und eure gute Lebensweise rauben!
So denkt euch eine List aus,
und kommt hernach heraus in einer Reihe!
Gewonnen hat dann heute, wer die Oberhand behält!«
Sie sprachen: »Mose! Entweder wirfst du,
oder wir sind die Ersten, welche werfen!«
Er sprach: »Werft ihr zuerst!«
Da kamen ihm – wegen ihres Zaubers –
die Stricke und die Stöcke vor, als ob sie liefen.

Da wurde es Mose ganz angst und bange.
Wir sprachen: »Fürchte dich nicht!
Siehe, du hast die Oberhand!
Wirf hin, was du in deiner Rechten hast,
damit es rasch ergreife, was sie machten.
Denn was sie machten, siehe, es ist ein Zaubertrick.
Niemals wird der Zauberer erfolgreich sein,
wo immer er auch hinkommt!«
Da warfen sich die Zauberer anbetend nieder.
Sie sprachen: »Wir glauben an den Herrn von Aaron
    und von Mose!«
Er sprach: »Glaubt ihr denn ihm, noch ehe ich es euch
    gestattet habe?
Es ist doch euer Meister, der den Zauber lehrte.
Wahrlich, Hände und Füße haue ich euch ab,
wechselweise rechts und links,
und ich werde euch an Palmenstämmen kreuzigen.
Dann werdet ihr wahrhaftig wissen,
wer von uns am stärksten straft und wessen Strafe dauert.«
Sie sprachen: »Nie werden wir dir vor dem den Vorzug geben,
was an Beweisen zu uns kam, und vor dem, der uns schuf.
Entscheide du nun, wie du willst!
Siehe, du entscheidest nur über dieses Erdenleben.
Siehe, wir glauben an unsern Herrn,
auf dass er uns verzeihe unsere Sünden
und auch die Zauberei, zu welcher du uns zwangst!«
Gott ist gut und beständig. (Sure 20,59–73)

Wie konnte, was auch immer Mose in seiner rechten Hand hielt, die
Stricke und Stäbe der Zauberer, die wirkten, »als ob sie liefen«, verschlingen? Allah hält sich nicht mit Details auf. Stattdessen springt er
sogleich zum bemerkenswerten Abschluss des Duells: der erstaunli-

chen Bekehrung der Zauberer zur Verehrung Allahs und ihr noch er-
staunlicheres eifriges Eintreten für Ihn, obwohl der Pharao geschworen
hatte, sie verstümmeln und kreuzigen zu lassen. Möglicherweise folterte der Pharao seine Zauberer anschließend tatsächlich; Allah gibt
keinen Hinweis, ob dem so war oder nicht. Aber ungeachtet dessen gilt:
Die ehemaligen Zauberer haben ihren Blick nun auf das Jenseits gerichtet, auf das sich, wie sie den Pharao kühn erinnern, dessen Herrschaft nicht erstreckt.

Die einzelnen Elemente dieser Szene – ein folternder Tyrann, Untertanen, die trotz der Folterqualen an ihrem Glauben festhalten, und die
Zuversicht dieser Untertanen, dass sie im Jenseits Rettung erlangen
werden – könnten einen Leser der Bibel durchaus an das 2. Buch Mak-
kabäer erinnern. Dort hat ein griechischer Tyrann, der wie der Pharao
Göttlichkeit für sich beansprucht, verlangt, dass sieben jüdische Brüder
und ihre Mutter Schweinefleisch essen, womit sie gegen das jüdische
Gesetz verstoßen und sich ihm unterwerfen würden. Alle weigern sich.
Daraufhin werden sechs von ihnen schrecklich gefoltert und getötet.
Der siebte, der den Versuch des Tyrannen, ihn zu bestechen, zurück-
weist, bezeichnet ihn als »Du Ruchloser aber, du größter Verbrecher der
Menschheit« (2 Makk 7,34) und beendet seine letzten Worte mit einer
Vision dessen, was den Folterer und den Gefolterten im Jenseits er-
wartet:

Unsere Brüder sind jetzt nach kurzem Leiden mit der göttlichen
Zusicherung ewigen Lebens für den Bund Gottes gestorben; du
jedoch wirst beim Gericht Gottes die gerechte Strafe für deinen
Übermut zahlen. Ich gebe wie meine Brüder Leib und Leben hin
für die Gesetze unserer Väter und rufe dabei Gott an, dass er
seinem Volk bald wieder gnädig sei; du aber sollst unter Qualen
und Schlägen bekennen müssen, dass er allein Gott ist.
(2 Makk 7,36–37)[1]

Genau zu dieser Art von furchtlosem Vertrauen in Allahs Gerechtigkeit und Seine Macht haben Mose und Aaron die Zauberer des Pharaos bekehrt – und sie stehen, wie wir durchaus sagen können, für alle Untertanen des Pharaos. Ihre Konversion ist das, was Allah wirklich will. Diese Botschaft wollte er durch Mose und Aaron übermittelt haben. Sie haben sie überbracht, und das gemeine Volk in Person dieser Zauberer hat sie vernommen.

Das Duell »Stäbe zu Schlangen« findet auch im Buch Exodus statt und endet wie im Koran damit, dass die Schlangen von Mose und Aaron die der ägyptischen Zauberer verschlingen. Der Pharao jedoch, der nun unter psychischer Kontrolle Jahwes steht, bleibt hart und will den Israeliten nicht erlauben, Ägypten zu verlassen. Jahwe quält Ägypten daraufhin ausgiebig, indem er zuerst das Wasser des Nils in Blut verwandelt und dann eine Reihe von Seuchen und anderen Heimsuchungen über das Land bringt, die der anonyme biblische Erzähler in grellen Einzelheiten beschreibt: Frösche, Mücken, Stechfliegen, der plötzliche Tod allen Viehs, Geschwüre, Hagel, Heuschrecken und Finsternis. Inmitten der Heuschreckenplage

> rief der Pharao schnell Mose und Aaron herbei und sagte: Ich habe gesündigt gegen den HERRN, euren Gott, und gegen euch! Und nun vergib doch meine Sünde nur noch diesmal und betet zum HERRN, eurem Gott, dass er nur diesen Tod von mir wegnimmt! Darauf ging er von dem Pharao hinaus und betete zum HERRN. Und der HERR verwandelte den Ostwind in einen sehr starken Westwind; der hob die Heuschrecken auf und warf sie ins Schilfmeer. Es blieb nicht eine Heuschrecke übrig in dem ganzen Gebiet Ägyptens. Aber der HERR verstockte das Herz des Pharao, und er ließ die Söhne Israel nicht ziehen. (Ex 10,16–20)

So ist es nach jeder Machtdemonstration Jahwes. Der Pharao mag schwankend werden oder gar Buße tun. Um nur ein Beispiel zu nennen: So sagt er während der Hagelplage: »Diesmal habe ich gesündigt. Der HERR ist der Gerechte, ich aber und mein Volk sind die Schuldigen.« (Ex 9,27) Doch jedes Mal verhindert Jahwe selbst jegliche Bekehrung und »verstockte sein Herz«. Bekehrung ist schlicht nicht Jahwes Ziel. Um deutlich zu machen, dass Er der Gott *der Israeliten* ist, sorgt Jahwe dafür, dass Goschen, wo die Israeliten leben, von jeder der Plagen verschont bleibt.

Mit der letzten Plage rächt sich Jahwe schließlich selbst für die Ermordung der neugeborenen israelitischen Jungen, indem Er Gleiches mit Gleichem vergilt und die Strafe noch verdoppelt. Mose übermittelt das schreckliche Verdikt:

Mose nun sagte zum Pharao: So spricht der HERR: Um Mitternacht will ich ausgehen und mitten durch Ägypten schreiten. Dann wird alle Erstgeburt im Land Ägypten sterben, von dem Erstgeborenen des Pharao, der auf seinem Thron sitzt, bis zum Erstgeborenen der Sklavin hinter der Handmühle, sowie alle Erstgeburt des Viehs. Da wird es ein großes Jammergeschrei im ganzen Land Ägypten geben, wie es noch keines gegeben hat und es auch keines mehr geben wird. Aber gegen keinen von den Söhnen Israel wird auch nur ein Hund seine Zunge spitzen, vom Menschen bis zum Vieh, damit ihr erkennt, dass der HERR einen Unterschied macht zwischen den Ägyptern und den Israeliten. Dann werden diese deine Hofbeamten alle zu mir herabkommen, sich vor mir niederbeugen und sagen: Zieh aus, du und das ganze Volk, das in deinem Gefolge ist! Und danach werde ich ausziehen. – Und er ging in glühendem Zorn vom Pharao hinaus. (Ex 11,4–8)

»Aber gegen keinen von den Söhnen Israel wird auch nur ein Hund seine Zunge spitzen« (oder auch die »Zähne fletschen«, wie es in der Einheitsübersetzung heißt): Auf diese Weise demonstriert Jahwe, dass Er »einen Unterschied macht zwischen den Ägyptern und den Israeliten«. Ägypten zu bekehren ist so ziemlich das Letzte, was Er will. Und obwohl die Zauberer des Pharaos nach der Mückenplage zu ihrem Herrn sagen: »Das ist Gottes Finger« (Ex 8,19), lässt sich ihr Zugeständnis überhaupt nicht mit der tief empfundenen, zum Martyrium bereiten Konversion vergleichen, von der Allah im Koran berichtet. Jedenfalls ist es nicht nur der Pharao, den Jahwe demütigen will. Er befiehlt den Israeliten, die Ägypter um Schmuck aus Silber und Gold sowie um Kleidung zu bitten, und Er verspricht Seinem Volk, Er werde dessen Feind gefügig machen: »Dazu hatte der HERR dem Volk [der Israeliten] in den Augen der Ägypter Gunst gegeben, so dass sie auf ihre Bitte eingegangen waren. So plünderten sie die Ägypter aus.« (Ex 12,36)

Die Plagen, die mit der zehnten Heimsuchung einen Höhepunkt erreichen, sind eine rachsüchtige »Ab-Schöpfung« des natürlichen Reichtums Ägyptens und dienen im Grunde lediglich dazu, Ägyptens Agonie auf dem Weg zur letzten göttlichen Grausamkeit zu verlängern. Als künstlerisches Element erzeugt die Vervielfältigung der Plagen in der biblischen Erzählung zweifellos Spannung und hat einst womöglich zu einem tatsächlichen Duell der Gottheiten beigetragen. Es ist durchaus vorstellbar, dass Jahwe in einer früheren Version des Mythos gegen Satan oder einen ägyptischen Gott um die Kontrolle über den Pharao kämpfte. In einer solchen Version würde Jahwe versuchen, den Pharao dazu zu veranlassen, Israel ziehen zu lassen, und es würde dem Satan oder der konkurrierenden Gottheit zufallen, das Herz des Pharaos zu »verstocken«. Dass das, was wir heute in der Bibel lesen, nämlich dass sich Jahwe selbst widerspricht, so seltsam ist, könnte Ausdruck einer späteren radikalen Bearbeitung sein, die zum Ziel hatte, den Mythos stärker an den späteren, strengeren Monotheismus Israels anzupassen, einen Monotheismus, in dem neben Jahwe Elohim kein Platz war für

Satan oder irgendeine andere übernatürliche Macht. Doch wie auch immer: Die künstlerisch ausgeschmückte Erzählung, die wir heute lesen, wirkt sich auf die Charakterisierung Jahwes insofern aus, als sie seine Rachsucht ebenso betont wie seine Entschlossenheit, die Unterscheidung, die er zwischen den Israeliten und den Ägyptern beibehalten will, auf drastische Weise sichtbar zu machen.

Wie bereits gesagt thematisiert Allah die zentrale Stellung Israels bei der Erzählung der Mosegeschichte nicht weiter. Auch die Sache mit den ägyptischen Plagen wird nur am Rande angesprochen. Er erwähnt sie lediglich einmal in einem Bericht in Sure 7, der uns im Weiteren zu der berühmten wundersamen Durchquerung des Roten Meeres bringt:

Sie sprachen: »Mit welchem Zeichen du auch zu uns kommst,
    um uns damit zu bezaubern, wir werden dir doch nicht glauben.«
Wir sandten über sie die Flut, Heuschrecken, Läuse, Frösche
    und das Blut
als Zeichen unterschiedlicher Art.
Doch sie gebärdeten sich hochmütig und waren ein
    verbrecherisches Volk.
Als das Strafgericht über sie hereinbrach, sprachen sie:
»Mose, rufe für uns deinen Herrn an,
aufgrund des Bundes, den er mit dir geschlossen hat!
Wenn du dann die Strafe von uns nimmst,
    dann wollen wir dir glauben
und werden die Kinder Israel mit dir ziehen lassen!«
Als wir dann die Strafe von ihnen genommen hatten,
bis zu einer Frist, die sie erreichen würden,
siehe, da wurden sie wortbrüchig.
Da nahmen wir an ihnen Rache und ließen sie
    im Meer ertrinken,
dafür, dass sie unsere Zeichen Lüge genannt
    und nicht beachtet hatten.

Und wir ließen das Volk, das unterdrückt war,
das Land erben, auf dem unser Segen ruht –
von Osten bis nach Westen.
Und das gute Wort deines Herrn über die Kinder Israel traf ein,
darum, dass sie geduldig waren.
Und wir zerstörten, was Pharao und sein Volk geschaffen
und errichtet hatten.
Und wir ließen die Kinder Israel das Meer überqueren.
(Sure 7,132–138)

Rache oder zumindest Vergeltung spielt also letztlich nicht nur in der Geschichte, die der biblische Erzähler über Jahwe erzählt, sondern auch in derjenigen, die Allah über sich selbst erzählt, eine Rolle. Bei Allah finden sich gleichermaßen sowohl die Befreiung Israels als auch die Erfüllung seines Versprechens gegenüber Abraham, seinem Volk eine Heimat zu verschaffen. Ähnlich wie Jahwe bestraft Allah diejenigen, die sich Ihm widersetzen, und belohnt die, die Ihn verehren. Doch nur Jahwe will den Pharao dermaßen demütigen, dass Er aktiv verhindert, dass der ägyptische Herrscher sich Seinen Wünschen fügt. Allah möchte, dass Ägypten und auch der Pharao selbst konvertieren; Jahwe will nichts dergleichen.

In der Bibel bleibt unklar, ob der Pharao die Armee begleitet, die er nach einem letzten Wortbruch ausgesandt hat, um den Exodus der Israeliten zu stoppen. Im Koran hingegen wird recht deutlich, dass der Pharao seine Truppen begleitet, aber was denkt der hochmütige Monarch, als die Fluten des zurückkehrenden Roten Meeres ihn einzuschließen beginnen? Allah berichtet uns das in Sure 10:

Wir ließen die Kinder Israel das Meer überqueren.
Da folgte ihnen Pharao mit seinen Truppen,
aus Raubgier und Gesetzesübertretung,
bis er, als er zu ertrinken drohte, sprach:

»Ich glaube, dass es keinen Gott gibt außer dem,
an den die Kinder Israel glauben.
Und ich gehöre zu den Gottergebenen.« (Sure 10,90)

Und so stirbt der Pharao als Muslim, und eine solche Bekehrung war
seit jeher Allahs Ziel. Warum sollte man seine Gegner besiegen, wenn
man sie dazu überreden kann, sich einem anzuschließen?

Jahwes Ansinnen ist deutlich stärker auf einen Sieg als solchen ausgerichtet. Jahwe hat keineswegs Sein Ansinnen vergessen, Israel zu einer mächtigen Nation zu machen und diese Nation in Kanaan anzusie-
deln, doch Sein Wunsch nach einem spektakulären Sieg über den Pharao hat eine ganz eigene Dynamik gewonnen. Jahwe befiehlt den hastig
davonziehenden Israeliten, am Ufer des Roten Meeres (das in der Elberfelder Übersetzung als »Schilfmeer« firmiert) zu kampieren, weil er
den Pharao bewusst dazu verleiten will, sie zu verfolgen:

Befiehl den Söhnen Israel, sich zu wenden und vor Pi-Hahirot zu
lagern, zwischen Migdol und dem Meer. Vor Baal-Zefon, diesem
gegenüber, sollt ihr euch am Meer lagern! Der Pharao aber wird
von den Söhnen Israel denken: Sie irren ziellos im Land umher,
die Wüste hat sie eingeschlossen. Dann will ich das Herz des
Pharao verstocken, so dass er ihnen nachjagt. Darauf will ich
mich am Pharao und an seiner ganzen Heeresmacht verherr-
lichen, und die Ägypter sollen erkennen, dass ich der HERR bin.
Und sie machten es so. (Ex 14,2–4)

Die Armee des Pharaos macht sich also an die Verfolgung. Mose streckt,
wie von Jahwe befohlen, seine Hand aus, und Jahwe schickt einen starken Wind, der »das Meer zum trockenen Land [machte], und das Wasser teilte sich. Dann gingen die Söhne Israel auf trockenem Land mitten
in das Meer hinein, und das Wasser war ihnen eine Mauer zur Rechten
und zur Linken.« (Ex 14,22) Die ägyptischen Truppen jagen hinterher,

doch ihre Streitwagen bleiben stecken. Das Wasser kehrt allmählich zurück; die Ägypter rufen daraufhin in Panik: »Lasst uns vor Israel fliehen, denn der HERR kämpft für sie gegen die Ägypter!« (Ex 14,25) Doch es ist zu spät: Das Meer verschlingt sie, und sie alle – Pferde und Reiter gleichermaßen – ertrinken. Am fernen Ufer stimmen die jubelnden Israeliten einen Triumphgesang an:

> Meine Stärke und mein Loblied ist Jah, denn er ist mir zur Rettung geworden. Er ist mein Gott, und ich will ihn preisen, der Gott meines Vaters, und ich will ihn erheben. Der HERR ist ein Kriegsheld, Jahwe sein Name. (Ex 15,2–3)

Jahwe – in der Dichtung mitunter Jah wie in *hallelu-ja*, »preiset Jah« – ist tatsächlich ein Krieger und kein Missionar. Er wollte es den Ägyptern zeigen und ihnen nichts mitteilen, und Er hat das auf triumphale Weise getan. Das mit zersplitterten Knochen am Boden liegende Ägypten weiß nun: »Ich bin der HERR.«

Was Sein eigenes Volk angeht, so gibt Er den Menschen, als sich die zehnte und letzte Plage ankündigt, ausgefeilte Anweisungen, wie sie sich künftig alljährlich an Seinen kommenden Sieg und ihre kommende Befreiung erinnern sollen. Beginnen soll dieses Gedenken mit einer rituellen Mahlzeit, die zum ersten Mal während der Ermordung der ägyptischen Erstgeborenen stattfinden soll. Die Israeliten sollen ihre Türstöcke mit dem Blut eines Opferschafs bestreichen, was Jahwes Todesengel (dem »Verderber«) signalisiert, dass er diese Haushalte bei seinem grausigen Tun »übergeht«. Die rituelle Wiederholung dieses Mahls soll zu Israels Passahfest werden. Allah trifft, wenig überraschend, keine Vorkehrungen für ein solches Gedenken. Wie bereits erwähnt geht es in der Geschichte, die Er erzählt, nicht in erster Linie um die Befreiung Israels, sondern um die prophetische Berufung des Mose. Mose spielt in Allahs Erzählung eine größere Rolle als die Söhne Israel, das Volk des Mose.

In einem früheren Kapitel haben wir bereits darauf hingewiesen, dass Allah Abraham als einen Propheten darstellt, der gegen die Götzendienerei seines Volkes vorgeht, während der anonyme Erzähler des Buchs Genesis Abraham als jemanden schildert, der bei seinen Wanderungen niemals auch nur einem Götzendiener begegnet. Wenn wir uns den beiden Darstellungen zuwenden, die Mose nach dem Auszug der Israeliten aus Ägypten in Aktion zeigen, ergibt sich kein derartiger Gegensatz. In beiden Darstellungen verfallen die Israeliten der Götzendienerei und verehren ein goldenes Kalb anstelle des einen wahren Gottes. In beiden Darstellungen reagiert Mose genauso zornig wie Gott. Und doch zeichnet beide Darstellungen ein zentraler Unterschied aus. Jahwe mit Mose als seinem Hauptmann bestraft Israel mit grausamer Gewalt, darunter einem Gemetzel, dessen Dimensionen sich mit dem Ertränken der pharaonischen Armee vergleichen lassen. Allah hingegen verurteilt zwar zornig die ungläubigen Götzendiener, verzichtet aber darauf, sie vergleichbar streng zu bestrafen. Im Koran tun die israelitischen Götzendiener sogleich Buße, und Allah reagiert wie stets auf solche Reue mit Gnade.

In beiden Darstellungen ziehen die befreiten Israeliten durch die Wüste und kampieren unterwegs am Fuße eines Berges – der in der Bibel Berg Sinai oder Berg Horeb heißt, im Koran aber schlicht nur »der Berg« genannt wird. Mose steigt auf den Gipfel dieses Berges, bleibt dort vierzig Tage und vierzig Nächte lang und erhält in schriftlicher Form eine folgenschwere Offenbarung Gottes. Derweil verfallen Aaron und die Israeliten in der Abwesenheit von Mose der Götzendienerei und beten ein goldenes Kalb an, das sie aus dem in Ägypten erbeuteten Gold und Silber gegossen haben. Allah und der biblische Erzähler erzählen die Geschichte dieses goldenen Kalbes mit unterschiedlichen und mitunter explizit verschiedenen Details: Im Koran beispielsweise blökt das Kalb; in der Bibel tut es das nicht. Doch erst das Nachspiel des skandalösen Abfalls vom Glauben macht vollends deutlich, inwiefern sich das Verständnis, das der anonyme biblische Er-

zähler von Jahwe hat, von Allahs Selbstverständnis im Koran unterscheidet.

Beginnen wir mit Allah:

Und wir verabredeten uns mit Mose auf dreißig Tage
und ergänzten sie um zehn weitere.
So betrug die vollständige Zeit bei seinem Herrn vierzig Tage.
Und Mose sprach zu seinem Bruder Aaron:
»Tritt du an meine Stelle bei meinem Volk,
   und sorge für Ordnung,
und folge nicht dem Weg der Unheilstifter!«
Und als Mose zu unserer Verabredung gekommen war
und sein Herr ihn angesprochen hatte, sprach er:
»Mein Herr, zeig dich mir, dass ich dich sehen kann!«
Er sprach: »Du sollst mich nicht sehen!
Doch schau zum Berg, und wenn er unverrückt
   an seinem Platz bleibt,
dann wirst du mich sehen!«
Als sich dann sein Herr dem Berge zeigte,
machte er ihn zu Staub.
Und Mose fiel zu Boden, wie vom Blitz getroffen.
Als er wieder zu sich gekommen war, sprach er:
»Gepriesen seist du! Dir wende ich mich zu
und bin der erste Gläubige.«
Er sprach: »Mose! Siehe, ich habe dich vor den Menschen
   auserwählt
durch meine Botschaften und durch meine Worte.
So nimm entgegen, was ich dir übergebe!
Und sei dankbar!«
Wir schrieben ihm von allen Dingen auf die Tafeln,
als Mahnung und Erläuterung für alle Dinge.
»So nimm sie mit Entschlossenheit entgegen,

und befiehl deinem Volk, dass sie das Vortreffliche,
    das darin liegt, annehmen!
Und ich werde euch die Stätte der Verworfenen zeigen.«
    (Sure 7,142–145)

Nach dem Wunder des zu Staub zerfallenden Berges bereut Mose demütig seine wagemutige Bitte, Allah zu sehen. Allah, der die Reue seines Propheten stillschweigend akzeptiert, überreicht ihm Tafeln, auf die
Allah »Mahnung und Erläuterung für alle Dinge« geschrieben hat. Das
Wort Tora wird in dieser Passage nicht verwendet, taucht aber anderswo häufiger auf mit Verweis auf Allahs großes Geschenk, das Er Mose
mit dem umfassenden Leitfaden für sein Volk macht. Muslimische
Kommentatoren diskutieren darüber, was mit der »Stätte der Verworfenen« gemeint ist. Der *Study Quran* liefert mehrere Vermutungen dazu,
deren interessanteste lautet, dass es sich dabei um einen Verweis auf
das Land Kanaan handelt, dessen bösartige Bewohner schon bald durch
die erobernden Israeliten ersetzt werden sollen.

Der biblische Erzähler sagt nichts über einen eingeebneten Berg, erzählt aber eine ähnliche Geschichte von Mose, der darum bittet, Jahwe
sehen zu dürfen:

Er aber sagte: Lass mich doch deine Herrlichkeit sehen! Er antwortete: Ich werde all meine Güte an deinem Angesicht vorübergehen lassen und den Namen Jahwe vor dir ausrufen: Ich werde
gnädig sein, wem ich gnädig bin, und mich erbarmen, über wen
ich mich erbarme. Dann sprach er: Du kannst es nicht ertragen,
mein Angesicht zu sehen, denn kein Mensch kann mich sehen
und am Leben bleiben. Weiter sagte der HERR: Siehe, hier ist ein
Platz bei mir, da sollst du dich auf den Felsen stellen. Und es wird
geschehen, wenn meine Herrlichkeit vorüberzieht, dann werde
ich dich in die Felsenhöhle stellen und meine Hand schützend
über dich halten, bis ich vorübergegangen bin. Dann werde ich

meine Hand wegnehmen, und du wirst mich von hinten sehen;
aber mein Angesicht darf nicht gesehen werden. (Ex 33,18–23)

Die Felsspalte, in der Jahwe Mose versteckt, ist die Spalte, auf die in einem bekannten Kirchenlied angespielt wird, das folgendermaßen beginnt: »Fels des Heils, geöffnet mir, / birg mich, ew'ger Hort, in dir!«
Sowohl die koranische als auch die biblische Erzählung betonen die
furcht- und schreckenerregende Macht Gottes. Allah lässt Mose implizit wissen, wenn er Allah je zu Gesicht bekommen werde, werde er zer-
fallen, wie das der Berg getan hatte. Jahwe, der allein das Aussprechen
Seines Namens als einschüchternde Manifestation Seiner Macht betrachtet, betont recht deutlich, wenn Mose die Herrlichkeit Seines Ge-
sichts erblicken werde, werde er sterben. In beiden Fällen wünscht Gott,
erkannt zu werden, betont jedoch zugleich, dass Er ab einem bestimmten Punkt gar nicht erkannt werden kann.

Allah fährt fort:

Und das Volk Moses machte sich, nachdem er fort war,
aus seinem Schmuck ein leibhaftiges Kalb, das blökte.
Sahen sie denn nicht, dass es nicht zu ihnen sprechen
und sie auch nicht einen Weg führen konnte?
Sie nahmen es an und waren Frevler.
Als es ihnen klar geworden war und sie sahen,
   dass sie abgeirrt waren,
sprachen sie: »Wenn unser Herr sich unserer nicht erbarmt
   und uns vergibt,
dann, wahrlich, gehören wir zu den Verlierern!«
Als Mose wiederkam zu seinem Volk, voll Zorn und Kummer,
sprach er: »Wie schlecht habt ihr mich vertreten, nachdem ich
   fort war!
Wolltet ihr den Befehl eures Herrn beschleunigen?«
Und er warf die Tafeln hin,

packte seinen Bruder am Kopf und zog ihn zu sich.

Der sprach: »Mein Bruder! Das Volk setzte mir heftig zu –
fast hätten sie mich getötet.

Lass doch nicht zu, dass die Feinde sich meinetwegen freuen,
und erkläre mich nicht zum Frevler!«

Er sprach: »Mein Herr! Vergib mir und auch meinem Bruder!
Und führ uns ein in dein Erbarmen!
Du bist der barmherzigste Erbarmer.«

Siehe, die das Kalb annahmen, die wird Zorn von ihrem Herrn
und Erniedrigung im Leben hier auf Erden treffen.

So vergelten wir denen, die sich Lügen ersinnen.

Diejenigen, die Böses tun, dann aber – nach ihren Taten –
    umkehren und glauben –
siehe, dein Herr ist – nach ihren Taten – bereit zu vergeben
    und barmherzig.

Als der Zorn von Mose gewichen war, hob er die Tafeln
    wieder auf.

Und in dem, was darauf geschrieben steht,
liegt Rechtleitung und Barmherzigkeit für solche,
    die ihren Herrn fürchten. (Sure 7,148–154)

Noch bevor Mose vom Gipfel zurückkehrt, hat das Volk seine Sünde bereut. Mose ist trotzdem zornig. Er erklärt seinem Volk, sie hätten wie Menschen gehandelt, die auf den Jüngsten Tag (den »Befehl eures Herrn«) mit all dem gerechten Zorn des Herrn erpicht seien. In seinem Zorn wirft Mose die Tafeln zu Boden und packt seinen Bruder Aaron am Kopf. Der arme Aaron fleht ihn jedoch an und betont seine eigene Schwäche, woraufhin Mose ihn sofort loslässt und Allah um Vergebung für sie beide bittet, denn »Du bist der barmherzigste Erbarmer«.

Dieser Abschnitt endet mit Allahs eigenem Kommentar zu dieser Episode, in dem Er Strafe für die kurzzeitig götzendienerischen Israeliten prophezeit, aber nur »im Leben hier auf Erden« – das heißt, nicht für immer in der Hölle –, und Mose und Aaron mutmaßlich vollständigere Vergebung verspricht. Warum? Aus dem einfachen Grund, weil – wie Allah mit Blick auf sich selbst sagt – »dein Herr (…) bereit [ist] zu vergeben und barmherzig«. Die Geschichte geht damit weiter, dass Mose die Tafeln wieder aufhebt und sich, nachdem sein Zorn verflogen ist, darauf vorbereitet, sein Volk mit den wertvollen Tafeln als »Rechtleitung« ins Gelobte Land zu führen. Die Stimmung, die am Ende dieser Episode herrscht, ist eine der Vergebung und Versöhnung.

In der Bibel findet die gleiche Episode ein deutlich turbulenteres und gewaltsameres Ende.

> Und es geschah, als Mose sich dem Lager näherte und das Kalb
> und die Reigentänze sah, da entbrannte der Zorn Moses, und er
> warf die Tafeln aus seinen Händen und zerschmetterte sie unten
> am Berg. Dann nahm er das Kalb, das sie gemacht hatten, ver-
> brannte es im Feuer und zermalmte es, bis es feiner Staub war,
> streute es auf die Oberfläche des Wassers und gab es den Söhnen
> Israel zu trinken. (Ex 32,19–20)

Wie im Koran versucht Aaron, sich selbst zu entlasten, indem er das Volk Israel beschuldigt. Mose ignoriert ihn, stellt sich an seiner Stelle ans Tor des Lagers und ruft: »Her zu mir, wer für den HERRN ist!« (Ex 32,26) Alle Söhne Levis versammeln sich um ihn, denn Mose gehört selbst zum Stamm der Leviten, und daraufhin lässt er seine Brüder wissen, dass sie das Instrument für Gottes fürchterlichen Zorn sein sollen:

> Und er sagte zu ihnen: So spricht der HERR, der Gott Israels:
> Ein jeder lege sein Schwert an die Hüfte! Geht im Lager hin und
> zurück, von Tor zu Tor, und erschlagt jeder seinen Bruder und
> seinen Freund und seinen Verwandten! Die Söhne Levis nun
> handelten nach dem Wort des Mose; und es fielen vom Volk an

jenem Tage etwa dreitausend Mann. Darauf sagte Mose: Weiht euch heute für den HERRN – denn jeder von euch ist gegen seinen Sohn und gegen seinen Bruder gewesen –, um heute Segen auf euch zu bringen! (Ex 32,27–29)

Wie wir gesehen haben, hat Allah im Dialog mit Noah und später mit Abraham darauf beharrt, Seine Verehrung müsse Vorrang vor bloßer freundschaftlicher Zuneigung oder familiären Gefühlen haben. Die gleiche Strenge finden wir hier bei Jahwe. Später in der Bibel werden die Leviten im Leben Israels die Rolle einer landlosen Priester- oder Semi-Priesterkaste spielen. Wie der biblische Erzähler hier erklärt, hätten sie sich dieses Privileg durch ihre Rücksichtslosigkeit am Berg Sinai verdient.

Wie im Koran bittet Mose auch in der Bibel Jahwe schließlich um Vergebung für die Sünde seines Volkes. Einen Tag nachdem er die Leviten zu ihrem Strafmassaker aufgefordert hat, sagt Mose zu seinem Volk:

Ihr habt eine große Sünde begangen. Doch jetzt will ich zum HERRN hinaufsteigen, vielleicht kann ich Sühnung für eure Sünde erwirken. Darauf kehrte Mose zum HERRN zurück und sagte: Ach, dieses Volk hat eine große Sünde begangen: Sie haben sich einen Gott aus Gold gemacht. Und nun, wenn du doch ihre Sünde vergeben wolltest! Wenn aber nicht, so lösche mich denn aus deinem Buch, das du geschrieben hast, aus. Der HERR aber sprach zu Mose: Wer gegen mich gesündigt hat, den lösche ich aus meinem Buch aus. Und nun gehe hin, führe das Volk an den Ort, den ich dir genannt habe! Siehe, mein Engel wird vor dir hergehen. Am Tag meiner Heimsuchung, da werde ich ihre Sünde an ihnen heimsuchen. (Ex 32,30–34)

Und Jahwe schickt daraufhin eine Plage ins Lager der Israeliten. Wie sich herausstellt, ist der Tag der Strafe genau der Tag, an dem Mose seine Fürbitte äußert.

In der Geschichte, die der biblische Erzähler erzählt, ist Jahwe gegenüber den Israeliten deutlich gewalttätiger als Allah in der Geschichte, die Er erzählt. Auch Mose ist in der Bibel eine deutlich zornigere, impulsivere Figur als im Koran. Im Koran wirft Mose die Tafeln zu Boden, zerbricht sie aber nicht und hebt sie später wieder auf. In der Bibel zerschmettert Mose sie. Schon zuvor waren einige der Worte, die Mose an den Pharao richtete, im Grunde wütende Tiraden. Mit Blick auf das Massaker der Leviten und die anschließende Plage mag Jahwes Rache insofern berechtigt sein, als die Israeliten in der Bibel, anders als im Koran, nicht bereuen, und während Allah sowohl in diesem als auch im künftigen Leben bestraft, bestraft Jahwe einzig und allein in diesem Leben und muss sozusagen die angemessene Strafe mehr oder weniger sofort verhängen.

Liest man diese beiden Darstellungen nebeneinander, so kann man sich gleichwohl nicht des Eindrucks erwehren, dass Allah von sich aus darauf bedacht ist zu vergeben, während Jahwe erst dazu überredet werden muss. In Exodus 33 lesen wir: »Und der HERR redete mit Mose von Angesicht zu Angesicht, wie ein Mann mit seinem Freund redet.« (Ex 33,11) Im Alten Testament findet sich eine solche Behauptung freundschaftlicher Beziehung zu Jahwe einzig und allein für Mose. Doch als Mose Jahwe um Vergebung bittet, muss er genau diese Freundschaft ins Spiel bringen. Vergib meinem Volk, so sagt er im Grunde, oder unsere Freundschaft ist beendet. Jahwe muss dazu gedrängt oder fast genötigt werden, Gnade zu gewähren. Und selbst dann muss Er Israel unbedingt noch einen allerletzten Tritt versetzen, diese letzte Plage schicken. Die hebräische Wurzel *n-g-f* bedeutet üblicherweise »mit einer Heimsuchung schlagen«, kann aber auch ganz einfach »schlagen« oder (in meiner zugegebenermaßen freien Übersetzung) »treten« bedeuten.

Sowohl die koranische wie die biblische Erzählung enden damit, dass die Israeliten und ihr göttlicher Herr die Bühne verlassen und sich nach Kanaan aufmachen. In unserer vergleichenden Betrachtung der beiden Darstellungen und ihrer jeweiligen Charakterisierung Gottes haben wir nicht jede Phase der Geschichte berücksichtigt. So haben wir uns beispielsweise nicht mit der Kindheit des Mose beschäftigt oder von seinem frühen Mord an einem Ägypter erzählt. Wir haben nicht von seiner Flucht in die Wüste berichtet, wo er eine Midianiterin zur Frau nimmt, die ihn auf mysteriöse Weise mitten in der Nacht beschneidet, kurz bevor Gott ihm erscheint. Wir haben die höchst detaillierten Gebote und Vorschriften der Tora, wie die Bibel sie präsentiert, außer Acht gelassen, die Bücher Levitikus, Numeri und Deuteronomium, und nicht einmal die Zehn Gebote näher inspiziert, die »mit dem Finger Gottes« in die Tafeln geritzt wurden. Ebenso wenig haben wir die verschiedenen Darstellungen des Mose im Koran mit ihren oftmals recht spezifischen Details und ihrer mitunter komplementären Moral umfassend berücksichtigt. Wir haben lediglich eine harmonisierte Auswahl daraus präsentiert, die für die Zwecke des Vergleichs genügte.

Innerhalb dieses Vergleichs ist die Geschichte, die der biblische Erzähler berichtet, trotz der Gewalt bei der Charakterisierung Jahwes mit gutem Grund eine archetypische Legende von der Befreiung aus der Sklaverei geblieben. In den USA sangen afrikanische Sklaven vor dem Bürgerkrieg:

> Go down, Moses,
> Way down in Egypt land,
> Tell old Pharaoh,
> Let my people go

Diese Legende, das Gedenken daran in der wunderbaren rituellen Mahlzeit des Passahfests, die bezaubernde, das Kind in den Mittelpunkt rückende frühmittelalterliche hebräische Haagada – all das ist immer und immer wieder auch von anderen Gruppen als den Juden übernommen worden, und der Text lässt das durchaus zu. In Exodus 12,37–38 heißt es:

> Nun brachen die Söhne Israel auf und zogen von Ramses nach Sukkot, etwa 600 000 Mann zu Fuß, die Männer ohne die Kinder. Es zog aber auch viel Mischvolk mit ihnen hinauf, dazu Schafe und Rinder, sehr viel Vieh.

Wenn wir davon ausgehen dass dieses »Mischvolk« Nicht-Israeliten sind, die Mose in die Freiheit folgten, so ist das Passahfest mit gutem Grund zu einer Art universeller Liturgie der Befreiung geworden, in deren Mittelpunkt Jahwe als der göttliche Befreier steht, der uns »mit starker Hand (…) aus Ägypten herausgeführt [hat], aus dem Sklavenhaus«.

Doch im Zuge dieser doppelten Betrachtung dürfte noch ein weiterer Punkt deutlich geworden sein, der für unser Verständnis Allahs von überwältigender Bedeutung ist. Allahs eigener Darstellung zufolge hatte als einzige Gestalt im Koran Mose eine Berufung, die derjenigen Mohammeds ähnelt. Denn Mohammed – und in dieser Hinsicht gibt es ganz deutliche Parallelen zu Mose – war nicht nur der Prophet des Islams, sondern auch der Einiger und Befreier des arabischen Volkes, und Allah war sein Führer, sein Unterstützer und seine Zuflucht, als er diese Berufung erfüllte. Als Mohammed Allahs Ruf beantwortete, musste er genauso entschlossen sein wie Allah selbst, um die einzigartige, alleinige Göttlichkeit Allahs zu verkünden und die Araber und anschließend die Welt außerhalb Arabiens zu Seiner Verehrung aufzufordern. Dabei musste er genauso bereit sein, wie Allah sich allzeit bereit zeigt, »der barmherzigste Erbarmer« (Sure 7,151) zu sein. Ein Historiker würde Mohammeds Berufung historisch nennen. Die Muslime überall auf der Welt haben sich, wenig überraschend, damit begnügt, sie mit dem ehrwürdigeren Begriff »prophetisch« zu bezeichnen.

8

JESUS UND SEINE MUTTER

Vor einigen Jahren veröffentlichte ich an Heiligabend im *New York Times Magazine* einen Artikel mit dem Titel »Jesus, bevor er sprechen konnte«. In einer psychologischen oder literarischen Interpretation der Weihnachtsgeschichte – im Gegensatz zu einer historischen oder theologischen Lesart – schrieb ich:

> Das Schweigen des zentralen Protagonisten, des Kleinkinds
> selbst, verdient besondere Beachtung. Natürlich erwartet
> niemand, dass das Kleinkind Jesus spricht, und die künstlerische
> Reife der kanonischen Evangelien zeigt sich darin, dass er
> niemals seine göttliche Macht missbraucht, um der Natur zu-
> widerlaufende frühreife Tricks vorzuführen. (Für die apokryphen
> Evangelien gilt das nicht: Im »Kindheitsevangelium nach
> Thomas«, um nur ein Beispiel zu nennen, erweckt der zwei Jahre
> alte Jesus einen gesalzenen Fisch wieder zum Leben.) (…)
> Der Instinkt, ein in Gefahr befindliches Kleinkind zu beschützen,
> ist in der menschlichen Spezies fest verankert, eine Reaktion, die
> im Körper beginnt, nicht im Kopf, in angehaltenem Atem und
> angespannten Muskeln. Ein Romancier oder Dramatiker, der in
> der Lage ist, diesen Kreislauf zu aktivieren, kann enorme emotio-
> nale Effekte erzielen. (…) Wenn wir, das Publikum, etwas über
> einen Protagonisten wissen, was der Protagonist selbst nicht
> über sich weiß, resultiert daraus eine enorme dramatische Span-
> nung; wenn der unwissende Protagonist ein Kind ist, dem große
> Gefahr droht, so weckt diese Spannung zusätzlich in jedem Er-

wachsenen den latent vorhandenen elterlichen Beschützer-
instinkt.[1]

Meine Bemerkungen in diesem Artikel gehen offenkundig alle von der
Annahme aus, dass jeder Schriftsteller, selbst der Verfasser einer Heiligen Schrift, vor allem eines will, nämlich Suspense erzeugen, Spannung
aufbauen, über den der Logik folgenden Geist zum instinktgetriebenen
Körper gelangen. Vor diesem Hintergrund gab ich den kanonischen
Evangelien gute Noten für die Spannung, die sie erzeugten, indem sie
die erwartete Sprachlosigkeit eines Kleinkinds beibehielten, sowie für
die Gefahren, die sich um den Kleinen herum auftun, und ich kritisierte
das apokryphe »Kindheitsevangelium nach Thomas«, weil Jesus als
Baby dort nicht nur spricht, sondern auch ein frühreifer kleiner Wun-
derwirker ist.

Aber muss diese Annahme immer gelten? In diesem Buch haben wir
bereits mehrere Fälle erlebt, in denen Allah im Koran entschlossen ist,
Spannung zu verhindern, die Geschichte bewusst zu »versauen« oder
zu »verschenken«. Was in der Art von Fiktion, Drama und Film, wie wir
sie besonders gut kennen, die Norm ist, ist für ihn eindeutig keine
Norm. Es ist die Moral einer Geschichte, die sie für ihn erzählenswert
macht, die es wert macht, Mohammeds Aufmerksamkeit auf eine bestimmte Geschichte zu lenken, und entsprechend baut er die Moral von
Anfang an in jede der Geschichten, die er erzählt, ein. So ist es auch in
der Geschichte, die Allah vom kleinen Jesus und seiner Mutter erzählt.

Und gedenke der Maria im Buch:
Damals, als sie sich zurückzog an einen Ort im Osten
und sich abschirmte vor ihnen.
Da sandten wir unseren Geist zu ihr.
Der trat vor sie als Mensch hin, wohlgestaltet.
Sie sprach: »Siehe, ich nehme meine Zuflucht vor dir
    beim Erbarmer,

sofern du gottesfürchtig bist.«

Er sprach: »Ich bin Gesandter deines Herrn,
auf dass ich dir einen lauteren Knaben schenke!«

Sie sprach: »Wie soll mir denn ein Knabe werden,
da mich noch kein menschlich Wesen je berührte
und ich auch keine Dirne bin?«

Er sprach: »So spricht dein Herr:
›Das ist mir ein Leichtes.‹«

Auf dass wir ihn zu einem Zeichen machen für die Menschen –
und solches als Barmherzigkeit von uns.

Da wurde es beschlossene Sache.

So ward sie mit ihm schwanger
und zog sich zurück mit ihm an einen weit entfernten Ort.

Da ließen die Wehen sie zum Stamm der Dattelpalme
    kommen.

Sie sprach:

»Weh mir! Ach wäre ich zuvor doch schon gestorben
und ganz und gar vergessen!«

Da rief es ihr von unten zu:

»Bekümmere dich nicht!

Dein Herr ließ unter dir ein Wasser fließen.

Rüttle den Stamm der Dattelpalme – hin zu dir,
damit sie frische Früchte auf dich fallen lasse!

Dann iss und trink, und sei guten Mutes!

Wenn du dann irgendeinen Menschen siehst, so sprich:

›Siehe, ich gelobte dem Erbarmer ein Fasten;
so kann ich heute zu keinem menschlich Wesen sprechen!‹«

Dann kam sie mit ihm zu den Ihren, ihn tragend.

Sie sprachen: »O Maria, da hast du etwas Unerhörtes getan!

O Schwester Aarons, dein Vater war kein schlechter Mann
und deine Mutter keine Dirne.«

Da deutet sie auf ihn. Sie sprachen:

»Wie sollen wir zu einem sprechen, der noch ein Kind ist
   in der Wiege?«
Er sprach: »Siehe, ich bin der Knecht Gottes!
Er gab mir das Buch und machte mich zum Propheten.
Er verlieh mir Segen, wo immer ich auch war,
und trug mir das Gebet auf und die Armensteuer,
solange ich am Leben bin.
Und Ehrerbietung gegen meine Mutter!
Er machte mich zu keinem unglückseligen Gewaltmensch!
Und Friede über mich am Tag, da ich geboren ward,
am Tag, an dem ich sterben werde,
und am Tag, da ich zum Leben werde auferweckt!«
Das ist Jesus, Sohn Marias, als Wort der Wahrheit,
über das sie uneins sind.
Es steht Gott nicht an, einen Sohn anzunehmen –
gepriesen sei er!
Beschließt er eine Sache, so spricht er nur zu ihr:
»Sei!« Und dann ist sie.
Siehe, Gott ist mein Herr und euer Herr, so dienet ihm!
Das ist ein gerader Weg. (Sure 19,16–36)

Allah erwähnt Jesus nur an ein paar wenigen Stellen im Koran. Die
Worte, die der neugeborene Jesus in dieser Passage spricht, spielen innerhalb dieses kleinen Bestands an zitierten Worten eine bedeutsame
Rolle. Dass Jesus als Kleinkind in der Wiege spricht, ist nur die erste
von zahlreichen Korrekturen, die Allah an der überlieferten christlichen
Darstellung von Jesu Herkunft, Charakter und Mission vornimmt.
   So wie Allah diese Geschichte erzählt, hat Maria keinen Mann, während in drei der vier kanonischen Evangelien Josef sowohl ihr Mann als
auch Jesu Ziehvater ist. Im Matthäus- und im Lukasevangelium ist
zwar von der jungfräulichen Geburt Jesu die Rede, sein Stammbaum jedoch verläuft ausdrücklich über Josef. Jesus ist Jude vom Stamme Juda,

und die Abstammungslinie verläuft über Judas Sohn Perez und, Generationen später, über König David bis zu Josef und erst über ihn zu Jesus. Im Johannesevangelium, in dem von der jungfräulichen Geburt überhaupt nicht die Rede ist, wird Jesus in 6,42 fast beiläufig als Josefs Sohn tituliert. Indem Allah die Geschichte von Jesus und seiner Mutter ohne Josef, seinen Beschützer und Ziehvater, erzählt, korrigiert er die überlieferte Darstellung insofern, als die dortige zentrale Rolle Israels und Jesu als Jude unerwähnt bleibt, während die Jungfräulichkeit und heilige Reinheit Marias eine markante Betonung erfahren.

So wie in Allahs Erzählung der Mosegeschichte Israel als Volk weniger wichtig war als Mose selbst, so auch hier: In Allahs Erzählung der Jesusgeschichte spielt dessen Identität als Jude königlicher Abstammung überhaupt keine Rolle. Wichtig ist, dass Jesus ein Muslim ist, der von Allah selbst sein eigenes »Buch« empfangen hat, und das sogar noch in der Wiege.

In den beiden Evangelien, in denen von Jesu jungfräulicher Geburt die Rede ist, wird Marias Jungfräulichkeit nicht als solche gepriesen, ebenso wenig wie die Menopause in der Genesiserzählung von Isaak, der Sara und Abraham auf so wundersame Weise geboren wird. In keinem Evangelium ist davon die Rede, Jesu jungfräuliche Geburt beinhalte ein Keuschheitsgelübde für Maria. Das Lukasevangelium mag nahelegen, dass Maria Josef vor allem deshalb bald nach der Empfängnis heiratete, damit kein öffentliches Aufsehen entstand. Sie war schließlich mit ihm verlobt zu der Zeit, als ihr der Erzengel Gabriel erschien, und dieses Verlobtsein war damals der Ehe näher, als es eine Verlobung in unserer heutigen Welt ist. Im Matthäusevangelium erscheint Josef, nachdem Marias Schwangerschaft erstmals sichtbar geworden ist, in einem Traum ein Engel und sagt:

Josef, Sohn Davids, fürchte dich nicht, Maria, deine Frau, zu dir zu nehmen! Denn das in ihr Gezeugte ist von dem Heiligen Geist. Und sie wird einen Sohn gebären, und du sollst seinen

Namen Jesus nennen, denn er wird sein Volk retten von seinen Sünden. (Mt 1,20–21)

Die Evangelien sind auf Griechisch verfasst, und Ἰησοῦς ist die griechische Form des Namens Josua, was auf Hebräisch so viel bedeutet wie »Jahwe ist Rettung«, und Josua heißt Moses wichtigster militärischer Gehilfe, der später, dank Jahwes Hilfe, zum Eroberer von Kanaan wird. Jedenfalls sorgt in dieser Darstellung auch Jesu Geburt für keinerlei Aufsehen, weil Maria einen Mann hat und so die Welt um sie herum davon ausgeht, dass Jesus den beiden auf natürliche Weise geboren wurde.

Im Koran wie in den beiden biblischen Darstellungen erfolgt Marias Empfängnis, wie im Falle Saras, durch die Macht Gottes, und es geht in erster Linie um Gottes Macht, Leben zu schaffen, und weniger um die jeweiligen biologischen Bedingungen. Die Verbindung zwischen Sara und Maria, zwischen Menopause und Jungfräulichkeit wird im Lukasevangelium zusätzlich betont, als der Erzengel Gabriel, nachdem er Maria seine folgenschwere Botschaft übermittelt hat, fortfährt:

Und siehe, Elisabeth, deine Verwandte, ist auch schwanger mit einem Sohn, in ihrem Alter, und ist jetzt im sechsten Monat, sie, von der man sagt, dass sie unfruchtbar sei. *Denn bei Gott ist kein Ding unmöglich.* (Lk 1,36–37; Lutherbibel)

(Die kursiv gesetzte Wendung ist eine Anspielung auf Jeremia 32,27: »Siehe, ich bin der HERR, der Gott alles Fleisches! Sollte mir irgendein Ding unmöglich sein?«) Dass für Gott nichts unmöglich ist, ist der Aspekt in den Evangelien, der dem Koran am nächsten kommt, denn im Koran, wo Maria überhaupt keinen männlichen Partner hat, kommt Gott zweifellos eine noch größere Rolle zu als in den Evangelien.

Allah kommt in der koranischen Darstellung von Jesu Empfängnis auch noch aus einem anderen Grund eine wichtige Bedeutung zu –

denn es ist nicht der Erzengel Gabriel, der in Allahs Erzählung Maria verkündet, dass sie dank Allahs Macht schwanger geworden ist, sondern er schickte vielmehr »unseren Geist zu ihr. Der trat vor sie als Mensch hin, wohlgestaltet.« Maria beklagt gegenüber diesem »wohlgestalteten Menschen«, sie habe keinerlei Kontakt mit einem Mann gehabt, so wie sie das auch im Lukasevangelium gegenüber dem Erzengel Gabriel tut. Bei Lukas erwidert der Engel in erhabenem Ton:

Der Heilige Geist wird über dich kommen, und Kraft des Höchsten wird dich überschatten; darum wird auch das Heilige, das geboren werden wird, Sohn Gottes genannt werden. (Lk 1,35)

Allahs Ebenbild erwidert deutlich knapper und bestimmter (und zitiert dabei Allah): »So spricht dein Herr: ›Das ist mir ein Leichtes.‹«

Daraufhin nimmt Allah die Erzählung wieder auf und betont Marias Einsamkeit und ihre Abhängigkeit von Ihm. Nachdem sie sich bereits von ihrer Familie an einen »Ort im Osten« zurückgezogen hat, begibt sie sich nun »an einen weit entfernten Ort«, wo die Wehen einsetzen und sie in ihrem Alleinsein klagt: »Weh mir! Ach wäre ich zuvor doch schon gestorben und ganz und gar vergessen!« An diesem Punkt beginnt Jesus, noch vor seiner Geburt, aus Marias Bauch heraus zu sprechen und befiehlt seiner Mutter unmissverständlich, das wundersame und tröstliche Eingreifen Allahs zu erwarten:

Bekümmere dich nicht!
Dein Herr ließ unter dir ein Wasser fließen.
Rüttle den Stamm der Dattelpalme – hin zu dir,
damit sie frische Früchte auf dich fallen lasse!
Dann iss und trink, und sei guten Mutes!
Wenn du dann irgendeinen Menschen siehst, so sprich:
»Siehe, ich gelobte dem Erbarmer ein Fasten;
so kann ich heute zu keinem menschlich Wesen sprechen!«

Die meisten muslimischen Kommentatoren interpretieren diese Stimme »von unten« als die des ungeborenen Jesus. Lindern Datteln und Wasser die Schmerzen der Geburt? Vielleicht taten sie es in diesem Fall. Allah sagt nichts weiter über Marias Gebären und nichts über das Verhalten der Dattelpalme. Aber wir dürfen davon ausgehen, dass sie das tat, was Jesus aus dem Bauch heraus verkündet hatte.

Die nächste Phase in der Geschichte, wie Allah sie erzählt, ist Marias Rückkehr nach Hause. Sie war von dort weggegangen, bevor Allahs Gesandter ihr erschienen war, und seit Beginn ihrer Schwangerschaft hat sie sich noch weiter zurückgezogen, um zu gebären; insofern dürfte sie inzwischen mehr als neun Monate von ihrer Familie weg gewesen sein. Wie nimmt ihre Familie sie auf, nun, da sie mit einem Kind in ihren Armen zurückkehrt?

Wenn wir für einen Augenblick bei Marias Stammbaum verweilen, zeigt sich, dass sie – Mirjam auf Hebräisch, *maryam* auf Arabisch – den gleichen Namen hat wie eine andere Mirjam/*maryam* im Alten Testament und im Koran, nämlich Mirjam, die Schwester von Mose und Aaron. So wie Allah die Geschichte von Jesu Mutter erzählt, hat auch sie einen Bruder namens Aaron, der in den Evangelien nicht erwähnt wird. Ihr Vater heißt zufällig Imran, trägt also den Namen, den die muslimische Überlieferung dem Vater von Mose, Aaron und ihrer Schwester Mirjam zuschreibt. (Sein biblischer Name ist Amram.) Glaubt man dem *Study Quran*, verweist Allah dadurch, dass er Aaron in seine Erzählung von Marias Heimkehr aufnimmt und damit die Auslassung in den Evangelien korrigiert, auf einen Halbbruder oder er will suggerieren, dass Maria mit dem früheren Aaron und damit mit dem früheren Imran verwandt ist. Jedenfalls hat es diese »Schwester Aarons« mit einer Familie zu tun, die sichtlich bestürzt ist, als Maria als Mutter ohne Begleitung nach Hause zurückkommt. Was soll sie ihnen sagen? Sie »fastet« gerade vom Sprechen, wie ihr Sohn ihr befohlen hat, und so kann sie nur auf ihn deuten, und in diesem Augenblick versetzt er sie in großes Erstaunen, als er aus der Wiege zu ihnen spricht:

Siehe, ich bin der Knecht Gottes!
Er gab mir das Buch und machte mich zum Propheten.
Er verlieh mir Segen, wo immer ich auch war,
und trug mir das Gebet auf und die Armensteuer,
solange ich am Leben bin.
Und Ehrerbietung gegen meine Mutter!
Er machte mich zu keinem unglückseligen Gewaltmensch!
Und Friede über mich am Tag, da ich geboren ward,
am Tag, an dem ich sterben werde,
und am Tag, da ich zum Leben werde auferweckt!
(Sure 19,30–33)

Ganz ähnlich wie Mose in seiner Konfrontation mit dem Pharao gibt sich Jesus zunächst als Muslim (als »Knecht Gottes«) zu erkennen, der wie jeder andere Muslim verpflichtet ist, zu beten und Almosen zu geben. Das Besondere an ihm ist, dass Allah ihn sowohl zu Seinem Propheten und, da ihm ein »Buch« gegeben wurde, auch zu Seinem Gesandten gemacht hat. Aufgrund dessen kann er für sich selbst den traditionellen Segen »Friede sei mit ihm« (arab. ʿalayhi s-salām) verkünden. Dabei ist Jesus in Allahs Darstellung jedoch darauf bedacht, sich innerhalb des gängigen menschlichen Bogens von Geburt-Tod-Auferstehung zu verorten. *Jeder* wird an dem »Tag« auferstehen, und wenn Jesus in der Wiege davon spricht, er werde zum Leben auferstehen, so meint er nicht im Entferntesten so etwas wie die Auferstehung im ahnungsvoll-schicksalhaften christlichen Verständnis des Begriffs.

Aber kann man einem Kind, mag es durch Gottes Macht auch noch so sehr dazu befähigt sein, wie ein Erwachsener zu sprechen, ein ganzes »Buch« anvertrauen? Zum Glück verlangt es selbst eine entschlossene Aussetzung der Ungläubigkeit in diesem Falle nicht, dass wir uns hier einen dicken gebundenen Wälzer vorstellen, der durch die Macht Allahs in Jesu Wiege plumpste. »Buch« meint hier wie jedes andere Element in den Geschichten, die Allah von den prophetischen Vorläufern

Mohammeds erzählt, das, was »Buch« im prophetischen Wirken Mohammeds selbst bedeutet – nämlich Allahs unveränderliche Botschaft. Bei dem, was dem kleinen Jesus hier anvertraut wurde, dürfte es sich also nicht um die schriftlichen Evangelien gehandelt haben, wie Christen sie kennen. In diesem Zusammenhang sollten wir daran erinnern, dass keines der kanonischen Evangelien, aber auch keines der verschiedenen apokryphen Evangelien den Anspruch erhebt, das Werk Jesu zu sein, der es quasi persönlich mit der Feder auf Papyrus geschrieben hat. Die kanonischen Evangelien – die vier, die Teil der Bibel sind – erzählen alle vom Tod Jesu und müssen deshalb das Werk anderer sein, die danach über ihn geschrieben haben. Allahs Bericht von einem Buch, das dem soeben geborenen Jesus, welcher bereits orakelhafte Sätze von sich gibt, in die Wiege gelegt wurde, lässt sich also durchaus auf christliche Weise verstehen.

Wir sprechen gemeinhin von den Evangelien (im Plural) des Matthäus, des Markus, des Lukas und des Johannes. Im Christentum jedoch ist traditionell häufig vom (einen) Evangelium *nach* Matthäus, Markus und so weiter die Rede. Das Entscheidende an dem Wort »nach« ist, dass das Evangelium selbst – die »gute Nachricht« oder Frohe Botschaft der christlichen Offenbarung – von Jesus selbst durch sein Leben, seinen Tod und seine Auferstehung übermittelt wurde. Die Frohe Botschaft war somit in erster Linie *seine* Frohe Botschaft. Die traditionellen vier Evangelisten lieferten anschließend lediglich ihre Versionen dessen, was sie als seine Botschaft verstanden. In der koranischen Episode könnte man das, was Jesus anvertraut wurde, als dieses eine Evangelium betrachten, das noch nicht durch christliche Hände verdorben wurde.

Wie bereits gesagt ist Mohammed ein Prophet, der weder lesen noch schreiben kann, und diese Tatsache wird im Islam sogar besonders gepriesen. Seine Anhänger zeichneten auf, was er als Diktat Allahs durch den Erzengel Gabriel in den letzten 22 Jahren seines Lebens sagte, kollationierten nach seinem Tod das, was sie aufgeschrieben hatten, und der Kalif Utman verkündete schließlich den schriftlichen Koran, wie wir ihn heute kennen. Anders als Mohammed war Jesus, glaubt man den Evangelien, des Schreibens und Lesens kundig. Bei Lukas (4,16–22) liest er in der Synagoge von Nazareth aus der Buchrolle des Propheten Jesaja und beendet seine Lesung mit den dramatischen Worten: »Heute ist diese Schrift vor euren Ohren erfüllt.« Bei Johannes 8,6 schreibt er »mit dem Finger auf die Erde«. Wäre Jesus aber genauso Analphabet gewesen wie Mohammed, so hätte er gleichwohl das gleiche Evangelium predigen und in der gleichen Beziehung zu den später abgefassten Evangelien stehen können.

Die größere Korrektur der Evangelien, die Allah durch den Koran vornimmt, ist die implizite Annahme, Allah habe Jesus das Evangelium anvertraut, so wie er Mohammed den Koran anvertraut hat oder, in anderen Worten, Jesus stehe zum Evangelium in einem ähnlichen Verhältnis wie Mohammed zum Koran. Wenn wir ein Evangelium oder die Evangelien so lesen, so lesen wir sie eindeutig ganz anders als die Evangelien, die Christen als Schrift verehren, und damit stellt Allah letztlich die Vertrauenswürdigkeit der Evangelien, wie Christen sie kennen, hochgradig in Frage.

Die Worte des kleinen Jesus in der Wiege sprechen zwar all diese umfassenderen konfessionellen Fragen an, doch auf das, was die Familie Imran eigentlich beschäftigt, haben sie keine Antwort, nämlich dass Maria womöglich Schande über ihre ehrenwerten Eltern und auch sie gebracht hat. Wahrscheinlich waren sie durch die Worte ihres Sohnes aus der Wiege so verblüfft, dass sie ihre Verärgerung ihr gegenüber nicht weiter zum Ausdruck brachten.

Bemerkenswerterweise ist Maria die einzige Frau, die im Koran namentlich erwähnt wird, und sie taucht mehr als siebzig Mal dort auf, also deutlich öfter als in irgendeinem der Evangelien. Die meisten dieser Verweise auf sie erfolgen jedoch schlicht im Zusammenhang der vielfach wiederholten Phrase »Jesus, Sohn Marias«, und viele dieser Erwähnungen fungieren wiederum als pointierte Hinweise darauf, dass Jesus in Wirklichkeit der Sohn dieser Frau und eben nicht der Sohn

Gottes ist. Interessanterweise findet sich die Bezeichnung »Sohn Gottes« oder »Gottessohn« auch in den Evangelien selten, und sie spricht einem so etikettierten Menschen überdies nicht zwangsläufig Göttlichkeit zu. Das Lukasevangelium kommt deshalb, wenn es dem Stammbaum Jesu über Josef bis zu Adam nachspürt, zu dem Schluss: »Sohn (…) des Enosch, des Set, des Adam, des Gottes«. (Lk 3,38) Adam, der niemals als göttlich galt, ist gleichwohl ein echter Sohn Gottes. Als Jesus das heilige »Gebet des Herrn«, das »Vaterunser«, lehrt, macht er all seine Zuhörer zu Kindern Gottes, indem er sie dazu drängt, ihr Gebet so zu beginnen: »Vater unser, der du bist im Himmel …« Richtig ist freilich, dass die Evangelien – zumindest das Johannesevangelium – Jesus einen einzigartigen und außergewöhnlichen Sohnes-Status zuschreiben. So heißt es bei Johannes:

Denn so hat Gott die Welt geliebt, dass er seinen eingeborenen Sohn gab, damit jeder, der an ihn glaubt, nicht verloren geht, sondern ewiges Leben hat. (Joh 3,16)

Diese Behauptung einer Beziehung, die einer Göttlichkeit gleichkommt, will Allahs wiederholte Bezeichnung Jesu als Marias Sohn korrigieren. Gleichzeitig betont Allah deutlich beharrlicher als die Evangelisten die Heiligkeit Marias.

Von dem, was Allah über Maria sagt, dürfte nichts christliche oder jüdische Leser mehr irritieren als etwas, das Er selbst berichtet, als Er Jesus eine Frage zu Maria stellt:

Und damals, als Gott sprach:
»O Jesus, Sohn Marias, hast du den Menschen denn gesagt:
›Nehmt mich und meine Mutter zu Göttern neben Gott‹?«
Er sprach: »Gepriesen seist du!
Mir steht nicht zu, dass ich etwas sage, wozu ich nicht
    berechtigt bin.

Und hätte ich es gesagt, so weißt du es;
du weißt ja, was in meinem Inneren ist,
doch ich weiß nicht, was in deinem Inneren ist.
Siehe, du bist es, der die Verborgenheiten am besten kennt.
Ich habe ihnen nur gesagt, was du mir aufgetragen hast:
›Dient Gott, meinem Herrn und eurem Herrn!‹
Und ich war Zeuge gegen sie, solange ich bei ihnen war.
Doch als du mich zu dir abberufen hast,
da hast du selber auf sie achtgegeben.
Und du bist über alle Dinge Zeuge.
Bestrafst du sie, so sind sie deine Knechte,
und vergibst du ihnen, so bist du der Mächtige, Weise!«
    (Sure 5,116–118)

Kontext der eben zitierten abschließenden Behauptung ist Allahs Beschwörung (gegenüber Mohammed) des Tages, »da Gott die Gesandten versammelt und spricht: ›Was wurde euch geantwortet?‹ Da werden sie sagen: ›Kein Wissen haben wir! Siehe, du bist es, der die Verborgenheiten am besten kennt.‹« (Sure 5,109) Mit anderen Worten:
Allahs Äußerungen stehen im Zusammenhang mit dem Jüngsten Gericht, wenn alle Propheten oder Gesandten Allahs Zeugnis darüber ablegen werden, ob sie von den Menschen, zu denen Allah sie geschickt
hat, aufgenommen oder zurückgewiesen wurden. Mit dieser Aussage
macht Allah Mohammed deutlich, was Jesu Botschaft in Wirklichkeit
für das jüdische Volk war, darunter natürlich auch für die Juden, die das
Christentum begründeten. Jesu Botschaft an sie alle war identisch mit
der Botschaft, die Mohammed den Menschen in Mekka und Medina
überbringt, und an diesem Tag werden Christen strenge Bestrafung erfahren, wenn sie Jesu wahre Botschaft mutwillig verzerrt haben, indem
sie ihn vergöttlichen.

Dass Allah Mohammed darauf besonders hinweisen will, ist keine
Überraschung. Überraschend ist, dass er glaubt, auch den Göttlich-

keitsanspruch für Maria ablehnen zu müssen. Warum aber sollte man eine Behauptung zurückweisen, so werden christliche Leser fragen, wenn Christen sie nie geäußert haben? Eine spekulative und ausnahmsweise historische Antwort könnte lauten: Dieser Anspruch musste womöglich vor allem aus einem Grund zurückgewiesen werden: wegen des Charakters, den das im 7. Jahrhundert großartigste Bauwerk der bekannten Welt (oder zumindest das großartigste in Europa und im Nahen Osten) hatte.

Gemeint ist die großartige Basilika der heiligen Weisheit (auf Griechisch *Hagia Sophia*) in Konstantinopel, der Hauptstadt des Römischen Reiches. Jeder Besucher von außerhalb, der dieses großartige Bauwerk besuchte und erlebte, welch erstaunlich zentrale Rolle Maria – als *Theotokos*, als »Gottesgebärerin« – in den glitzernden Mosaiken spielt, konnte durchaus auf den Gedanken kommen, dass Maria, die Jesus zur Welt gebracht hatte, ähnlich stark verehrt wurde wie ihr Sohn, der unter ihrer Kuppel als Christus Pantokrator, als »Weltenherrscher«, verehrt wurde.[2] Jahrhunderte später sollte der Protestantismus die frühe Kirche vor allem wegen eines derartigen »Marienkults« kritisieren, der Maria im Grunde wie eine Göttin behandelte. In Allahs Bemühen, der Mutter die Göttlichkeit abzusprechen, wenn er sie ihrem Sohn abspricht, könnte man also durchaus eine Art proto-protestantischen Radikalismus von muslimischer Seite sehen.

Doch obwohl Maria die Göttlichkeit abgesprochen wird, beschäftigt sich Allah deutlich mehr mit ihrer Heiligkeit als die biblischen Evangelien. Als Marias Mutter mit ihr schwanger wird, überantwortet sie ihre Tochter Gott mit den Worten:

Mein Herr, siehe, ich gelobe dir,
was ich im Leibe trage, als gottgeweiht.
So nimm es von mir an!
Siehe, du bist der Hörende, der Wissende. (Sure 3,35)

Und nachdem sie das Kind zur Welt gebracht hat, sagt sie:

>Mein Herr, ich habe es als Mädchen geboren!<
– Gott aber wusste sehr genau, was sie geboren hatte,
denn ein Knabe ist nicht wie ein Mädchen! –
>Siehe, ich nannte sie Maria,
und sie und ihre Kindeskinder, die stelle ich unter deinen Schutz
vor dem verfluchten Satan.<
Da nahm ihr Herr sie gütig an,
ließ sie heranwachsen auf schöne Weise
und setzte Zacharias ein zur Pflegschaft über sie.
Sooft nun Zacharias zu ihr in den Tempel eintrat,
fand er bei ihr Speise.
Er sprach: >O Maria, woher hast du das?<
Sie sprach: >Es ist von Gott.
Siehe, Gott versieht mit Gaben, wen er will, ohne zu berechnen.<
   (Sure 3,35–37)

Maria ist nicht wie die Engel, die Abraham aufsuchten und nichts aßen, weil sie geistige Wesen waren, die keine Nahrung brauchten. Maria braucht etwas zu essen, aber Allah versorgt sie direkt damit. Und etwas später sagen die Engel zu ihr:

O Maria!
Siehe, Gott hat dich erwählt und rein gemacht –
er erwählte dich vor allen Frauen in der Welt.
Maria, sei deinem Herrn demütig ergeben,
wirf dich nieder, und neige dich mit den sich Neigenden!
   (Sure 3,42–43)

Davon, dass Gott Maria unmittelbar zu essen gab, findet sich in den Evangelien kein Wort, und dieser engelsgleiche Päan für Maria hat dort ebenfalls keine Entsprechung. Im Lukasevangelium findet sich jedoch ein Wortwechsel, zu dem auch ein Gedicht gehört, das Maria über sich selbst spricht und das eine Parallele zu diesen koranischen Lobpreisungen von Jesu Mutter darstellen könnte.

Maria ist soeben im Hause von Elisabeth eingetroffen, ihrer im sechsten Monat schwangeren Cousine, um sie in den letzten drei Monaten bis zur Geburt zu unterstützen.

> Und es geschah, als Elisabeth den Gruß der Maria hörte, hüpfte das Kind in ihrem Leib; und Elisabeth wurde mit Heiligem Geist erfüllt und rief mit lauter Stimme und sprach: Gesegnet bist du unter den Frauen, und gesegnet ist die Frucht deines Leibes! Und woher geschieht mir dies, dass die Mutter meines Herrn zu mir kommt? (Lk 1,41–43)

Marias Antwort erfolgt in Gestalt eines Gedichts mit wiederholten Anspielungen auf die Propheten des Alten Testaments, die im Folgenden alle kursiv gesetzt sind:

> Und Maria sprach: Meine Seele erhebt den Herrn, und mein Geist *hat gejubelt über Gott, meinen Retter*. Denn *er hat hingeblickt auf die Niedrigkeit seiner Magd*; denn siehe, von nun an werden mich glückselig preisen alle Geschlechter. Denn Großes hat der Mächtige an mir getan, und *heilig ist sein Name*. Und *seine Barmherzigkeit ist von Geschlecht zu Geschlecht über die, welche ihn fürchten*. Er hat Macht geübt mit seinem Arm; er hat zerstreut, die in der Gesinnung ihres Herzens hochmütig sind. *Er hat Mächtige* von Thronen *hinabgestoßen und Niedrige erhöht. Hungrige hat er mit Gütern erfüllt* und Reiche leer fortgeschickt. *Er hat sich Israels, seines Knechtes, angenommen, um der Barm-*

herzigkeit zu gedenken – wie er zu unseren Vätern geredet hat – gegenüber Abraham und seinen Nachkommen in Ewigkeit.
(Lk 1,46–55)

Zugegeben, Elisabeth und Maria preisen untereinander Maria in ihren Worten fast so, wie Allah das durch seine Taten tut, vom Augenblick ihrer Empfängnis bis zu den Botschaften, die Er ihr über Seine Engel zukommen lässt, aber es ist eine Sache, ob Frauen Maria in Gottes Namen preisen, und eine ganz andere, ob Gott selbst sie preist.

Wie wir gesehen haben, ist Allah bei allen bedeutenden Handlungen, an denen einer seiner Propheten beteiligt ist, gerne selbst Schritt für Schritt involviert. Das wird nirgends deutlicher als in der im Voraus verkündeten Zusammenfassung der Wunder, die Jesus in seinem öffentlichen Leben vollbringen wird. Ganz nach Art eines Propheten sagt er zu seinem Volk:

Ich kam zu euch mit einem Zeichen von eurem Herrn,
dass ich für euch aus Ton erschaffe, was die Gestalt von
    Vögeln hat.
Dann hauche ich es an, so dass es wirklich Vögel werden,
mit Erlaubnis Gottes.
Ich werde Blinde heilen und Aussätzige
und werde Tote lebendig machen,
mit Erlaubnis Gottes.
Ich werde euch verkünden, was ihr esst und was ihr
    in euren Häusern speichert.
Siehe, darin liegt für euch fürwahr ein Zeichen,
sofern ihr gläubig seid!
Ich kam zu euch, um zu bestätigen, was vor mir war
    von dem Gesetz,
und um euch zu erlauben manches von dem,
    was euch verboten war.

Ich kam zu euch mit einem Zeichen von eurem Herrn.

So fürchtet Gott, und leistet mir Gehorsam!

Siehe, Gott ist mein Herr und euer Herr! So dienet ihm!

Das ist ein gerader Weg. (Sure 3,49–51)

Er erschafft Vögel aus Ton und sorgt dann mit einem Klatschen und einem Ruf dafür, dass sie davonfliegen. Da obige Passage gesprochen wird, bevor das Wunder der tönernen Vögel überhaupt vollbracht wird, muss Jesus sie entweder als Baby oder als kleiner Junge gesagt haben. Wie von Allah zitiert, korrigiert Jesus das Kindheitsevangelium des Thomas im Hinblick auf die Zahl der Tonvögel, denen Leben eingehaucht wird.

Viel wichtiger noch: Der kleine Jesus hebt hervor, dass alle Wunder, die er scheinbar vollbringen wird, mit Allahs Erlaubnis vollbracht werden. Er betont anders gesagt, dass er selbst über keine gottgleichen Fähigkeiten verfügt. Zwar sollen ihm seine Zuhörer als dem Gesandten Allahs gehorchen, wenn er beispielsweise so manche Einschränkung der jüdischen Glaubenspraxis lockert, aber dienen sollen sie allein Allah – »meinem Herrn und eurem Herrn« –, denn das »ist ein gerader Weg«.

Die Wendung vom »geraden Weg«, die stets gleichbedeutend mit dem ʾislam ist, die Tatsache, dass eine so wichtige Zusammenfassung von Jesus als Kleinkind oder bestenfalls kleiner Junge verkündet worden sein soll, all das unterstreicht nur, dass Jesus einzig und allein als Instrument Allahs handeln wird.

Bei der Erörterung der Frage, inwiefern Allah die Darstellungen Jesu in den kanonischen Evangelien korrigiert, indem er dessen Göttlichkeit leugnet, haben wir bislang nur über Christen und christliche Schriften gesprochen. Aber korrigiert Allah in dieser Hinsicht auch die Juden? Die Antwort lautet eindeutig Nein. Der israelitische Monotheismus wurde zur Zeit des babylonischen Exils so absolut, dass er selbst für Satan jede Rolle ausschloss. Später, vermutlich unter persischem Einfluss, erwuchs Satan zu einem machtvollen Wesen, auch wenn er Jahwe letztlich untergeordnet blieb. In den letzten vorchristlichen Jahrhunderten schuf die jüdische Spekulation mehr Raum für eine andere, wohlwollende Dienst- oder Hilfsmacht neben der unmittelbaren Macht Gottes. Nach dem Aufstieg des Christentums jedoch mit seiner Verehrung eines göttlichen Messias lehnte das rabbinische Judentum entschieden jeden Glauben an irgendeine übernatürliche Macht neben der Macht Gottes ab, wobei Satan die einzige begrenzte Ausnahme war, die sich über mehrere Jahrhunderte allmählich herausbildete. Der rabbinische Glaubenskern ließ sich in der Wendung »keine zwei Mächte im Himmel« zusammenfassen und rhetorisch deutlich machen. Die jüdische Verurteilung, die in dieser Phrase beinahe mantrahaft zum Ausdruck kommt, ist im Grunde die gleiche wie die muslimische Verurteilung, die in einem Begriff zum Ausdruck kommt, auf den wir schon früher gestoßen sind, nämlich *širk*, was übersetzt »Beigesellung« bedeutet – nämlich die Beigesellung irgendeines zweiten Gottes oder gottähnlichen Wesens zu Gott selbst. Die Sünde der Schirk, die nicht bereut wird, ist laut dem Koran die einzige Sünde, die nicht vergeben werden kann.[3]

Hätten die Juden Arabiens Mohammed als den letzten ihrer Propheten somit leichter akzeptieren können als die Christen? Edward Gibbon schrieb in seiner *History of the Decline and Fall of the Roman Empire*, es wäre dem weltlichen Glück der Juden zuträglich gewesen, hätten sie es getan:

> Die Wahl von Jerusalem zum ersten Kebla des Gebetes offenbart den anfänglichen Hang Mohamed's zu Gunsten der Juden, und ein Glück wäre es für ihr zeitliches Interesse gewesen, wenn sie in dem arabischen Propheten die Hoffnung Israel's und den verheißenen Messias anerkannt hätten. Ihre Halsstarrigkeit verwandelte seine Freundschaft in jenen unversöhnlichen Haß, womit er dieses unglückliche Volk bis zum letzten Augenblicke

seines Lebens verfolgte, und seine Verfolgung dehnte sich bei seinem doppelten Character eines Propheten und eines Eroberers auf beide Welten aus.[4]

Gibbon ist in seiner süffisanten Art unerträglich herablassend leutselig gegenüber den Juden und fast gleichermaßen gegenüber den Muslimen, insbesondere gegenüber Mohammed. Doch lässt man seine »aufgeklärte« Leutseligkeit einmal beiseite, so hätten die Juden Arabiens kein Problem damit gehabt, Jesus von Nazareth die Göttlichkeit abzusprechen, wie sie das schon lange taten, und als eine Art Muslime *avant la lettre* (beziehungsweise vor Mohammed) zu bekräftigen, dass es keinen Gott außer Gott gibt. Das Hindernis bestand vielmehr darin, Mohammed als den letzten Propheten Gottes zu akzeptieren, denn das hätte zur Folge gehabt, dass man auch den Koran als Schrift hätte akzeptieren müssen, die das eigene, viel größere Konvolut an Schriften verdrängte und überflüssig machte und damit dem Vorwurf des Korans entsprochen hätte, wonach sie, die Juden, aufgrund von Vernachlässigung oder Böswilligkeit ihre eigenen Schriften nicht bewahrt hätten. Das lehnten sie ab, und rückblickend darf man durchaus bezweifeln, dass es in ihrem langfristigen weltlichen Interesse gewesen wäre, wenn sie Gibbons Ratschlag gefolgt wären.

Mit zwei Aspekten müssen wir uns noch befassen, bevor wir dieses Kapitel über Jesus im Koran und Jesus in der Bibel sowie über die Implikationen, die dieser Unterschied für unser Verständnis von Gott im Koran hat, beschließen. Der erste Aspekt, dem wir uns relativ kurz widmen können, sind die Lehren Jesu. Der zweite, deutlich kompliziertere und stärker aufgeladene Aspekt sind sein Tod (wenn überhaupt) und seine Auferstehung (und wenn ja, wann).

Diese beiden Fragen bestimmen die vier biblischen Evangelien fast zur Gänze. Im Gegensatz dazu sind die Geschichte von Marias jungfräulicher Empfängnis und Geburt sowie von Jesu Kindheit nichts weiter als ein relativ kurzer Prolog, und auch das nur in zwei der vier Evangelien. Die christliche Tradition hat Jesu Kindheit als sein »verborgenes Leben« bezeichnet, weil die Bibel darüber so wenig zu berichten weiß. Der weit überwiegende Teil der biblischen Evangelien zerfällt jeweils in zwei Teile:

Erstens die Wunder, die Jesus wirkte, und mehr noch seine Lehren während der Zeit, die klassischerweise als sein »öffentliches Leben« bezeichnet wird. Er wurde von seinen Jüngern gemeinhin als »Rabbi« oder »Lehrer« angesprochen, und ein Großteil seiner Lehren und Gleichnisse wurde im Zuge von Gesprächen entweder mit seinen jüdischen Jüngern oder mit seinen verschiedenen jüdischen Gegenspielern mitgeteilt. Auch seine Wunder haben üblicherweise einen eindeutig didaktischen Zweck. Durch die Lehre Jesu und diese »Zeichen« erkennen seine Jünger allmählich seine Identität nicht nur als der lang erwartete jüdische Messias, sondern auch als etwas, was auf atemberaubende Weise mehr ist als das.

Zweitens die Geschichte seiner Verurteilung, seiner Folter und seines Todes am Kreuz (was zusammen als seine »Passion« oder Leidensgeschichte bezeichnet wird), gefolgt von seiner wundersamen Rückkehr ins Leben und seinen mysteriösen Erscheinungen bei seinen Jüngern (was man gemeinhin die Auferstehung nennt). Jesu Verurteilung und Hinrichtung erschienen damals vollkommen unvereinbar mit all den traditionellen Erwartungen an den jüdischen Messias, und schon gar mit einer noch erhabeneren Identität. In den Evangelien sind die Jünger Jesu verständlicherweise irritiert und verstört darüber, wer er denn nun wirklich ist. Die Tatsache, dass ihnen nach und nach einst undenkbare Möglichkeiten bewusst werden, sorgt für einen Großteil der Spannung, die die Evangelien eindeutig erzeugen wollen.

Jesus beschäftigt sich im Zuge seiner Tätigkeit als Lehrender mit vielen wichtigen und konkreten Aspekten des menschlichen Lebens: Landwirtschaft, Handel, Bankwesen, Krieg und Frieden, Ehe und Ehescheidung, Mutterschaft und Vaterschaft, vielen Aspekten der Glaubenspraxis und schließlich mit Tod, Begräbnis und Jenseits. Zu den besonderen Schwerpunkten seiner Lehre gehören:

- seine regelmäßige Konzentration auf die Armen und die ethnisch oder sozial Marginalisierten und Verachteten der Gesellschaft;
- damit zusammenhängend die wiederholte Aufmerksamkeit für Kinder und Frauen;
- sein Vertrauen darauf, dass Gott, der häufig als sein Vater bezeichnet wird, schon bald seine Souveränität (sein »Reich«) etablieren werde – eine Transformation, die nicht die nächste Welt von Himmel oder Hölle abschafft, sondern in dieser Welt beginnt, wo dem antizipierten Triumph und Hochgefühl jede Menge Kummer vorausgeht. Er befiehlt seinen Anhängern, zu ihrem himmlischen Vater zu beten, dass dieses Reich kommen möge, »wie im Himmel, so auf Erden«;
- seine fortwährende Aufforderung, den Schaden, den einer jemand anderem zugefügt hat, nicht nur einmal oder zweimal, sondern »siebenundsiebzigmal« zu vergeben;
- sein Lobpreis für Aufrichtigkeit und Demut und seine Verurteilung von Hochmut und Stolz, insbesondere wenn es um den Glauben geht;
- die Annahme seiner eigenen Identität als Jude, gepaart mit seiner Überwindung von ethnischer Herkunft und sogar Familie durch seinen Lobpreis der tugendhaften Männer und Frauen, die es auch außerhalb des Judentums und sogar unter den Unterdrückern oder Feinden der Juden gibt;
- seine Forderung, auf Gott zu vertrauen, im Gegensatz zum ängstlichen Streben nach Sicherheit durch Reichtum oder Macht.

In der folgenden Passage aus dem Koran erkennt Allah Jesus als beispielhaftes Vorbild an, betont aber erstens, dass er *nur* ein Beispiel ist; zweitens, dass er nicht das einzige Beispiel ist, das Allah hätte geben können; und drittens, dass er vor allem deshalb beispielhaft ist, weil er ein guter Muslim ist:

> Er ist nichts als ein Knecht, dem wir Huld erwiesen.
> Und wir machten ihn zu einem Beispiel für die Kinder Israel.
> Wenn wir wollten, würden wir Engel aus euch machen,
> die auf der Erde die Nachfolge antreten.
> Siehe, er ist – fürwahr – ein »Wissen« über »die Stunde«.
> Zweifelt daher nicht an ihr, und folgt mir!
> Das ist ein gerader Weg.
> Der Satan soll euch nicht vom Weg abhalten.
> Siehe, er ist für euch ein klarer Feind!
> Als Jesus mit den Beweisen kam, sprach er:
> »Ich bin zu euch gekommen mit der Weisheit
> und um euch Klarheit über einiges von dem zu bringen,
>   worin ihr uneins wart.
> So fürchtet Gott, und leistet mir Gehorsam!
> Siehe, Gott ist mein Herr und euer Herr. So dienet ihm!
> Das ist ein gerader Weg.« (Sure 43,59–64)

Jesus, so wie Allah ihn charakterisiert, hat das Recht zu sagen: »So fürchtet Gott, *und leistet mir Gehorsam!*«, ein Satz, der schon einmal aus Sure 3,50 zitiert wurde. Jesus lehrt anders gesagt mit einer Autorität, die ihm von Gott verliehen wurde, und damit mehr oder weniger so wie in den Evangelien. Doch was die oben (in einer unvollständigen Liste) aufgezählten verschiedenen Themen angeht, so behandelt Allah sie nie mit irgendeinem spezifischen Hinweis auf Jesus. Stattdessen führt er den weitreichenden Streit der Lehrmeinungen an, der zu Mohammeds Zeit unter den Christen entstanden war.

An diesem Punkt jedoch wird eine Gattungsfrage relevant. Richtet man die Aufmerksamkeit auf die Art und Weise, wie das Christentum Jesus als moralisches Vorbild begreift (nach dem Motto »Was würde

Jesus tun?«), erweist sich ein ganz anderer Vergleich als deutlich aufschlussreicher, nämlich nicht mehr der zwischen Jesus in den Evangelien und Jesus im Koran, sondern zwischen Jesus in den Evangelien und Mohammed in den Hadith.

Hadith bezeichnet im Islam das penibel zusammengetragene Korpus der Überlieferungen dessen, was Mohammed sagte und wie er in ganz unterschiedlichen menschlichen Situationen handelte. Geht man davon aus, dass er der vollkommene oder vollständige Mensch ist, so stellt Mohammed ein Vorbild für alles menschliche Verhalten dar und bildet den Ausgangspunkt der islamischen Rechtsprechung. Im Koran hingegen wird Mohammed nur ganz selten namentlich erwähnt. Natürlich ist er im Koran als der Prophet, an den sich alles, was Allah sagt, richtet, allgegenwärtig. Aber wenn man im Islam moralische Anleitung sucht, die strukturell ähnlich der ist, die das Christentum aus Jesus bezieht, so findet man diese eher im geheiligten Hadith als im heiligen Koran. Ein Vergleich zwischen Jesus und Mohammed, zwischen dem Evangelium und dem Hadith wäre ein lohnendes Unterfangen, würde aber ein eigenes Buch erfordern.

Bei der Auflistung von Jesu Lehren oben habe ich die beiden wichtigsten Aspekte noch nicht genannt, denn diese beschäftigen sich am unmittelbarsten mit dem nun folgenden letzten Thema dieses Kapitels – nämlich den ganz unterschiedlichen Darstellungen und Interpretationen von Jesu Tod, Bestimmung und religiöser Bedeutung in der Bibel und im Koran. Die beiden noch fehlenden biblischen Lehren sind folgende: erstens Jesu Glaube an (und der Vollzug seines Glaubens an) den Wert stellvertretenden Leids – also des Leidens, das ein Mann oder eine Frau anstelle von anderen auf sich nimmt; zweitens seine einzigartige, skandalöse Lehre, dass derjenige, dem auf die Wange geschlagen wird, auch die andere hinhalten soll (Mt 5,39) – das heißt, dass man auf Gewalt mit Gewaltlosigkeit reagieren soll. Auch das ist wieder ein Grundsatz, den Jesus nicht nur predigte, sondern auch, indem er seine Kreuzigung ohne Protest oder Widerstand erduldete, praktizierte.

Wer Sühne leistet oder Buße tut, will eine verdiente Bestrafung durch irgendeine Art Ersatz dafür abwenden. Das Alte Testament, insbesondere das Buch Levitikus, liefert umfangreiche Vorgaben, wie man durch Tieropfer für eine Sünde Buße tun kann. So werden beispielsweise in Kapitel 5 Levitikus verschiedene Vergehen aufgelistet, für die Jahwe als »Sündopfer« ein weibliches Schaf oder eine weibliche Ziege verlangt. Was aber, wenn ein Sünder es sich nicht leisten kann, ein Tier zu opfern?

Und wenn seine Hand das zum Kauf eines Schafes Ausreichende nicht aufbringen kann, so bringe er für das, worin er gesündigt hat, dem HERRN sein Schuldopfer: zwei Turteltauben oder zwei junge Tauben; eine zum Sündopfer und eine zum Brandopfer. Und er soll sie zum Priester bringen; und dieser bringe die zum Sündopfer zuerst dar und kneife ihr den Kopf dicht beim Genick ab. Er soll ihn aber nicht völlig abtrennen. Und er sprenge etwas von dem Blut des Sündopfers an die Wand des Altars, das Übrige von dem Blut aber soll an den Fuß des Altars ausgedrückt werden: ein Sündopfer ist es. Und die andere soll er als Brandopfer opfern, nach der Vorschrift. So erwirke der Priester Sühnung für ihn wegen seiner Sünde, die er begangen hat, und es wird ihm vergeben werden. (Lev 5,7–10)

Dieses kleinere Opfer, nämlich lediglich zwei Vögel, genügt für die aufgeführten geringfügigen Verstöße gegen die rituelle Reinheit. Bei vielen schwereren Vergehen aber ist kein Sühneopfer erlaubt, und die Strafe dafür ist oft der Tod – also im Grunde, wenn man so will, die Opferung des Täters.

Doch selbst wenn jemand ein menschliches Leben genommen hat, ist Sühne und damit die Vorstellung eines menschlichen Sühneopfers nach wie vor denkbar. Nebulöse Hinweise auf diese Vorstellung finden sich in einer Reihe von Gedichten beim Propheten Jesaja. In einem von ihnen ist die Rede von einem einsamen und verlassenen Mann

> der Schmerzen und mit Leiden vertraut, wie einer, vor dem man das Gesicht verbirgt. Er war verachtet, und wir haben ihn nicht geachtet. Jedoch unsere Leiden – er hat sie getragen, und unsere Schmerzen – er hat sie auf sich geladen. Wir aber, wir hielten ihn für bestraft, von Gott geschlagen und niedergebeugt. Doch er war durchbohrt um unserer Vergehen willen, zerschlagen um unserer Sünden willen. Die Strafe lag auf ihm zu unserm Frieden, und durch seine Striemen ist uns Heilung geworden. (Jes 53,3–5)

Denkt man diesen Gedankengang noch ein Stück weiter, stellt sich unweigerlich die Frage: Wenn ein Mensch durch sein Leid oder seinen Tod für die Sünden vieler büßen kann, wer kann dann, wenn überhaupt, für die Sünden der gesamten Menschheit zu allen Zeiten büßen? Niemand, so scheint es, außer Gott selbst, der die Welt schuf und Adam und Eva und ihre unzähligen Nachkommen darin ansiedelte. Das ist die traditionelle Sühnelogik des Kreuzes. Jahwe wird zu einem Juden, nimmt unverdient Leid und Tod durch die Kreuzigung auf sich und sorgt damit dafür, dass die Sünden aller Männer und aller Frauen zu aller Zeit vergeben werden. Sie müssen nicht bestraft werden, denn er ist an ihrer Stelle bestraft worden.

Aber tilgt die Opferung zweier Tauben tatsächlich die Schuld des Sünders, der die Tauben zum Priester bringt? Da sich die Sünde gegen Jahwe richtete, tilgt das Opfer die Schuld nur, wenn Jahwe sich dafür entscheidet, sie als getilgt zu betrachten. Entsprechend wird der Sünder die Tauben nur dann zum Altar bringen, wenn er darauf vertrauen kann, dass Jahwe die Schuld tatsächlich tilgen wird, sobald das Opfer erfolgt ist. Sühne erfordert somit Glauben und Einverständnis auf beiden Seiten.

Natürlich gibt es Sünden, die sich leicht und auf materielle Weise wiedergutmachen lassen. Ein Dieb kann zurückgeben, was er gestohlen hat, oder als Sühne das Opfer mit etwas entschädigen, das doppelt so viel wert ist wie der gestohlene Gegenstand. Und doch lassen sich ganz offenkundig nicht alle Verbrechen auf diese Weise rückgängig machen. Vergewaltigung und Mord sind in ihren Auswirkungen irreversibel, und kann in solchen Fällen die Bestrafung, die einem Dritten zugefügt wird, tatsächlich für das dem Opfer zugefügte schwere Leid Sühne leisten oder die Schuld des Täters tilgen?

Eine wichtige christliche Denkschule hat diese Frage stets mit Ja beantwortet, weil sie glaubt, das Wesen Gottes bestehe darin, dass er tatsächlich stellvertretendes Leid als Sühne und Erlösung akzeptiert und Schuld durch Vergebung als wirklich getilgt betrachtet. Das Leiden Christi am Kreuz ist das höchste Erlösungsopfer – es kauft die Sünder quasi frei (im Buch Hiob ist tatsächlich von »Lösegeld« die Rede) von der ansonsten verdienten Höllenstrafe. Aber auch das Leid irgendeines Christen, der der Aufforderung Jesu folgt, verschafft Erlösung:

> Wenn jemand mir nachkommen will, verleugne er sich selbst und nehme sein Kreuz auf und folge mir nach! Denn wer sein Leben retten will, wird es verlieren; wer aber sein Leben verliert um meinetwillen, wird es finden. (Mt 16,24–25)

Diese Soteriologie oder Erlösungstheologie ist auf vielfache Weise zu einem Ideal edlen Verhaltens geworden, das die abendländische Kultur weit über das bewusste Christentum hinaus durchdrungen hat. Die Geschichte von einem verachteten Außenseiter, der von allen verlassen wurde, der alles zu verlieren scheint, aber am Ende alles zum Wohle eines jeden gewinnt, bestimmt die Handlung Tausender Hollywood-Filme. Die Opferung des Lebens aus Liebe, wie am Schluss des Films *Titanic* von 1997, führt das gleiche säkularisierte Ideal stellvertretenden Leids fort, das auch in den letzten Worten von Charles Dickens' Roman

Eine Geschichte zweier Städte aufscheint. In diesem Roman liebt Sydney Carton Lucie Manette, die mit Charles Darnay verheiratet ist. Charles ist im Paris der Französischen Revolution fälschlicherweise zum Tod verurteilt worden. Doch Sydney, der zufällig eine bemerkenswerte Ähnlichkeit mit Charles aufweist, hat sich ins Gefängnis geschmuggelt, während Charles herausgeschmuggelt wurde. Wie Christus stirbt Sydney, um Charles zu retten, und der Roman endet mit den Worten: »Was ich tue, ist etwas viel, viel Besseres, als ich je getan; die Ruhe, zu der ich eingehe, ist weit, weit seliger, als ich sie je gekannt habe.«[5] Sydney Carton, eine von unzähligen Christus-Figuren in der abendländischen Literatur, verdankt seine romantische Anziehungskraft im Grunde Jahrhunderten christlicher literarischer Konditionierung. Er spricht uns letztlich deshalb an, weil das Abendland an einen Gott glaubte, der das erlösende Selbstopfer wollte und pries. Warum will Gott das? Letztlich wohl schlicht deshalb, weil Gott so und nicht anders ist.

Und doch macht Allah im Koran deutlich, dass Gott keineswegs so ist. Immer und immer wieder betont er, dass am Tag seines Urteils jeder Mann und jede Frau belohnt wird für das, was er oder sie getan hat und was den Himmel verdient, und bestraft wird für das, was er oder sie getan hat und was die Hölle verdient, und zwar einzig und allein dafür. Niemand wird bestraft oder belohnt für irgendetwas, das jemand anderer getan hat. Aus welch edlen Motiven auch immer dergleichen ersonnen wird: Unrecht und Unrecht ergibt noch kein Recht. Allah ist einfach nicht so. Und entsprechend ist in Allahs Korrektur der christlichen Schrift kein Platz für Jesu Erlösungstod am Kreuz oder überhaupt nur, wie sich herausstellt, für Jesu physischen Tod. So wie die Verweigerung eines Ehemanns für Maria ihre Jungfräulichkeit und Allahs einzigartige Rolle bei der Empfängnis des Propheten Jesu unmissverständlich deutlich macht, so ist es auch hier: Indem generell bestritten wird, dass Jesus tatsächlich am Kreuz starb, schließt Allah jede Möglichkeit aus, dass Jesu Tod irgendetwas anderes als ein ganz gewöhnlicher, unvermeidlicher menschlicher Tod sein könnte, und damit jede

Möglichkeit, dass er im christlichen Sinne des Wortes Erlösung verschaffen könnte.

Was aber geschah dann an dem Tag, an dem – so erschien es zumindest allen Augenzeugen – Jesus starb? Wie Allah erklärt, spielten die Römer dabei keine Rolle; sie werden kein einziges Mal erwähnt. Die Verantwortung lag allein bei den Juden, aber ihre Ablehnung und Verschwörung gegen Jesus, den Allah anderswo als den Messias bezeichnet, war nur die jüngste ihrer Zurückweisungen von Allahs Propheten, und am Ende hat Allah ihren Plan zunichte gemacht:

> Die Buchbesitzer fordern von dir,
> dass du ein Buch vom Himmel auf sie herniederkommen lässt.
> Doch von Mose forderten sie Größeres als das und sprachen:
> »Lass uns Gott leibhaftig schauen!«
> Da aber nahm sie der Donnerschlag hinweg – ihres Frevels wegen.
> Dann aber nahmen sie das Kalb,
> nachdem doch die Beweise zu ihnen gekommen waren.
> Wir aber vergaben ihnen das.
> Mose gaben wir klare Vollmacht.
> Wir hoben den Berg über sie an, mit ihrem Bund,
> und sprachen zu ihnen: »Geht durch das Tor,
>   euch niederwerfend!«
> Wir sprachen zu ihnen: »Übertretet nicht den Sabbat!«
> Und wir nahmen von ihnen einen festen Bund entgegen.
> Weil sie ihren Bund gebrochen hatten
> und Gottes Zeichen leugneten und die Propheten
>   grundlos töteten
> und sprachen: »Unsere Herzen sind unbeschnitten!«
> – doch Gott versiegelte sie wegen ihres Unglaubens,
> so dass nur wenige von ihnen glaubten –,
> und weil sie ungläubig waren und Maria ungeheuerlich
>   verleumdeten

und weil sie sprachen: »Wir haben Christus Jesus,
den Sohn Marias, den Gesandten Gottes, getötet!«
Aber sie haben ihn nicht getötet und haben ihn auch nicht
    gekreuzigt.
Sondern es kam ihnen nur so vor.
Siehe, jene, die darüber uneins sind,
sind wahrlich über ihn im Zweifel.
Kein Wissen haben sie darüber, nur der Vermutung folgen sie.
Sie haben ihn nicht getötet, mit Gewissheit nicht,
vielmehr hat Gott ihn hin zu sich erhoben.
Gott ist mächtig, weise.
Es gibt keinen von den Buchbesitzern,
der nicht vor seinem Tode an ihn glauben würde.
Er wird Zeuge sein am Tag der Auferstehung gegen sie.
Ja, wegen des Frevels derer, die zum Judentum gehören,
haben wir ihnen Gutes verboten, was ihnen einst erlaubt war –
und deswegen, weil sie oft vom Wege Gottes abgehalten haben
und weil sie Wucherzinsen nahmen, obwohl es ihnen untersagt
    war,
und weil sie unrechtmäßig das Vermögen der Menschen
    verzehrten.
Für die Ungläubigen von ihnen halten wir schmerzhafte Strafe
    bereit.
Doch die von ihnen, die im Wissen festgegründet sind, und die
    Gläubigen,
die an das glauben, was auf dich herabgesandt und schon vor dir
    herabgesandt,
die das Gebet verrichten und die Armensteuer geben,
und die an Gott glauben und an den Jüngsten Tag:
Das sind die, denen wir reichen Lohn geben werden.
    (Sure 4,153–162)

Allahs Zurückweisung aller christlichen Göttlichkeitsansprüche für Jesus entspricht, wie bereits erwähnt, exakt der Ablehnung derselben Behauptungen durch das rabbinische Judentum. Doch weil Jesus laut Allah zwar selbst keine solchen Ansprüche erhob, aber sowohl der Messias als auch ein Prophet Allahs war, hatten die Juden der damaligen Zeit allen Grund, ihn zu akzeptieren. Dass sie ihn nicht nur ablehnten, sondern auch umbringen wollten, wie sie Allah zufolge auch schon frühere Propheten getötet hatten, war nur die jüngste ihrer Sünden. Die jüdischen Speisegesetze sind Teil von Allahs Strafe für diese jüngste Sünde. Jesu Ehrenrettung wird am »Tag der Auferstehung« erfolgen, wenn die Juden alle an Ihn glauben werden, da Jesus »Zeuge sein« wird »gegen sie«. Allah, so können wir sagen, ist antichristlich, aber vehement pro Christus.

Ist Er auch antijüdisch? Mag sein, dass Edward Gibbon Passagen wie diese mit ihrer Verurteilung der Juden wegen Wucher und finanzieller Ausplünderung – einem Vorwurf, der in Europa eine lange und grausame Geschichte hat – im Sinn hatte, als er die oben zitierten, antisemitisch angehauchten Sätze schrieb. Und doch steht den Juden letztlich der gleiche »gerade Weg« offen, der allen offen steht, mit der Aussicht auf »reichen Lohn« am Jüngsten Tag.

Wenn Jesus in Wirklichkeit gar nicht am Kreuz starb, wie konnte es dann sein, dass es den Juden, die seiner Kreuzigung beiwohnten, so vorkam? Wurde jemand anderes an seiner Stelle gekreuzigt? Muslimische Kommentatoren spekulieren seit Jahrhunderten über diese Möglichkeit, und sie haben verschiedene Kandidaten vorgeschlagen. Wurde er gekreuzigt, anschließend aber, nachdem alle Zeugen verschwunden waren, lebend vom Kreuz genommen? Über diese Möglichkeit wurde ebenfalls heftig und in den verschiedensten Varianten spekuliert. Lebt Jesus seit diesem finsteren Tag im Himmel bei Allah weiter? Oder ist er auf irgendeine andere Weise gestorben und, wenn ja, wann? Allah lässt keinerlei Zweifel daran, dass Jesus nichts weiter als ein sterblicher Mensch ist – ein Aspekt, den Er immer wieder betont –, und deshalb muss Jesus so sterben, wie alle Sterblichen es tun. Aber noch einmal die Frage: Zu welchem Zeitpunkt? Innerhalb des Korans lässt Allah all diese Fragen unbeantwortet, und so müssen auch wir es halten.

Für uns ist hier vor allem eines entscheidend: Wenn Allah den Plan der Juden, wie Er ihn beschreibt, vereitelt, untergräbt das den christlichen Lobpreis Jesu als das Opferlamm Gottes, das stirbt, damit andere ewig leben, auf radikale Weise. Das war nicht die Bestimmung, die Allah Jesus als Seinem vorletzten Propheten gab. Jesu Berufung – die mit der Berufung seiner heiligen Mutter begann – bestand darin, zu bezeugen, dass es keinen Gott außer Gott gibt, zu beten und Almosen zu geben und sein Volk, die Juden, dazu aufzufordern, Gleiches zu tun – all das und nichts weiter. Wie alle muslimischen Propheten vor ihm wurde er zu einem Volk geschickt, das noch nichts vernommen oder nicht angemessen auf Allahs »Zeichen« reagiert hatte. Die Pflicht der Juden bestand darin, Jesu Mutter zu respektieren und nicht zu verleumden und Jesu Botschaft ergeben als Botschaft Allahs zu empfangen – genauso wie die Verpflichtung der Juden zu Mohammeds Zeit darin bestand, Seine Botschaft, den Koran, und Seinen Gesandten, Mohammed, im gleichen Geiste zu empfangen.

Und so lautet die Botschaft – die Einladung und das damit verbundene Ultimatum –, die Allah der gesamten Menschheit von den frühesten Generationen an übermittelt hat:

Damals, als dein Herr aus Adams Kindern, ihren Lenden,
ihre Kindeskinder nahm und sie gegen sich zeugen ließ:
»Bin ich nicht euer Herr?«
Da sprachen sie: »So ist's; hiermit bezeugen wir's.«
Damit ihr nicht am Tag der Auferstehung sagt:
»Siehe, wir wussten nichts davon!«
Oder dass ihr sagt: »Unsere Väter betrieben früher Beigesellung,
und wir sind nun ihre Nachkommenschaft nach ihnen.

Willst du uns für das vernichten, was die taten,
   die Nichtiges sprachen?«
So erklären wir die Zeichen.
Vielleicht kehren sie ja um. (Sure 7,172–174)

Allah bestraft niemanden dafür, dass irgendein anderer sich nicht unterwirft. Und niemandem fehlte es von Anfang an an Möglichkeiten, sich zu unterwerfen. Bevor Allah Propheten schickte, um daran zu erinnern und zu warnen, fungierte Allah selbst als erster universeller Hinweis und lieferte selbst die erste allgemeine Warnung. Jeder hatte eine faire Chance. Wer diese Chance verpasst hat, ist selbst schuld.

Wenn wir davon ausgehen, dass Allahs Botschaft im Koran wahr ist und dass Allah sich nicht ändert, kann es nur so sein, dass Allahs Botschaft an all seine früheren Gesandten die gleiche war wie seine Botschaft an Mohammed. Es handelt sich um eine einfache Botschaft, eine klare Botschaft, eine vernünftige, ja sogar eine natürliche Botschaft. Wie könnte sie je verloren gehen, wenn nicht durch bösen Willen oder schuldhafte Vernachlässigung? Doch Allah ist vor allem anderen barmherzig und gnädig, und Seine Barmherzigkeit und Gnade treten in vollkommener Weise darin zutage, dass Er Seine ursprüngliche und unveränderliche Botschaft schließlich in einer reinen, endgültigen, krönenden Formulierung Seinem letzten Propheten Mohammed übermittelt, dem vollkommenen Gesandten Seiner vollkommenen Gnade. So und nicht anders ist Gott im Koran.

Nachwort

ÜBER DEN KORAN
ALS DAS WORT GOTTES

Ist der Koran das Wort Gottes? Wilfred Cantwell Smith, der einen Großteil seiner Karriere als Religionswissenschaftler dem Studium des Islams widmete, stellt diese Frage ins Zentrum des Schlusskapitels seines Buches *On Understanding Islam*.[1] Ich beginne dieses Nachwort mit seiner Frage, denn nun ist der Augenblick gekommen, nicht mehr über Jahwe und Allah, sondern über Gott zu reden.

Sowohl die Bibel als auch der Koran erheben den Anspruch, das Wort Gottes zu sein; und wovon auch immer sonst dieses Wort handelt, so handelt es zwangsläufig und unvermeidlich von Gott selbst. Anders ausgedrückt: Jede Heilige Schrift behauptet, eine Art Führer zu Gott zu sein. Aber welchem Führer sollte man sich anvertrauen, und wer verfügt über die Autorität, Fragen über sie zu beantworten? Die soeben aufgestellte Behauptung – »sowohl die Bibel als auch der Koran erheben den Anspruch, das Wort Gottes zu sein« – ist im Grunde metaphorischer Natur, denn beide Schriften sind stumm, bis jemand sie – im Stillen oder laut, allein oder in Gemeinschaft – liest und sie als das Wort Gottes *verehrt*.

Hochtrabende Behauptungen lassen sich schließlich leicht aufstellen und wurden auch von zahllosen Anwärtern erhoben, und zwar nicht nur weit über diese beiden ursprünglich westasiatischen Schriften hinaus, sondern auch über all die bedeutenden historischen Schriften der gesammelten Weltreligionen. Tausende haben solche großspurigen Ansprüche formuliert, und in fast keinem Fall wurden diese Ansprüche lange Zeit oder von vielen gewürdigt. Warum ist das so? Wir haben allen Grund, uns das zu fragen. Was hatten die Wenigen, was den Vielen fehlte?

In der ersten Szene des dritten Akts von Shakespeares Historiendrama *Heinrich IV*. brüstet sich der Zauberer Owain Glyndwr: »Ich rufe Geister aus der wüsten Tiefe«, woraufhin Harry Percy erwidert:

> Ei ja, das kann ich auch, das kann ein jeder.
> Doch kommen sie, wenn Ihr nach ihnen ruft?

Ich kann die gesamte Welt dazu aufrufen, einen bestimmten Text als das Wort Gottes zu verehren, aber wird die Welt kommen, wenn ich sie rufe? Diese Frage ist vollkommen ernst gemeint, denn wenn die Antwort auf eine solche Frage ein massenhaftes Ja ist und Millionen sich als Reaktion darauf bereit erklären, eine bestimmte Schrift als Gottes Wort zu betrachten, können die Folgen ungeheure Ausmaße annehmen.

In *Das Reich Gottes*, Emmanuel Carrères teils konfessionellem, teils historischem, teils polemischem Gedankenspiel in Buchform, vergleicht ein französischer Fernsehregisseur das Christentum mit den bizarren Vorstellungen des neognostischen Science-Fiction-Fantasten Philip K. Dick und fährt dann, irritiert vom eigenen Vergleich, fort:

> Er sagt: Wenn man darüber nachdenkt, ist es eigenartig, dass normale, intelligente Leute an etwas so Unsinniges wie die christliche Religion glauben, an etwas, das in dieselbe Kategorie gehört wie die griechische Mythologie oder Märchen. Gut, in früheren Zeiten waren die Leute abergläubisch, die Wissenschaft zählte nicht. Aber heute! Wenn jemand heute an Geschichten von Göttern glaubte, die sich in Schwäne verwandeln, um Sterbliche zu verführen, oder an Prinzessinnen, die Frösche küssen und damit zu Traumprinzen werden lassen, würde doch jeder sagen, der ist verrückt. Und doch glauben eine ganze Menge

Leute an eine genauso irre Geschichte, und die werden nicht für verrückt erklärt. Selbst wenn man ihren Glauben nicht teilt, nimmt man sie ernst. Sie haben eine soziale Funktion, die vielleicht weniger wichtig ist als früher, aber die insgesamt eher positiv bewertet und respektiert wird. Sie leben ihre Schrulle und verfolgen gleichzeitig absolut vernünftige Tätigkeiten. Selbst die Präsidenten der Republik statten ihrem Oberhaupt ehrfürchtige Besuche ab. Das ist doch seltsam, oder?[2]

Hat Fabrice Gobert, Regisseur der französischen Fernsehserie *Les Revenants* (die in Deutschland unter dem englischen Titel *The Returned* lief), recht mit seiner Annahme: »in früheren Zeiten waren die Leute abergläubisch, die Wissenschaft zählte nicht«? Die Wissenschaft in ihrer neuesten Form existierte natürlich noch nicht, aber waren die Menschen wirklich abergläubischer als heute? Schon das Wort Skeptiker leitet sich vom griechischen *skeptikos* her; der Skeptizismus bildete eine vollkommen anerkannte philosophische Denkschule in der Spätzeit der klassischen Antike. Als der heilige Paulus das Christentum vor dem Rat der Athener (dem Areopag) erläuterte, liefen die skeptischeren Zuhörer davon.

Und doch gab es auch innerhalb des Christentums einen Skeptizismus. So behauptet beispielsweise der heilige Augustinus in seinen *Confessiones*,

die Astrologie sei keine Wissenschaft, die Zukunft vorauszuwissen; oft freilich hätten die Mutmaßungen der Menschen die Art eines Loses; da sie vieles behaupteten, treffe öfter einiges, ohne dass die, die davon redeten, es vorauswüssten; sie errieten es zufällig, weil sie nicht schweigen könnten.[3]

Augustinus glaubte an viele Dinge, die Fabrice Gobert seltsam finden würde, wobei einige von ihnen eher platonischer als christlicher Natur sind, aber in dieser Passage ist der christliche Heilige vollkommen modern in seiner Entschlossenheit, mit Blick auf die Astrologie eher skeptisch als abergläubisch zu sein.

Schon früher bedachte der Prophet Jesaja die Götzendienerei mit vernichtendem Sarkasmus. Er beschwört das Bild eines Holzschnitzers, der gerade dabei ist, einen Götzen herzustellen – ah, aber zuvor noch ein schönes Abendessen am heimischen Herd!

> Die Hälfte davon verbrennt er im Feuer. Auf dieser seiner Hälfte
> brät er Fleisch, isst den Braten und sättigt sich. Auch wärmt er
> sich und sagt: Ha! Mir wird es warm, ich spüre Feuer. Und den
> Rest davon macht er zu einem Gott, zu seinem Götterbild. Er
> beugt sich vor ihm und wirft sich nieder, und er betet zu ihm und
> sagt: Errette mich, denn du bist mein Gott! (Jes 44,16–17)

Jesaja glaubte an Gott, aber intellektuell, psychologisch und ästhetisch war er genauso wie Gobert dazu in der Lage, von der Götzendienerei Abstand zu nehmen und zu bemerken: »Wie seltsam!« und sogar: »Wie lächerlich!« Die Juden und Christen des Römischen Reiches waren Atheisten im Hinblick auf alle Götter außer den eigenen, und glauben Sie nicht, die Römer hätten das nicht bemerkt!

Die tiefer reichenden Fragen lauten deshalb, warum Menschen wie Gobert wirklich seltsame (oder wie er sie nennt: »irre«) Glaubensüberzeugungen, die sie selbst nicht akzeptieren, trotzdem ernst nehmen und wie solche seltsamen Überzeugungen in der Welt am Ende eine gesellschaftliche Funktion haben können, »die insgesamt eher positiv bewertet und respektiert wird«. Warum ist ein solches Ergebnis überhaupt möglich, selbst wenn es noch so abseitig ist und vielleicht auch nur ganz gelegentlich vorkommt? Warum machten die Juden und Christen, die gegenüber allen anderen Religionen so skeptisch waren, bei ihren eigenen Glaubensüberzeugungen eine Ausnahme? Und warum macht umgekehrt Gobert eine vergleichbare Ausnahme für Moderne und Wissenschaft? Geht es der Welt, die Wissenschaft und Moderne geschaffen haben, wirklich so gut?

Carrère selbst glaubt das nicht. »Viele Leute«, so schreibt er

sind auf eine irgendwie diffuse, aber hartnäckige Weise überzeugt, dass wir aus allen möglichen Gründen dabei sind, den Karren an die Wand zu fahren. Weil wir zu viele werden für den Platz, der uns gegeben ist. Weil immer größere Teile dieses Raumes unbewohnbar werden, da wir ihn ausplündern. Weil wir die Mittel haben, um uns selbst zu zerstören, und es verwunderlich wäre, wenn wir sie nicht benutzten. Diese Diagnose bringt zwei Geistesfamilien hervor (...). Die erste, zumindest an ihrem gemäßigten Rand, dem ich zugehöre, glaubt, dass wir vielleicht nicht auf das Ende der Welt, aber doch auf eine Katastrophe von historischem Ausmaß zusteuern, die einen nicht geringen Teil der Menschheit auslöschen wird. Wie das geschehe und was der Auslöser sein wird, ist den Angehörigen dieser Glaubensrichtung nicht klar, aber sie sind überzeugt, dass vielleicht nicht sie selbst, aber doch zumindest ihre Kinder in den ersten Reihen sitzen werden.[4]

Und doch haben diese säkularen Apokalyptiker weiter Kinder, vielleicht aus blindem Vertrauen darauf, dass Moderne und Wissenschaft entgegen all den sich häufenden Beweisen ihre Kinder doch irgendwie retten oder dass, selbst wenn dieser Glaube fehl am Platze ist, er doch die einzige Alternative darstellt. Aber ist das tatsächlich so? Gibt es wirklich keine Alternative?

Ist beispielsweise Philip K. Dick eine Alternative? Wenn es in Sachen Seltsamkeit keinen Unterschied zwischen Christentum und Philip K. Dick gibt, warum sollte man dann Philip K. Dick nicht eine Chance geben? Wäre es nicht vorstellbar, um Dicks Fiktionen herum eine Bewegung aufzubauen, sie Dickentum oder Dickianismus zu nennen und zu schauen, ob sie nicht eine gesellschaftliche Rolle spielen kann, die ähnlich »positiv bewertet und respektiert wird« wie die Funktion, die das Christentum hatte? Die Antwort auf diese Frage erfolgt rasch, laut und leicht: Selbstverständlich kann man sich so etwas *vorstellen*. Solche Erfindungen lassen sich nur allzu leicht imaginieren. Der Schriftsteller Robert Coover malte sich in seinem satirischen Roman *The Origin of the Brunists* (1966, dt. *Von den Anfängen der Brunisten*) die Gründung einer neuen Religion aus, und andere Romanciers und Dramatiker haben andere Kulte erträumt, die alle im Rahmen und innerhalb der Regeln realistischer Fiktion angesiedelt waren. So weit ist die Sache ganz einfach. Unvergleichlich schwieriger ist es, so etwas tatsächlich *zu tun*, also tatsächlich eine neue Religion zu begründen und sie nicht nur ein paar Jahre oder Jahrzehnte, sondern Jahrhunderte oder Jahrtausende am Leben zu erhalten.

Einzelne Personen haben fiktionale Werke mitunter als Offenbarungen gelesen, die ihrem Leben Orientierung gaben. Die Journalistin Rebecca Mead etwa berichtet in ihrem 2014 erschienenen Buch *My Life in Middlemarch* von einem solchen Erlebnis, nämlich von der existentiellen Bedeutung, die George Eliots gleichnamiger Roman für sie hatte. Joyce Carol Oates listet in ihrer Besprechung dieser »bibliomemoir«, wie sie das Buch nannte, in der *New York Times Book Review* eine eindrucksvolle Reihe früherer derartiger Versuche auf. Fiktionen können also bis zu einem gewissen Punkt als Orientierung, als Leitfaden für das eigene Leben dienen, und eine Fiktion wie die von Coover – die von einer Gemeinschaft handelt, die um eine Fiktion herum organisiert ist – sollte man nicht als seltsam abtun oder als bloße Farce verspotten, sondern durchaus als seriöse Fiktion würdigen. »Seriöse Fiktion«, sagen wir in bester Literaturpreismanier, und unterscheiden wir sie damit implizit von »trivialer Fiktion«, womit sichergestellt ist, dass die ernsthafte, seriöse Variante im wirklichen Leben eine gewisse Rolle spielt, die der trivialen Variante verweigert wird, obwohl beide erfunden und keine von ihnen wahr ist. Die seriöse Variante ist – so sagen wir bezeichnenderweise – »glaubwürdig«.

Zusammenfassend gesagt scheinen selbst im Bereich seltsamer Fiktionen gewisse Tests oder Prüfkriterien zur Verfügung zu stehen. Eine bestimmte Fiktion kann zumindest auf der Ebene eines individuellen Lebens funktionieren. Sie lässt sich konsultieren, man kann sich in entscheidenden Augenblicken an sie erinnern, man kann sie als private heilige Schrift konsultieren und, wenn Sie so wollen, »daran glauben«. Es kann sich um das eine Buch handeln, das man auf die sprichwörtliche einsame Insel mitnimmt. Es kann sogar irgendeine Form von Botschaft für eine ganze Gesellschaft im Gepäck haben, und in diesem Fall kann es sich dem Status von Gottes Wort annähern. Aber für das Wort Gottes als solches gibt es, wie wir sehen werden, bestimmte andere Tests.

Lassen Sie mich kurz innehalten und Ihnen zwischendurch eine Geschichte erzählen, eine ganz einfache Geschichte, die vermutlich aus dem Spätmittelalter stammt, aber vielleicht auch schon viel früher entstanden und in verschiedenen Formen überliefert ist. Vielleicht haben Sie diese Geschichte schon einmal gehört, aber das ist egal: Sie hat zahlreiche Neuerzählungen überlebt. Ich würde sie folgendermaßen erzählen:

Ein gütiger und reicher Vater hatte drei Söhne, die er sehr liebte. Alle drei wollten unbedingt den goldenen Ring ihres Vaters erben, einen alten Ring, der von Generation zu Generation weitergegeben wurde, ein Ring, der – wie sie wussten, denn er hatte ihnen davon erzählt – dem, der ihn trug, die Macht verschaffte, von Gott und von allen Geschöpfen Gottes geliebt zu werden. Als das Leben des Vaters schon lange währte und der Tod, wie alle wussten, nicht mehr weit sein konnte, bat jeder der drei

Söhne inständig, er möge es sein, an den der wundersame Ring übergehe.

Armer Vater! Er liebte jeden seiner Söhne so sehr, dass er keinem von ihnen diesen Schatz verweigern konnte, aber wenn er ihn einem von ihnen gab, so würde das die anderen sehr betrüben! Was also tun?

Heimlich machte der Vater einen sehr begabten Goldschmied ausfindig und vertraute ihm den goldenen Ring an mit dem Auftrag, zwei identische Kopien herzustellen. Nun, da er über drei Ringe verfügte, gab der Vater jedem Sohn einen, und jeder Sohn glaubte, er habe diesen einen besonderen Ring geerbt und er und nur er werde schon bald von Gott und allen Geschöpfen Gottes geliebt werden.

Kurz darauf tat der gütige alte Mann seinen letzten Atemzug, während seine drei Söhne an seinem Sterbebett ausharrten, und nachdem sie ihn zur letzten Ruhe begleitet hatten, trat jeder Sohn vor und beanspruchte für sich die Rolle als Nachfolger seines Vaters, und als Beweis präsentierte jeder von ihnen den goldenen Ring und behauptete jeweils steif und fest – was ja auch stimmte! –, dass er ihn eigenhändig von seinem Vater bekommen habe. In einem waren die Brüder sich allesamt einig – nämlich dass nur ein Ring der echte Ring sein konnte, aber welcher Ring war es?

Die Sache ließ sich nur vor Gericht klären, und der Vorsitzende Richter ordnete zunächst an, dass Goldschmiede und andere Experten die drei Ringe dahingehend überprüften, ob es Anzeichen einer Fälschung gebe. Nach eingehender Untersuchung und der Anwendung aller verfügbaren Tests gaben die Fachleute ihr Urteil ab: Die drei Ringe waren in jeder Hinsicht identisch; zwischen ihnen gab es nicht den geringsten Unterschied.

Gleichwohl verlangten die drei Söhne, dass der Richter ihren Streit schlichte, indem er einen Ring für echt und die beiden anderen zu Fälschungen erklärt. Geduldig wies der Richter darauf hin, er könne das nicht auf faire und gerechte Weise tun, doch die drei Söhne blieben hartnäckig. Schließlich verkündete der Richter, der zunehmend ungehalten wurde, sein Urteil.

Zweifellos sei ein Ring echt, so sagte er, aber welcher es sei, darüber könne nur rückblickend entschieden werden. Und so sollten die drei Söhne jeweils ihren Ring tragen und Jahre später, wenn ihr Leben lange gedauert hatte und sich wie bei ihrem Vater dem Ende näherte, sollten sie wieder vor Gericht erscheinen, zweifellos mit einem anderen Richter. Dann könne dieser künftige Richter auf ihr jeweiliges Leben zurückblicken und entscheiden, welcher Sohn von Gott und (denn zumindest das ließ sich wirklich feststellen) von allen Geschöpfen Gottes geliebt worden war.

Das sei der Test, der beste und der einzige, den es gebe.

Wo diese Geschichte erstmals erzählt wurde, lässt sich nicht wirklich feststellen. Die älteste erhaltene Version findet sich in einer anonymen lateinischen Sammlung von Erzählungen, den *Gesta Romanorum*, die aus der Zeit Ende des 13. Jahrhunderts stammt. Der Titel meint übersetzt die »Taten der Römer«, doch die Erzählungen weisen oftmals kaum eine oder gar keine Verbindung zu Rom auf und stammen vermutlich aus früheren Zeiten, einige von ihnen vielleicht sogar aus fernen arabischen, persischen oder indischen Regionen. In der Fassung der *Gesta Romanorum* ist die Erzählung vom Zauberring eine Parabel, der Richter ist Gott, und die drei Söhne sind Judentum, Christentum und Islam. In dieser Version beweist die Überprüfung durch Experten, dass der christliche Sohn den echten Ring besitzt.

Jahrzehnte später veränderte Giovanni Boccaccio die Geschichte in seinem *Decamerone* dahingehend, dass der wertvolle Ring ein wertvoller Edelstein, der Erzähler ein Jude und sein Zuhörer ein berühmter muslimischer Sultan ist. In dieser Version behält am Ende der Jude auf subtile Weise die Oberhand. Vier Jahrhunderte später behielt Gotthold

Ephraim Lessing in seinem Stück *Nathan der Weise* den Juden als Erzähler und den Sultan als Zuhörer bei, gab der Geschichte jedoch die Form, in der ich sie soeben nacherzählt habe – eine Form, in der es keinen unmittelbaren Sieger, aber doch eine Antwort auf die Schlüsselfrage gibt. Es gibt eine Antwort, weil es einen einschlägigen und vernünftigen empirischen Test gibt, wie lange auch immer es dauern mag, diesen Test durchzuführen.

Wenn wir nun diese Form von Lebenstest genauso im Kopf behalten wie die dahinterstehende Frage, warum und wie eine scheinbare Fiktion, so seltsam sie auch sein mag, als »seriöse Fiktion« oder nicht nur als Anleitung fürs Leben, sondern auch als Führer hin zu Gott verehrt wird, wollen wir uns nun wieder Wilfred Cantwell Smiths Frage zuwenden, ob der Koran das Wort Gottes ist.

Smith weist zunächst darauf hin, dass die Frage von Millionen Menschen mit Ja und von Millionen weiteren mit Nein beantwortet wurde und dass die Antwort, wie auch immer sie ausfiel, nicht nur auf der Ebene des Privatlebens, das auf die eine oder andere Weise geführt wurde, Folgen hatte, sondern auch der Ebene ganzer Zivilisationen, die auf die eine oder andere Weise nachhaltig geprägt wurden:

Es handelt sich nicht um eine kleine Gruppe von Exzentrikern, die [den Koran] für das Wort Gottes hält; ebenso wenig ist diese Vorstellung eine vorübergehende Modeerscheinung in irgendeiner flüchtigen Gruppe von Menschen. (…) Zivilisationen lassen sich nicht so leicht schaffen oder aufrechterhalten; doch auf der Grundlage dieser Überzeugung sind bedeutende Zivilisationen entstanden. Daraus gingen wichtige Kulturen hervor, die über Generationen Gefolgschaft und Loyalität fanden, die die Träume bestimmten und die Dichtung befeuerten bei unzähligen Menschen, die stolz waren, vor ihrer offenkundigen Größe und ihrer – für sie – klar erkennbaren Wahrheit auf die Knie zu fallen. (…)

Gleichermaßen eindrucksvoll aber waren die, die Nein sagten. Auch sie dürfen nicht vernachlässigt werden. Auch sie zählen Hunderte oder Tausende Millionen. Auch sie haben bedeutende Zivilisationen geschaffen, haben großen Kulturen Dynamik verliehen. Der [gegenüber dem Islam] Außenstehende verzerrt seine Welt, wenn er nicht erkennen kann, was auf Erden von denen geleistet wurde, die von der positiven Antwort inspiriert waren. Der Muslim verzerrt *seine* Welt, wenn er die Möglichkeiten nicht zu schätzen weiß, die denen, die Nein sagten, ganz augenscheinlich verlockend offenstehen.[5]

Wäre Ägypten so christlich geblieben, wie es das im 6. Jahrhundert war, wäre es heute kulturell genauso Teil Europas wie Griechenland oder Deutschland. Wäre Spanien so muslimisch geblieben, wie es das im 9. Jahrhundert war, so wäre es heute kulturell genauso ein Teil von Nordafrika wie Marokko oder Tunesien. In beiden Fällen wäre das Leben von Ägyptern oder Spaniern ein grundlegend anderes.

Historisch gesehen wechselte der Staffelstab zwischen diesen beiden Religionen hin und her. Von Napoleons Einmarsch in Ägypten Ende des 18. Jahrhunderts bis zur britischen Eroberung des Mogulreichs in Indien und der russischen Kolonialexpansion über das muslimische Zentralasien bis zum Pazifik im 19. Jahrhundert hat die Zivilisation, die Smiths Frage mit Ja beantwortete, die Ausbreitung der Zivilisation, die Nein sagte, schmerzlich und demütigend zu spüren bekommen. Nun, im 21. Jahrhundert, bekommt die Zivilisation, die Nein sagte, das Vordringen der Zivilisation, die Ja gesagt hat, zu spüren. Michel Houellebecqs Roman *Unterwerfung*, in dem eine muslimische Partei in Frankreich an die Regierung kommt, erfasst die in Frankreich vorherrschenden Auffassungen, was Religion angeht, vermutlich besser als Emmanuel Carrères *Das Reich Gottes* mit seinen romanhaften Spekulationen über die frühchristliche Kirche.

Smith bemerkt scharfsinnig, dass die Koranfrage, wenn sie auf zivilisatorischer Ebene einmal affirmativ beantwortet wurde, auf individueller oder auch kultureller Ebene üblicherweise gar nicht mehr gestellt wird. Muslime lesen nicht den Koran und kommen zu dem Schluss, dass er göttlich ist, so schreibt er.

Vielmehr glauben sie, dass er göttlichen Ursprungs ist, und lesen ihn dann. Das macht einen enormen Unterschied, und ich lege christlichen oder weltlichen Studenten des Korans nahe, dass sie sich ihm in diesem Sinne nähern müssen, wenn sie ihn als Glaubenszeugnis verstehen wollen.[6]

Die nicht-muslimischen Leser dieses Buches habe ich zu Ähnlichem gedrängt, als ich im Vorwort den Begriff der »Aussetzung der Ungläubigkeit« ins Spiel gebracht habe.

Was auf zivilisatorischer Ebene für die bejahende Antwort gilt, gilt natürlich gleichermaßen für die negative Antwort. Historisch gesehen haben Juden und Christen die Bibel nicht gelesen, um darüber zu entscheiden, ob sie lediglich Menschenwerk ist oder nicht. Sie haben daran geglaubt, dass sie irgendwie viel mehr als nur menschlichen Ursprungs ist, und sie aus genau diesem Grund gelesen. Und so wie die Muslime in der Regel die Bibel nicht kennen, so kennen Juden und Christen aus dem naheliegenden und entsprechenden Grund den Koran nicht. Ganz gleich, ob dabei irgendein Vorurteil in einem abwertenden oder zwischenmenschlichen Sinne des Wortes im Spiel ist, so gab es doch in beiden Fällen eindeutig vorab ein Urteil.

Mit dieser These habe ich eher Laien als Wissenschaftler im Sinn, aber ich würde über Smith hinausgehen und behaupten, dass abendländische Philologen, die sich mit Heiligen Schriften allgemein – d.h. nicht nur mit dem Koran – beschäftigen, diese Texte nie als das Wort Gottes lesen und sich einer solchen Lesart aus methodischen Gründen, die Smith im Grunde respektiert, enthalten. Über diese wissenschaftliche Beschäftigung mit dem Koran schreibt er:

Auch der westliche akademische Wissenschaftler hat sich bei seiner Beschäftigung mit dem Koran nicht gefragt, ob er göttlicher oder menschlicher Natur ist. Er ist, bevor er damit begonnen hat, davon ausgegangen, dass er menschlichen Ursprungs ist, und er hat ihn in diesem Lichte studiert.[7]

Solche Wissenschaftler, so schreibt er, suchen die Quelle des Korans

in der Psychologie Mohammeds, in der Umgebung, in der er lebte, in der historischen Tradition, in der er steht, im sozioökonomisch-kulturellen Milieu seiner Zuhörer. Sie suchen danach und sie finden sie. Sie finden sie, weil sie ganz augenscheinlich dort liegt. (…)
Diejenigen, die den Koran für das Wort Gottes halten, haben gemerkt, dass diese Überzeugung sie zur Erkenntnis Gottes führt. Diejenigen, die ihn für das Wort Mohammeds halten, haben gemerkt, dass diese Überzeugung sie zur Erkenntnis Mohammeds führt. Jeder betrachtet den anderen als Blinden. An dem, was ich gesagt habe, werden Sie vielleicht merken, dass meiner Ansicht nach in dieser Sache jeder recht hat.[8]

Als Bibelforscher stimme ich Smith gerne zu: Man kann umfangreiche und eindringliche Analysen über die Ansichten von Israeliten und Nazarenern in der Antike verfassen und gleichzeitig gegenüber der Frage, ob die Bibel das Wort Gottes ist, vollkommen gleichgültig bleiben. Diese letztere Frage ist eine, die die Wissenschaft gar nicht entscheiden kann, sie ist aber auch eine, mit der sich die Wissenschaft gar nicht erst befassen muss.

Eine wissenschaftliche Beschäftigung mit dem Koran oder mit der Bibel ähnelt letztlich somit dem Expertenurteil der Goldschmiede in der Ringparabel. So kompetent solche Wissenschaft mit Blick auf die eigenen Bedingungen auch sein mag, so ist sie für eine Frage wie »Ist die Bibel das Wort Gottes?« oder »Ist der Koran das Wort Gottes?« nicht zuständig. Derweil bleiben die riesigen und, ja, mitunter auch zusammenprallenden Zivilisationen, die durch unterschiedliche Antworten auf diese Fragen so unterschiedlich geprägt wurden, signifikant unterschiedlich und vermischen sich zugleich so stark wie nie zuvor. Früher konnten sie sich gegenseitig in hohem Maße ignorieren und taten das auch. Heute ist das nicht mehr möglich, und inzwischen sind beide regelmäßig mit der säkularen Alternative konfrontiert, die alle Fragen nach dem Wort Gottes präventiv negativ beantwortet. Wilfred Cantwell Smith als Pionier der vergleichenden Religionswissenschaft hat früh darauf beharrt, dass sich die bilateralen Beziehungen zwischen den Religionen langfristig als weniger verhängnisvoll erweisen würden als die Beziehungen, die jede der Religionen mit ihrer Funktionsweise nach säkularen Kräften wie dem Markt und den Medien eingeht oder nicht eingeht.

Wo also stehen wir am Ende eines Buches, dessen Titel mit dem Wort »Gott« beginnt, und fast am Ende eines Nachworts, in dem ich davon gesprochen habe, es sei nun an der Zeit, endlich unter Verwendung dieses schrecklichen Wortes von Ihm zu sprechen? Ich gelobe: Wir *werden* wieder von Gott sprechen, bevor dieses Buch endet, aber zunächst will ich eine kleine Ermunterung in Sachen Fantasie und Vorstellungskraft aussprechen. Wenn Sie areligiös sind, können Sie sich zumindest vorstellen, selbst religiös zu sein? Ich fordere Sie auf, das zu versuchen. Wenn Sie religiös sind, können Sie sich wenigstens in Ihrer Fantasie vorstellen, areligiös zu sein? Ich rate Ihnen sehr dazu. Wenn Sie kein Jude sind, können Sie sich vorstellen, Jude zu sein? Wenn Sie Jude sind, können Sie sich vorstellen, Muslim zu sein? Wenn Sie Muslim sind, können Sie sich vorstellen, Jude oder vielleicht auch Hindu zu sein?

Warum sollte uns das kümmern? Weil selbst dann, wenn man keinerlei Absicht hat, seine Ansichten oder Gewohnheiten zu ändern, allein schon die imaginäre Erfahrung, anders zu denken und zu leben, aufgrund übertragener Selbstliebe für ein gewisses Maß an Mitempfinden sorgen wird. Sie wird ein Gefühl befördern, dass andere als die eigenen Denk- und Lebensweisen vernünftig und menschenmöglich sind. Wer sich in seiner Fantasie als anderer imaginiert, sieht andere Menschen fortan nicht mehr als weniger menschlich, weniger ehrenwert, weniger vernünftig, weniger liebenswert, als man selbst es ist.

In seinem berühmten Buch *Life of Samuel Johnson* (dt. *Dr. Samuel Johnson. Leben und Meinungen*) berichtet James Boswell davon, wie er den berühmten Doktor einmal fragte: »Sagen Sie, Sir, meinen Sie nicht, daß es fünfzig Frauen auf der Welt gibt, mit denen ein Mann so glücklich sein kann wie mit einer bestimmten Frau?« Worauf Johnson erwiderte: »Ach, Sir, fünfzigtausend.«[9] Eine Frau wegen einer anderen zu verlassen ist in gewisser Weise wie die Konversion zu einer anderen Religion;[10] und obwohl eheliche Untreue weit verbreitet ist, gibt es auch genauso oft eheliche Treue, bei der sich der Mann oder die Frau den Austausch von Intimitäten mit einem anderen Partner vorstellt, oft sogar von einem jahrzehntelangen gemeinsamen Leben mit diesem anderen Partner träumt und doch treu bleibt. Ohne solche Fantasievorstellungen gäbe es zugegebenermaßen vermutlich keine Ehescheidungen, aber vielleicht käme es auch zu keinen Eheschließungen. Für sich genommen bereichert und vertieft der Akt des Fantasierens die Beschäftigung jedes Mannes und jeder Frau mit dem eigenen Leben.

Mitte der 1960er Jahre studierte ich Philosophie an der Päpstlichen Universität Gregoriana in Rom, wo damals alle Lehrbücher, Vorlesungen und Prüfungen auf Lateinisch waren. (Heute werden sie überwiegend in Englisch oder Italienisch gehalten.) Mein Professor für Moralphilosophie war ein französischer Jesuit namens Père Joseph de Finance, S.J. Er lehrte pflichtgemäß auf Lateinisch, aber wenn ihn etwas amüsierte, wie das von Zeit zu Zeit vorkam, wechselte er ins Französische. So war es auch, als er einmal von einem französischen Mädchen sprach, das seine Dankbarkeit dafür zum Ausdruck brachte, dass es als Französin zur Welt gekommen sei, denn das arme Ding wäre ja so unglücklich gewesen, wenn es als Engländerin geboren worden wäre. Nachdem Père de Finance das Mädchen, (ich wette, es handelte sich um seine Nichte) auf Französisch und, wie ich erstaunt feststellte, mit einem liebevollen Glucksen zitiert hatte, wechselte er wieder ins Lateinische und erklärte, wäre sie als Engländerin zur Welt gekommen, hätte sie natürlich Gott für diese glückliche Fügung gedankt.

Worauf wollte er damit hinaus? Offen gesagt kann ich mich nicht daran erinnern. Ich erinnere mich jedoch sehr wohl daran, dass ich beim Verlassen der Vorlesung bewundernd dachte: *Was, wenn ich als Franzose auf die Welt gekommen wäre? Wäre ich wie Père de Finance?* Ich mochte de Finance, er war fast so etwas wie mein Lieblingslehrer – liebenswürdig, scharfsinnig, überzeugend statt dogmatisch, wie der Geistliche in den *Canterbury Tales*, von dem es heißt: »And gladly wolde he lerne, and gladly teche.« (»Er lernte gern, und gerne mocht' er lehren.«) Mit einem Wort: Er schien weise zu sein. Wäre ich als Franzose zur Welt gekommen, wäre ich dann eher wie er gewesen? Wäre ich weise gewesen?

Freiwilliges Auswandern ist eine weitere Form von Konversion. Ich habe über die Jahre viele bereitwillige und glückliche »Expats« getroffen, doch ich weiß aus wiederholter Erfahrung, dass man sich noch so weit in diese Richtung bewegen kann und am Ende doch auf den Weg nach Hause macht. Ähnlich kann es mit den Religionen sein, da sich die einst relativ isolierten und vereinzelten Zivilisationen, die von diesen Religionen geprägt wurden, heute allmählich zu einer hybriden, vielgestaltigen Zivilisation formen, in der alle Macht ausüben, aber keiner herrscht. Es ist eine alles in allem heilsame Übung, sich an einem solchen Punkt vorzustellen, dass man jemand anderer ist, selbst wenn man meistens gut beraten ist, die Übung als genau das zu betrachten: als Übung, als Exkursion, aber nicht als erstrebte Heimat.

Nachdem Smiths rigorose Aufrichtigkeit in dieser schwierigen Frage ihn faktisch in eine Sackgasse geführt hat, beginnt er nach einem erst noch zu findenden Mittelweg zwischen Ja und Nein zu suchen. Eine massenhafte Konversion schließt er sogleich aus – vor allem eine Massenkonversion unter irgendeiner Art von Zwang. Diese Alternative, die einst gang und gäbe war, steht nun nicht mehr zur Verfügung, auch wenn irgendeine Macht sich noch einmal ernsthaft daran versuchen sollte. Alle Religionen dieser Welt sind heute, wenn man wirklich die gesamte Welt in den Blick nimmt, Minderheitenreligionen, und keine von ihnen wird je zur herrschenden Mehrheit werden. Religiöse Vorherrschaft, ja sogar religiöse Tyrannei werden auf lokaler Ebene weiterhin möglich sein, aber eine globale Uniformität in diesem Bereich ist unmöglich, denn wie Religion bewiesen hat, verweigert sie sich vollständiger staatlicher Kontrolle, selbst in einer hochgradig kontrollierten Gesellschaft wie China. Auch die Säkularisten sind eine Minderheit. Und selbst wenn sie nach eigener Auffassung über all die richtigen Antworten und die humane Lebensweise verfügen, werden auch sie eine Minderheit bleiben. Keine dieser Lebensalternativen wird je zum hegemonialen Gastgeber für all die anderen als gelenkte Gäste werden, wie wohlwollend diese Lenkung auch gedacht sein mag.

Kurz: Wir stecken wirklich und wahrhaftig alle gemeinsam hier in der Finsternis. Wie können wir ein Licht entzünden? Smith sieht sowohl Christen wie Muslime »auf der Suche nach einer Antwort auf unsere Frage, die scharfsinniger, realistischer, geschichtsbewusster, vielschichtiger als das traditionelle Ja oder Nein ist«. Und er liefert nebenbei das, was am Ende die bescheidene Erkenntnis dieses Buches sein könnte:

Das Bezeichnende an dieser neuen Situation, in der beide traditionellen Gruppen sich auf die Suche nach einer umfassenderen Antwort machen, ist die fantastische potentielle Neuerung, dass beide Gruppen im Zuge dessen damit beginnen, die Bücher des jeweils anderen in Betracht zu ziehen und darüber nachzudenken.[11]

Und so wende ich mich nun, da ich über den Koran und ganz spezifisch über Gott im Koran nachdenke, mit vorsichtiger Hoffnung an meine nicht-muslimischen Leser. Ich möchte an das erinnern, was die früheren Kapitel dieses Buches bestimmt hat, und Sie einladen, sich vorzustellen, dass Sie Gott verehren, wie wir Ihn im Koran dargestellt finden. Sie müssen kein Muslim werden, um sich das vorzustellen. Sie können wie das kleine französische Mädchen sein, das sich ausmalt, wie es wäre, wenn es Engländerin wäre, oder (das ist das vermutlich bessere Beispiel) wie ein Amerikaner in seinen jungen Zwanzigern, der in einem Vorlesungssaal in Rom sitzt und sich vorstellt, wie es wäre, ein weiser, scharfsinniger und reifer französischer Philosoph zu sein. Sie können sogar ein verheirateter Mann oder eine verheiratete Frau sein, der oder die sich in der Fantasie – aber nur in der Fantasie – das intime Zusammensein mit einem neuen Partner vorstellt. Das ist nur eine Übung, nur ein geistiges Experiment.

Einverstanden? Treten Sie also ein in die Moschee Ihrer Fantasie, und wenn Sie niederknien, mit Ihrer Stirn den Boden berühren und dabei sagen »Gott ist größer« oder wenn Sie andere diese Worte auf Arabisch sagen hören, dann denken Sie daran …

– *dass Gott Adam und Eva, als Er sie in den Garten des Paradieses setzte, davor warnte, dass Satan sie in Versuchung führen werde. (In der Bibel findet sich keine derartige Warnung.)*
– *dass Er ihnen, als sie der Versuchung erlagen, aber dann rasch bereuten, vergab und erklärte, nach einem Leben auf Erden, in dem sie lediglich die Irrungen und Wirrungen des gewöhnlichen menschlichen Lebens ertragen müssten, könnten sie wieder ins Paradies zurückkehren. (In der Bibel findet sich keine derartige Vergebung oder ferne Hoffnung.)*
– *dass Gott, als einer von Adams Söhnen den anderen erschlug, den Mörder verurteilte, aber ihm Mitleid beibrachte, indem Er einen Raben schickte, dessen Scharren im Boden den bußfertigen Mörder*

dazu veranlasste, seinen toten Bruder zu begraben. (In der Bibel findet sich kein gleichermaßen besorgter Rat.)

- *dass Gott, als Er eine zerstörerische Flut schickte, die, die von ihr betroffen sein würden, vorab warnte und eine Arche zur Verfügung stellte, auf der sie, wenn sie die Warnung des Propheten Noah ernst genommen hätten, alle in Sicherheit hätten gebracht werden können.* (In der Bibel wird keine solche Warnung ausgesprochen.)
- *dass Gott, als Er Abraham zu Seinem Propheten erkor, ihn in Sachen Monotheismus unterwies, bevor Er ihn zu seinem götzendienerischen Vater und seinem Stamm schickte.* (In der Bibel ist Gottes Befehl an Abraham gebieterisch und hat eher etwas mit Fruchtbarkeit als mit Monotheismus zu tun.)
- *dass der Pharao, als Gott Mose mit der gleichen prophetischen Botschaft zu ihm schickte, die Er später Mohammed offenbarte, zunächst darüber spottete, schließlich aber konvertierte und Gott als den einzigen Gott akzeptierte.* (In der Bibel übernimmt Gott die Kontrolle über den Geist Pharaos und verbaut jede Möglichkeit einer solchen Konversion.)
- *dass Gott Jesus, als Er ihn als Seinen Propheten zu den Juden schickte und diese ihn zu töten versuchten, rettete und zu sich nahm.* (In der Bibel stirbt Jesus mit den Worten »Mein Gott, mein Gott, warum hast du mich verlassen?«.)

Ich will damit keineswegs die Bibel schlecht machen. Die Bibel ist meine Heilige Schrift. Der Koran ist ihre Heilige Schrift. Mit dieser Aufzählung verbinde ich lediglich die Hoffnung, dass Sie es, wenn Sie Ihre Fantasie ein wenig spielen lassen, etwas leichter finden, dem Muslim nebenan zu vertrauen und ihn als jemanden zu betrachten, dessen Religion nicht so völlig unvernünftig ist, als dass er nicht auch ein vertrauenswürdiger Freund sein könnte. In einem weiteren hoffnungsvollen Schritt könnten Sie sich ausmalen, dass genau dieser muslimische Nachbar die Gunst erwidert und sich in Sie hineinversetzt, in Ihre Leittexte und in Ihr religiöses oder areligiöses Leben, so wie Sie sich in ihn hineinversetzt haben.

Als Herausgeber der *Norton Anthology of World Religions* habe ich meine Einleitung zu dieser umfassenden Übung in vergleichender Religion mit einem schlichten Gedicht begonnen, nämlich »It Is Enough to Enter« von Todd Boss. Dieses Gedicht endet mit folgenden Versen:

It is enough
to have come just so far.
You need
not be opened any more
than does
a door, standing ajar.[12]

(Es genügt,
so weit gekommen zu sein.
Du musst dich
nicht weiter öffnen
als eine Tür,
die einen Spaltbreit offen steht.)

Die Aussetzung der Ungläubigkeit, wie wir sie in diesem Buch praktiziert haben, stellt eine Möglichkeit dar, um die Tür zu öffnen, und ich würde es als bedeutsame Errungenschaft betrachten, wenn die Tür für eine Weile einen Spaltbreit offen bliebe. Aber ist das Ganze nicht doch letztlich irgendwie unbefriedigend? Dieser Ansicht bin ich zweifellos, aber auch dann muss man eine Tür nicht gleich dauerhaft einen Spaltbreit offen stehen lassen, wenn man sie wenigstens für lange Zeit offen halten will. Das ist die Weisheit der Ringparabel, und in allen drei Religionen, die in diesem Buch eine zentrale Rolle spielten, habe ich Vorläufer für eine solche ultra-langfristige Duldsamkeit gefunden.

Im Koran ist das die Geduld, zu der Gott in Sure 5 rät:

Für einen jeden von euch haben wir Bahn und Weg gemacht.
Hätte Gott gewollt, er hätte euch zu einer einzigen Gemeinde
   gemacht –
doch wollte er euch mit dem prüfen, was er euch gab.
Wetteifert darum um das Gute!
Euer aller Rückkehr ist zu Gott,
er wird euch dann kundtun, worin ihr immer wieder uneins wart.
   (Sure 5,48)

Die Heimkehr, auf die Gott hier anspielt, ist das Jüngste Gericht, und der hier in Rede stehende Aufschub ist ein Aufschub bis zum Ende der Zeiten.

Im Judentum werden das Ende der Zeit und die Ankunft des Messias durch die Rückkehr des Propheten Elija auf die Erde angekündigt, also des Propheten, der in einem Feuerwagen in den Himmel aufgenommen wurde und deshalb niemals starb. Doch bei seiner Wiederkunft wird Elija auch all die Fragen klären, die die Rabbiner (und alle anderen) nicht lösen konnten. Das hebräische Wort *teiko*, das so viel bedeutet wie »unentschieden«, ist ursprünglich ein rabbinisches Akronym für »Tishbi wird alle Schwierigkeiten und Probleme lösen«. (Elija, der aus einer Stadt namens Tisbe stammte, wird in der rabbinischen Tradition auch Tisbe oder Tisbiter genannt.) Uns wird also erneut geraten, die unbestimmte Verschiebung von Antworten auf die Fragen und Unstimmigkeiten, die wir selbst nicht lösen können, mit Geduld zu akzeptieren.

Im Christentum macht das Jüngste Gericht, wie es im Matthäusevangelium beschworen wird, allein schon die Erkenntnis Christi auf bemerkenswerte Weise irrelevant. Diejenigen, die den Hungrigen zu essen geben, die den Obdachlosen Unterschlupf gewähren, die Nackten mit Kleidung versorgen und die Gefangenen besuchen, werden am Jüngsten Tag belohnt werden, weil sie diese Dienste für Christus geleistet haben, ganz gleich, ob sie das erkennen oder nicht und ob sie (so verstehe ich das) überhaupt je von ihm gehört haben. Die erkennbare moralische Aufforderung ähnelt hier ganz stark der im Koran: »Wetteifert darum um das Gute!« (Sure 5,48), während man geduldig darauf wartet, dass die Gerechtigkeit geschieht, die nun außerhalb allen menschlichen Tuns liegt.

Ist der Koran das Wort Gottes? Wenn diese Frage gestellt werden muss, dann müssen wir letztlich darauf warten, dass Gott sie beantwortet. Strukturell entspricht diese Frage ein wenig der, die zwischen Juden und Christen umstritten ist, nämlich: »Ist Jesus der Messias?« Juden glauben, dass der Messias noch nicht gekommen ist. Christen glauben, dass er gekommen ist, aber wieder zurückkehren wird. Statt also darüber zu streiten, können Sie auf die Ankunft des Messias warten und ihn dann fragen, ob das sein erster oder sein zweiter Besuch ist.[13]

Mag sein, dass ich mit einer so ernsten Frage etwas arg locker umgehe, aber mit der Weisheit des Aufschubs meine ich es völlig ernst. Es mag sein, dass wir sterben, ohne die Antworten auf bestimmte wichtige Fragen zu kennen, aber wir dürfen uns deswegen nicht geschlagen geben. Ist ein Leben nicht lang genug? Einverstanden, aber lassen Sie die Frage ein wenig schwingen. Lassen Sie sie in der Luft hängen.

Was ist ein Mensch und was ist sein Nutzen? Was ist gut an ihm und was ist schlecht an ihm? Die Zahl der Tage eines Menschen beträgt höchstens hundert Jahre, aber unberechenbar ist für einen jeden der Schlaf. Wie ein Wassertropfen aus dem Meer und wie ein Sandkorn, so gleichen wenige Jahre einem Tag der Ewigkeit. Deswegen war der Herr mit ihnen geduldig und goss über sie sein Erbarmen aus. Er sah ihren Untergang und erkannte, dass er schlimm ist, deswegen vermehrte er seine Bereitschaft zur Versöhnung. (Jesus Sirach 18,8–12, EinhÜ)

Wenn die Bibel und der Koran unterschiedliche Versionen der gleichen Episode zu bieten haben, welche ist dann die richtige Version und damit das Wort Gottes? Dieser Streit scheint, wie wir gesehen haben, im Koran selbst durch, wo Allah Mohammed rät, wie er auf den Vorwurf, das, was er verkünde, sei bloße Erfindung, reagieren solle:

> Oder sie sagen: »Er hat ihn sich nur ausgedacht!«
> Sprich: »Hätte ich ihn mir selber ausgedacht, so käme mein
>   Vergehen auf mich.
> An dem jedoch, was ihr an Missetaten begangen habt,
>   bin ich nicht schuldig.« (Sure 11,25)

Oder wie ich diesen Vers paraphrasieren würde: »Wenn ich all das erfunden habe, umso schlimmer für mich, aber wenn nicht, umso schlimmer für euch.« Solche Anfechtungen erlebte Mohammed mitunter von Seiten der Juden Medinas, die erkannten, dass das, was sie von Mohammed gehört hatten, dem widersprach, was sie aus ihrer eigenen Heiligen Schrift kannten.[14] Seine Antwort – und sein Gegenvorwurf – könnten eine Rezitation von Sure 2,79 gewesen sein:

> Doch wehe jenen, die das Buch mit eigenen Händen
>   niederschreiben
> und dann sagen: »Das kommt von Gott!« –
> um dann für einen kleinen Preis damit zu handeln!
> Doch wehe ihnen für das, was ihre Hände schrieben,
> und wehe ihnen für das, was sie da erwerben!

Doch während wir geduldig darauf warten, dass Elija oder Allah oder Jesus oder wer auch immer kommt und all diese Streitfragen entscheidet, wollen wir uns nicht dauernd davor in Acht nehmen müssen, dass uns der Typ von nebenan umbringt, wenn wir ihn nicht zuerst umbringen, und wir wollen nicht, dass er sich aus der gleichen hässlichen Angst ständig vor uns in Acht nimmt. Also lernen wir ihn näher kennen, um friedlich mit ihm leben zu können; und wenn das bedeutet, seine Heiligen Schriften und seinen Gott näher kennenzulernen, so nehmen wir uns die Zeit dafür.

Ich will die Hindernisse, die dem entgegenstehen, nicht kleinreden. Als Christ und 75 Jahre alter Chorknabe hänge ich sehr an dem amerikanischen Volkslied »What Wondrous Love Is This?« – einem Lied, das nicht nur behauptet, sondern jubelnd kündet von dem, was der Islam leugnet – nämlich der Göttlichkeit Christi, des Lamms Gottes, das Gott *ist*:

> To God and to the Lamb,
> I will sing, I will sing;
> To God and to the Lamb,
> I will sing –
> To God and to the Lamb,
> who is the great I AM,
> while millions join the theme,
> I will sing, I will sing!
> while millions join the theme,
> I will sing!

Wäre ich ein Jude – ich, der ich mir sehr viel häufiger und viel intensiver vorgestellt habe, Jude zu sein als Franzose –, würde ich mich voller Traurigkeit verzücken lassen (ich erschauere ohnehin) von *HaTikvah* (»Die Hoffnung«), der Nationalhymne Israels, und von Deuteronomium 7,7–8:

> Nicht weil euer ein Mehr wäre gegen alle Völker
> hat ER sich an euch gehangen, hat euch erwählt,
> denn ihr seid das Minder gegen alle Völker:
> sondern weil ER euch liebt

und weil er den Schwur wahrt, den er euren Vätern zuschwor,
führte ER euch heraus mit starker Hand,
galt er auch ab aus dem Haus der Dienstbarkeit,
aus der Hand des Pharao, des Königs von Ägypten.[15]

Der Herr hat uns geliebt, und hier sind wir, würde ich denken, *Jahrtausende später, wir zählen keine Hunderte Millionen wie die Muslime und die Christen, wir sind noch immer klein, aber auf ewig nicht kleinzukriegen, weil Er uns nie im Stich lassen wird.* Ich würde mich als etwas Besonderes fühlen, geadelt und hervorgehoben durch genau das, was der Islam leugnet, nämlich die besondere Stellung Israels als auserwähltes Volk und als Licht für die Nationen.

Dennoch erkenne ich eine brillante Symmetrie darin, wie der Islam die jüdische Kritik am Christentum und die christliche Kritik des Judentums miteinander verknüpfte. Das Christentum beharrte gegen die jüdische Tradition darauf, Gottes Pakt mit Israel dahingehend zu universalisieren, dass er potentiell die gesamte Menschheit umfasste, womit man die besondere Stellung Israels beseitigte. Der Islam übernahm diese Kritik: Die muslimische *umma* ist vom Anspruch her genauso universell wie die christliche Kirche. Das Judentum beharrte gegen das aufstrebende Christentum darauf, dass Gott allein göttlich sei und es deshalb »keine zwei Mächte im Himmel« geben könne: Jesus war nicht der Herr; nur der Herr, *HaKadosh Baruch Hu,* war der Herr. Der Islam übernahm diese Kritik: In seiner Theologie ist kein Platz für einen göttlichen Christus oder irgendeine andere Macht neben dem einen und einzigen Gott.

In einer Art radikaler Vereinfachung übernahm der Islam aus beidem, was am wertvollsten und prägendsten war, und eliminierte gleichzeitig aus beidem die problematischsten Aspekte. Das Christentum befreite er von der Lehre, die zu Zeiten Mohammeds zu endlosen Streitigkeiten und vielfältiger sektiererischer Aufspaltung geführt hatte, während dem Judentum – oder den Juden als Volk – das Gefühl einer privilegierten Stellung als das eine und einzige auserwählte Volk des einen und einzigen Gottes genommen wurde.

Ich gebe gerne zu, dass der Koran in Übersetzung für jemanden, dessen literarische Empfindsamkeit außerhalb der islamischen Kultur geprägt wurde, zunächst wenig literarische Anziehungskraft besitzt, und er bietet mit Sicherheit niemals irgendeine journalistisch saubere Zusammenfassung der Art, wie ich sie soeben riskiert habe. Viele, vielleicht die meisten derjenigen, die ihn zum ersten Mal lesen, finden ihn verwirrend. Und doch ist die bewusst gewollte, ästhetisch gestaltete Verwirrung ein entscheidender Bestandteil vieler großer Meisterwerke moderner Kunst, und die einfache Klarheit, die wir von ihnen nicht verlangen, sollten wir auch nicht von antiker Kunst, darunter antiker literarischer Kunst – und eben auch dem Koran – einfordern.

Vor vierzig Jahren schrieb ich einen kleinen Aufsatz mit dem Titel »Radical Editing: *Redaktionsgeschichte* and the Aesthetic of Willed Confusion«, der in einem Band nicht zur Korankritik, sondern zur Bibelkritik erschienen ist. Die Bibel ist oft dort am verwirrendsten, wo nacheinander verschiedene Hände an der Gesamtredaktion beteiligt waren, was moderne Wissenschaftler dazu einlädt, die »Redaktionsgeschichte« (dieser deutsche Begriff wird auch international verwendet, denn deutsche Wissenschaftler waren in dieser Hinsicht führend) herauszuarbeiten. Das Ziel bestand und besteht dabei stets darin, das ursprüngliche Werk freizulegen, das sich hinter all den späteren Änderungen versteckt.

Aber wer würde behaupten, dass früher generell besser ist als später? Die Veränderungen hatten möglicherweise brillante Wirkung, auch wenn sie einen von einem früheren Autor intendierten Effekt beseitigten. So betrachten einige die Erzählung, die die langen Klagegedichte des Buchs Hiob umrahmt, als die Hinzufügung eines Redaktors und bedauern die Wirkung, die diese spätere Erzählung, die mitunter als eine glückliche »Volkssage« abgetan wird, auf die düstere, verzweifelte Größe der Poesie allein hat. Andere hingegen betrachten den Redaktor als Genie, weil er einer Reihe von schwülstigen Versen – die ansonsten unter ihrem eigenen Gewicht zusammengebrochen wären – Spannung, Dramatik und literarische Unsterblichkeit verpasste.

Wenn Bibelleser sich mit dem Koran beschäftigen, sollten sie stets daran denken, dass eine solche Redaktion nicht nur die schriftliche Überarbeitung allein schriftlicher Texte betrifft. Auch eine mündliche Redaktion ist möglich und kann gleichermaßen brillant sein. In einer mündlichen Kultur kann eine dauerhafte mündliche Redaktion das gleiche Gefühl von unanfechtbarer Wahrheit und Autorität erzeugen, das die letzte schriftliche Redaktion der Heiligen Schrift traditionellerweise im Judentum und im Christentum genoss.

Historisch gesehen besteht wenig Zweifel, dass in Arabien ein Prozess mündlicher Redaktion der Überlieferungen von Adam, Noah, Moses und anderen stattgefunden hat, bevor Mohammed die Offenbarungen des Korans empfing. Der Koran behauptet nicht, diese Überlieferungen zum ersten Mal mitzuteilen. Stattdessen erinnert er Mohammed – und über ihn die Muslime – wiederholt an die anerkannte Wahrheit der Überlieferungen. Sie, die bereits als das Wort Gottes verehrt werden, lassen sich im Detail korrigieren, werden aber durch die Einbeziehung in den Koran als Gottes letztgültige Offenbarung an Mohammed in erster Linie bekräftigt. Sodann wird genau wie im Fall der Bibel der Status des Korans als Wort Gottes durch die Gemeinschaft, die ihn als solchen übernimmt, bestätigt.

Was diejenigen angeht, die außerhalb dieser Gemeinschaft stehen, so kann ein wenig Bemühen, den Koran zu erkunden, eine enorme langfristige Dividende auf der allgemeinen zivilisatorischen Ebene erbringen, wo die Antwort auf Fragen wie »Ist der Koran das Wort Gottes?« und »Ist die Bibel das Wort Gottes?« (ganz zu schweigen von »Gibt es einen Gott?«) ganze Lebensformen bestimmt. Und wenn Sie zu den vielen gehören, deren Haltung in solchen Fragen darin besteht, alles, was in menschlicher Sprache geschaffen wurde, als menschliche Schöpfung zu betrachten, sollten Sie sich an dieser Stelle noch eine andere Frage stellen, nämlich: Kann wahrhaft große Literatur wirklich völlig säkular sein?

George Steiner beschäftigt sich in seinem Buch *Von realer Gegenwart*, einer Art Philosophie der Literatur, mit genau dieser Frage:

> Die Grenzen unserer Sprache sind, ohne Wittgenstein zu nahe treten zu wollen, nicht die unserer Welt (und als ein Mensch, der sich in Musik versenken konnte, wusste er das auch). Die Künste sind höchst wunderbar im Substantiellen verwurzelt, im menschlichen Körper, im Stein, im Pigment, im Schwirren von Darm oder im Luftzug an Schilfrohr. Alle gute Kunst und Literatur nehmen in der Immanenz ihren Anfang. Doch bleiben sie dort nicht stehen. Was ganz einfach heißt, dass es Anliegen und Privileg des Ästhetischen ist, das Kontinuum zwischen Zeitlichkeit und Ewigkeit, zwischen Materie und Geist, zwischen dem Menschen und dem »anderen« zu erleuchteter Gegenwart zu erwecken. In diesem allgemeinen und exakten Sinne öffnet sich *poiesis* in Richtung auf das Religiöse und das Metaphysische, wird durch diese bestätigt. Die Fragen: »Was ist Dichtung, Musik, Kunst?«, »Wie können sie nicht sein?«, »Wie wirken sie auf uns?« sind letztlich theologische Fragen.[16]

Wenn Steiner recht hat, dann haben Sie, der oder die Sie sich bei der Lektüre dieses Buches mit einer kleinen Auswahl aus der Heiligen Schrift des Islams und damit mit nur einem Zugang zu Gott, wie der Islam Ihn kennt, vertraut gemacht haben, mit Theologie beschäftigt, selbst wenn Sie Atheist sind. Aber keine Angst: Vielleicht haben Sie im Zuge dessen ein klein wenig dazu beigetragen, dass die entstehende hybride Zivilisation, die wir so dringend brauchen, ihren ersten Atemzug tun und den ersten Schrei eines gesegneten und willkommenen neuen Lebens ausstoßen konnte.

SATAN UND DAS JENSEITS
IN DER BIBEL UND
IM KORAN

In den Eingangskapiteln dieses Buches habe ich wiederholt auf zwei theografische Unterschiede zwischen der Darstellung Jahwe Elohims durch den anonymen biblischen Erzähler im Buch Genesis und Allahs Selbstdarstellung im Koran hingewiesen. Dabei habe ich unvermeidlich impliziert, dass diese Unterschiede für die gesamte Bibel gelten. Das ist jedoch historisch betrachtet nicht der Fall.

Die beiden Unterschiede sind: die häufigen Hinweise auf den Teufel (Satan oder Iblis) im Koran versus das Fehlen solcher Hinweise in der Bibel; und zweitens die häufigen Hinweise auf das Jenseits im Koran versus das Fehlen solcher Hinweise in der Bibel.

Diese beiden Unterschiede spielen auch für die Charakterisierung Gottes eine Rolle, weil Gott schließlich unterschiedlich dargestellt wird, je nachdem, ob man glaubt, Ihm stehe ein feindseliges und mächtiges Wesen wie Satan gegenüber oder nicht. Gleiches gilt je nachdem, ob man glaubt, dass Er nur in diesem Leben und in dieser Welt belohnt oder bestraft oder ob Er das auch oder sogar in erster Linie im Jenseits und in einer künftigen Welt tut.

Solange wir unsere Aufmerksamkeit allein auf die Bücher Genesis und Exodus einerseits und den Koran andererseits richten, gibt es diese Unterschiede unbestreitbar. Historisch betrachtet spielt jedoch eine wichtige Rolle, dass die Genesis eines der früheren Bücher im biblischen Kanon ist, wenngleich mit Sicherheit nicht das erste. Würden wir uns die letzten Bücher im Kanon anschauen, insbesondere im alexandrinischen Kanon,[1] der zum Kanon des christlichen Alten Testaments wurde, so würden wir feststellen, dass Satan und das Jenseits darin nach und nach durchaus eine größere Rolle spielen.

Eine genauere Betrachtung soll diese historische Beobachtung ein wenig verdeutlichen.

SATAN IN UND NACH
DEM BUCH GENESIS

Stimmt es, dass der Gott der Bibel es nicht mit irgendeiner widerstreitenden Macht wie Satan zu tun hat? Ein Historiker würde darauf bedächtig und umsichtig antworten: *Es stimmt, dass dem Gott der Genesis, wie sie ursprünglich zusammengestellt und auch später dann ediert wurde, kein Satan gegenübersteht, aber was die übrige Bibel anbetrifft, so hängt die Antwort auf diese Frage davon ab, welches Buch gemeint ist. Die Bibel als ganze zeigt eine historische Entwicklung des Glaubens an Satan.*

Das Buch Genesis, ein relativ frühes Buch der Bibel, begreift Gott auf eine bestimmte Weise. Andere, spätere Bücher der Bibel begreifen ihn auf andere Weise, und wir müssen bedenken, dass die Bibel rund vier Dutzend unterschiedliche Bücher enthält, deren Umfang deutlich variiert. Historisch betrachtet fehlte der Glaube an Satan zwar zu Beginn, aber er entwickelte sich im Lauf der Zeit unter den Israeliten – die später als die Juden weiterlebten. Im ersten Jahrhundert unserer Zeitrechnung setzten die Juden die Schlange, die sich Jahwe im Garten Eden widersetzt, eindeutig mit Satan als einem übernatürlichen Wesen gleich, das sich im Konflikt mit Jahwe befindet – auch wenn das offenkundig nicht die Juden waren, die dann das rabbinische Judentum begründeten. Jedenfalls war die Vorstellung eines Satans zu diesem Zeitpunkt schon mehrere Jahrhunderte lang herangereift, beginnend vermutlich im späten 6. Jahrhundert vor Christus, als Judäa Teil des persischen Reiches wurde.

Der persische Zoroastrismus (benannt nach Zoroaster bzw. Zarathustra, seinem großen Propheten) war streng genommen nicht pluralistisch oder ditheistisch; er kannte nicht zwei gleichberechtigte Götter oder zwei gleiche erste Prinzipien, von denen eines für das Gute, das andere für das Böse steht. Doch neben Ahura Mazda, seiner obersten Gottheit, kannte er eine mächtige, satanähnliche Figur namens Angra Mainyu (beziehungsweise später dann Ahriman). Diese Vorstellung eines höchsten Wesens, das mit beträchtlichem und weitreichendem Widerstand zu kämpfen hat, scheint das Denken der Juden unter persischer Herrschaft beeinflusst zu haben. Das Buch Hiob – in dem Satan schon früh auf dreiste Weise auftaucht, in dem er Jahwe Elohim in Versuchung führt und vorübergehend völlig irritiert und in dem er anschließend den namengebenden Protagonisten brutal quält – spiegelt möglicherweise eine Phase dieses persischen Einflusses wider. Oder betrachten wir folgende Szene aus dem Buch des Propheten Sacharja, der ebenfalls unter persischer Herrschaft schrieb:

> Und er [der HERR] ließ mich den Hohenpriester Joschua sehen, der vor dem Engel des HERRN stand; und der Satan stand zu seiner Rechten, um ihn anzuklagen. Und der HERR sprach zum Satan: Der HERR wird dich bedrohen, Satan! Ja, der HERR, der Jerusalem erwählt hat, bedroht dich! Ist dieser nicht ein Holzscheit, das aus dem Feuer herausgerissen ist? (Sach 3,1–2)

Aus dieser kurzen Szene lässt sich nicht auf das Vorhandensein einer bösen Macht schließen, vergleichbar dem, was Satan später beispielsweise in der Offenbarung des Johannes sein sollte. Satan ist in dieser Szene präsent, um »anzuklagen«; das macht ihn zu einer Art himmlischem Staatsanwalt oder Strafverfolger, aber nicht zwangsläufig zu irgendetwas darüber hinaus. Gleichwohl stellt die Szene einen frühen Moment in einer Entwicklung mit enormer Zukunft dar, die eine beginnende Verknüpfung von Satan mit Feuer und Höllenstrafe nicht ausschließt. Satan ist bereit, Joschua in Gewahrsam zu nehmen, doch Jahwe mit seinem guten Engel an der Seite hat seinen Hohenpriester aus den Klauen Satans befreit wie ein Holzscheit, das man aus den Flammen reißt.

Viele Historiker sind bereit, die auffallende Präsenz Satans in der späten israelitischen und frühen jüdischen Religion wie auch im Christentum und im Islam als die fortwährende Assimilation und fortschreitende Transformation zoroastrischen Einflusses zu betrachten. Die gefühlte Präsenz Satans war mit Sicherheit bereits bei den Juden höchst lebendig, zu denen Jesus im ersten Jahrhundert predigte. In den Evangelien tritt dieser Glauben auf dramatische Weise immer dann zutage, wenn Jesus den von Dämonen Besessenen den Teufel austreibt. Zudem führt Satan in einem der längsten und am klügsten konstruierten Dialoge im Evangelium Jesus selbst vierzig Tage lang in der Wüste von Judäa in Versuchung.

Kurz: Betrachtet man die Bibel, und zwar sowohl das Alte wie das Neue Testament, als eine sich historisch entwickelnde Sammlung und fragt nach dem Vorhandensein Satans darin zu einem eher späten Entwicklungszeitpunkt, so spielt Satan tatsächlich eine wichtige Rolle, und seine prominente Stellung zeugt dann eher von Ähnlichkeit als von Unterschieden zwischen der Bibel und dem Koran.

DAS JENSEITS IN UND NACH
DEM BUCH GENESIS

Was für Satan in den beiden Heiligen Schriften gilt, gilt in ähnlicher Weise auch für das Jenseits. Wenn wir danach fragen, ob Gott in der Bibel ausschließlich in diesem Leben belohnt oder bestraft, könnte unser imaginärer umsichtiger Historiker genauso antworten wie im Falle Satans: *Es stimmt, dass Gott im Buch Genesis, wie es ursprünglich zusammengestellt und auch später dann ediert wurde, niemandem irgendeine*

Belohnung oder Bestrafung in einem Jenseits verspricht, doch in späteren
Büchern der Bibel sind solche Versprechen häufiger zu finden.

Einige der früheren Bücher des Alten Testaments belegen deutlich
den Glauben an ein nebulöses, geisterhaftes Jenseits im Scheol, einer
Sphäre weder der Belohnung noch der Bestrafung. In diesen früheren
Büchern wird bedeutsame Belohnung immer und ausschließlich innerhalb normaler menschlicher Lebensspannen zuteil. Gottes Gunst erfolgt in Gestalt eines langen Lebens, des Schutzes vor Feinden und der
Fruchtbarkeit in ihren verschiedenen Formen: reichlich Nachwuchs,
üppig gedeihende Felder und jede Menge Vieh. Bestrafung erfolgt entsprechend in Gestalt eines frühen Todes, als persönliche Sterilität oder
als Zerstörung von Ernte und Vieh. Am häufigsten und spektakulärsten
jedoch erfolgt Bestrafung als tatsächlicher oder angedrohter Sieg über
Israel, bei dem dessen Feinde, meist ohne es selbst zu wissen, als Erfüllungsgehilfen von Israels Gott agieren. Ein solcher Erfüllungsgehilfe ist
in der folgenden Passage aus dem Buch des Propheten Jesaja Babylon,
die »Nation in der Ferne«:

Darum ist der Zorn des HERRN gegen sein Volk entbrannt, und
er hat seine Hand gegen sie ausgestreckt und sie geschlagen. Und
die Berge erbebten, und ihre Leichen lagen wie Kehricht mitten
auf den Straßen. Bei alledem hat sein Zorn sich nicht gewandt,
und noch ist seine Hand ausgestreckt. Und er wird ein Feldzei-
chen aufrichten für die Nation in der Ferne, und er wird sie her-
beipfeifen vom Ende der Erde; und siehe, eilends, schnell wird sie
kommen.

(...)

Ihre Pfeile sind geschärft und all ihre Bogen gespannt, die Hufe
ihrer Pferde sind Kieselsteinen gleich und ihre Räder gleich dem
Wirbelwind. Ihr Gebrüll ist wie das einer Löwin, sie brüllt wie
die Junglöwen. Und sie knurrt und packt die Beute und bringt sie
in Sicherheit, und kein Retter ist da. Und sie knurrt über ihr an

jenem Tag wie das Tosen des Meeres. Dann blickt man zur Erde, und siehe, angstvolle Finsternis; und das Licht ist verfinstert durch ihr Gewölk. (Jes 5,25–26, 28–30)

Obwohl Jesaja geschickt wurde, um das sündige Israel zu Buße und Umkehr aufzurufen, verkündet er Jahwes angedrohte Bestrafung mit offenkundiger Freude. In den früheren Büchern des Alten Testaments verlieren Jahwe und sein Volk nie. Der Fall, dass gute Menschen unverdient leiden, dass ihnen schlimme Dinge zustoßen, tritt schlicht nicht ein.

Spätere Teile des Alten Testaments jedoch beklagen immer häufiger, dass Jahwe Israel trotz seines fortwährenden Gehorsams und Glaubens auf wütende Weise peinigt. Dieses Gefühl des Kummers ist auch in Psalm 44 zu vernehmen:

Du ließest uns zurückweichen vor dem Bedränger, und die uns hassen, haben für sich geraubt. Du gabst uns hin wie Schlachtvieh, und unter die Nationen hast du uns zerstreut. Du verkauftest dein Volk um ein Geringes und hast keinen Gewinn gemacht durch ihren Kaufpreis. Du machtest uns unseren Nachbarn zum Hohn, zu Spott und Schimpf denen, die uns umgeben. Du machtest uns zum Sprichwort unter den Nationen, zum Kopfschütteln unter den Völkerschaften. Den ganzen Tag ist meine Schande vor mir, und Scham hat mir mein Gesicht bedeckt wegen der Stimme des Schmähers und Lästerers, angesichts des Feindes und des Rachgierigen. *Dieses alles ist über uns gekommen, doch wir hatten dich nicht vergessen, noch verraten deinen Bund. Unser Herz ist nicht zurückgewichen, noch sind unsere Schritte abgebogen von deinem Pfad,* dass du uns so zermalmt hast am Ort der Schakale und uns bedeckt mit Finsternis. (Ps 44,11–20; Hervorhebung von mir)

Im Laufe der Zeit ließ der unverbrüchliche Glaube an Jahwe inmitten anhaltender fremder Unterdrückung – »Du hast sie mit Tränenbrot gespeist, sie in reichem Maß getränkt mit Tränen«, wie es in Psalm 80 heißt – den Gedanken aufkommen, dass er, der Himmel und Erde und sogar die Zeit als solche geschaffen hatte, möglicherweise nicht nur in diesem Leben Belohnung und Bestrafung walten ließ. Vielleicht war die Arena von Sieg und Niederlage größer, als die Menschen auf dieser Seite des Grabes wissen konnten. Und so wie die erweiterte Rolle Satans im Alten Testament offenbar in vielerlei Hinsicht dem Einfluss Persiens geschuldet war, so verdankt der Glaube an die Existenz einer unsterblichen Seele, die nach dem Tod des Körpers weiterlebt, viel dem späteren Einfluss griechischer Herrschaft und griechischer Vorstellungen im östlichen Mittelmeerraum und weit darüber hinaus.

Ein Griechisch sprechender Jude schrieb im ersten Jahrhundert vor Christus im ägyptischen Alexandria im biblischen Buch der Weisheit Salomos:

Sie verstehen von Gottes Geheimnissen nichts, sie hoffen nicht auf Lohn für Heiligkeit und erwarten keine Auszeichnung für untadelige Seelen. Denn Gott hat den Menschen zur Unvergänglichkeit erschaffen und ihn zum Bild seines eigenen Wesens gemacht. Doch durch den Neid des Teufels kam der Tod in die Welt und ihn erfahren alle, die ihm angehören.

Die Seelen der Gerechten aber sind in Gottes Hand und keine Folter kann sie berühren. In den Augen der Toren schienen sie gestorben, ihr Heimgang galt als Unglück, ihr Scheiden von uns als Vernichtung; sie aber sind in Frieden. In den Augen der Menschen wurden sie gestraft; doch ihre Hoffnung ist voll Unsterblichkeit. Ein wenig nur werden sie gezüchtigt; doch sie empfangen große Wohltat. Denn Gott hat sie geprüft und fand sie seiner würdig. (Weisheit 2,22–24, 3,1–5; EinhÜ)

Das Buch der Weisheit Salomos, das in den alexandrinischen Kanon der jüdischen Bibel aufgenommen wurde, verwendet das Wort »Himmel« nicht, zumindest nicht in dieser Passage, bekräftigt jedoch ganz offenkundig, dass es ein Jenseits der Belohnung und Bestrafung gibt. Der eben zitierte Abschnitt spiegelt überdies bemerkenswerterweise die spätere Überzeugung wider, wonach die Schlange, die Adam und Eva zur Sünde verführte, in Wirklichkeit der Teufel war und erst dann der Tod in die Welt eintrat. Die tröstliche Botschaft des Buchs der Weisheit – entgegen der Klage von Psalm 44 – lautet, dass Gott über die Macht verfügt, den Fluch des Todes, den er über seine ersten ungehorsamen menschlichen Geschöpfe aussprach, rückgängig zu machen und denen eine gesegnete Unsterblichkeit zu verleihen, die ihm mutig bis zum Ende dienen. Gut ein Jahrhundert nach dem Buch der Weisheit erwähnt Jesus sowohl Himmel als auch Hölle in einer kurzen Ansprache, die er zum Trost und zur Bestärkung an diejenigen seiner Jünger richtet, die tödliche Verfolgung von Seiten der Feinde des Messias fürchten:

Fürchtet euch nicht vor denen, die den Leib töten, die Seele aber nicht töten können, sondern fürchtet euch eher vor dem, der Seele und Leib in der Hölle verderben kann! Verkauft man nicht zwei Spatzen für einen Pfennig? Und doch fällt keiner von ihnen zur Erde ohne den Willen eures Vaters. Bei euch aber sind sogar die Haare auf dem Kopf alle gezählt. Fürchtet euch also nicht! Ihr seid mehr wert als viele Spatzen. Jeder, der sich vor den Menschen zu mir bekennt, zu dem werde auch ich mich vor meinem Vater im Himmel bekennen. Wer mich aber vor den Menschen verleugnet, den werde auch ich vor meinem Vater im Himmel verleugnen. (Mt 10,28–33)

In dieser Passage wird nicht nur implizit behauptet, dass aufrechtes, öffentliches Eintreten für Jesus im Jenseits Belohnung finden wird, sondern dass Belohnung und Bestrafung gleichermaßen vor einem himmlischen Gericht zugesprochen werden, wo Jesus vor dem Richter, Gottvater, zugunsten seiner Anhänger Zeugnis ablegen wird.

Jahrhundertelang hatte Israel in poetisch aufgeladener Sprache von einem großen und letzten Tag des Jüngsten Gerichts geträumt – dem »Tag des HERRN«, der oft genug schlicht nur als »dieser Tag« bezeichnet wird. Jahrhundertelang war man überdies davon ausgegangen, dass mit diesem Tag Gottes Herrschaft *auf Erden*, seine Souveränität und ein seliger Frieden, bei dem sich der Wolf zum Lamm legen werde, ihren Anfang nähmen. Dieser Tag selbst jedoch werde ein Tag enormer Gewalt sein. Und so schrieb der Prophet Zefanja im 7. Jahrhundert vor Christus:

Nahe ist der gewaltige Tag des HERRN, er ist nahe, schnell kommt er herbei. Horch, der Tag des HERRN ist bitter, da schreit sogar der Kriegsheld auf. Ein Tag des Zorns ist jener Tag, ein Tag der Not und Bedrängnis, ein Tag des Krachens und Berstens, ein Tag des Dunkels und der Finsternis, ein Tag der Wolken und der schwarzen Nacht, ein Tag des Widderhorns und des Geschreis gegen die befestigten Städte und gegen die hohen Zinnen. Da jage ich den Menschen Angst ein, sodass sie wie blind umherlaufen; denn sie haben sich gegen den HERRN versündigt. Ihr Blut wird hingeschüttet wie Schutt und ihr Lebenssaft wie Kot. Weder ihr Silber noch ihr Gold kann sie retten. Am Tag des Zorns des HERRN – und vom Feuer seines leidenschaftlichen Eifers wird die ganze Erde verzehrt. Denn er bereitet allen Bewohnern der Erde ein Ende, ein schreckliches Ende. (Zef 1,14–18)

Der »Tag des HERRN« war der Tag, an dem Jahwe nicht mehr länger auf sich warten ließ und sich endlich in all seiner explosiven und endgültigen Macht offenbaren würde. Passagen wie die eben zitierte bezeichnen wir als »apokalyptisch«, weil *apokalypsis* im Griechischen »Offenbarung« bedeutet, und solche Passagen »offenbaren«, wie dieser große und fürchterliche Tag aussehen wird.

Je pompöser solche Visionen von Jahwes Triumph jedoch wurden, desto stärker schienen sie das absolute Ende der Welt, wie wir sie kennen, mit sich zu bringen. Zu einem weiteren, charakteristischen Merkmal apokalyptischen Schreibens wurde daher die codierte Offenbarung, *wann* der ebenso gefürchtete wie erhoffte Tag kommen werde. Doch als diese Vorhersagen ereignislos verstrichen und die Hoffnungen auf eine Verwandlung dieser Welt immer wieder zunichte gemacht wurden, wurde der unbestimmte Aufschub von Gottes endgültigem Eingreifen räumlich an einen Ort außerhalb der Zeit verlegt. Gottes Eingreifen sollte fortan mit dem Beginn einer neuen Schöpfung oder eines himmlischen Jenseits zusammenfallen, das den seit langem leidenden Gerechten dauerhafte – im Grunde ewige – Belohnung und den einst grausamen, einst stolzen, aber nun gedemütigten Ungerechten gleichermaßen dauerhafte – im Grunde ewige – Gefangenschaft und Strafe bringen werde.

Diese kosmische Vision, die in den spätesten Büchern der Bibel fest etabliert ist, entspricht ziemlich genau der kosmischen Vision des Korans. Wir könnten im Großen und Ganzen sogar davon sprechen, dass der Koran schon dort war, wohin die Bibel erst gelangen musste. Doch im Vorwort zu diesem Buch habe ich eine historische Beobachtung gemacht, die an dieser Stelle noch einmal wiederholt sei:

Die Bibel, die fünfmal länger ist als der Koran, ist eine riesige Anthologie, das Werk vieler verschiedener Verfasser, die in einem Zeitraum von mehr als 1000 Jahren zwischen etwa 900 v. u. Z. und etwa 100 u. Z. schreibend tätig waren. Der Koran, wie die Historiker ihn kennen, entstand binnen intensiven zwanzig Jahren, spät im Leben nur eines einzigen Mannes: des Propheten Mohammed, der ihn Anfang des 7. Jahrhunderts als Offenbarung von Allah empfing.

Um die tausendjährige Geschichte des Glaubens an den Gott der Bibel zu schreiben, verfügen wir über erprobte historische Verfahren. Allgemein oder schematisch betrachtet geht es dabei vor allem darum,

1. die Bücher, aus denen die Bibel besteht, in einer hypothetischen chronologischen Reihenfolge neu anzuordnen und zu kontextualisieren;
2. zu überlegen, wie Gott in jedem dieser Bücher oder in jeder dieser Phasen erscheint;
3. Kontinuitäten und Diskontinuitäten zwischen den aufeinanderfolgenden Büchern sowie Überarbeitungen, Wiederaufnahmen und so weiter festzustellen;
4. all diese Darstellungen Gottes denen zuzuschreiben, die nacheinander die jeweiligen Bücher verfasst haben;
5. schließlich eine chronologisch geordnete Darstellung der Entwicklung ihrer Glaubensüberzeugungen zu geben.

Tut man das, so zeigt sich eine beträchtliche Entwicklung innerhalb einer so langen Geschichte. Doch in der zwanzigjährigen Geschichte der Komposition des Korans findet keine vergleichbare Entwicklung statt. Gelehrte Exegeten (Interpretatoren) unterscheiden bei der Rezeption des Korans zwischen der früheren mekkanischen und der späteren medinischen Phase. Das Jahr 622 trennt diese beiden Zeiträume – das Jahr der *Hidschra*, als Mohammed und eine Gruppe seiner frühen Gefolgsleute aus Mekka, seiner Geburtsstadt, gen Norden nach Medina flohen. Die Suren aus Mekka und aus Medina haben unterschiedliche Schwerpunkte, aber in ihren wesentlichen Aspekten verändert sich Allahs Botschaft – und mit Sicherheit der Charakter Allahs selbst – zwischen der früheren und der späteren Phase nicht.

Das würden Historiker vermutlich auch mit Blick auf die Kongruenz der mythischen Kosmologien und Chronologien der späteren Bibel und des Korans erwarten, denn Juden und Christen waren zu der Zeit, als Mohammed den Koran empfing, in dessen Geburtsregion fest etabliert, und er selbst behauptete, der Koran sei nichts weiter als eine bereinigte Fassung des Buchs, das ihnen früher gegeben worden sei.

Doch damit sind wir weit in die Geschichte abgeschweift, und deshalb will ich abschließend betonen, dass dieses historische Zwischenspiel eben *nur* ein Zwischenspiel ist. Für unsere Zwecke in diesem Buch und für all diejenigen, die nach einer ästhetisch lohnenden Begegnung mit einer Heiligen Schrift suchen, kann die Historie gelegentlich wunderbare Dienste leisten, aber insgesamt gesehen ist sie ein ausgesprochen schlechter Lehrmeister. Wir haben die Bibel oder den Koran hier keineswegs als Rohmaterial für eine bloße Geschichte jüdischer, christlicher oder muslimischer Glaubensvorstellungen von Gott verwendet. Unsere Methode war, wie ich das im Vorwort versprochen hatte, eher theografischer als historischer Art, und sie setzte eher auf die deskriptiven, mitunter quasi-biografischen Instrumente der literarischen Analyse als auf diejenigen der Geschichtswissenschaft. Dieser Ansatz hat uns in die Lage versetzt, die Ungläubigkeit mit Blick auf Jahwe oder Allah auszusetzen und das zu tun, was wir ganz bereitwillig tun, wenn wir einen Roman lesen oder einen Spielfilm anschauen. Er hat es uns ermöglicht, Jahwe und Allah unmittelbar als einen einzigen realen Protagonisten zu betrachten, der in zwei unterschiedlichen Schriften unter zwei verschiedenen Namen agiert.

DANKSAGUNG

Gott im Koran ist ein Buch, das ich erst schrieb, nachdem ich auf Nachfrage von Lesern, Kollegen sowie allerlei Freunden und Bekannten wiederholt betont hatte, nein, ich würde und könne mich nicht an ein Unterfangen wagen, auf das ich so schlecht vorbereitet sei. In der Zwischenzeit las ich jedoch aus beruflichen, politischen und persönlichen Gründen immer mehr über den Islam und seine Heilige Schrift. Schließlich kam ich zu der Überzeugung, ich könnte dem Beispiel von C. S. Lewis folgen, der einmal davon sprach, er könne nur Bücher schreiben, die er lesen wolle und die noch niemand für ihn geschrieben habe.

Ich war jedoch noch immer unsicher, ob meine Stimme bei diesem Thema willkommen sein würde – insbesondere natürlich bei Muslimen –, und so fragte ich ein wenig herum. Rückblickend möchte ich einigen Personen danken, die mir früh und glaubwürdig die entscheidende Ermutigung zuteilwerden ließen. Dazu gehören der verstorbene Maher Hathout, Gründer des Muslim Public Affairs Council in Los Angeles, sowie sein Nachfolger an der Spitze des MPAC, Salam al-Marayati; Reza Aslan, mit dem ich seit der Veröffentlichung seines bahnbrechenden Buches *Kein Gott außer Gott* befreundet bin; Amir Hussain, Professor für Theologie an der Loyola Marymount University, der wie kaum jemand sonst die enorme Bedeutung der muslimischen Gemeinde in Nordamerika erkannt hat und in seinen Werken deren Zukunft entwirft; Reuven Firestone, Professor für Medieval Jewish and Islamic Studies am Hebrew Union College, dessen scharfsinniges und mutiges Büchlein *Who Are the Real Chosen People? The Meaning of Chosenness in Judaism, Christianity, and Islam* mir deutlich machte, dass der beste

Weg in den interreligiösen Beziehungen durch die härtesten Fragen hindurch und nicht um sie herum führt; in all den Gesprächen mit ihm habe ich noch viel mehr gelernt; und schließlich Jane Dammen McAuliffe, Herausgeberin der fünfbändigen *Encyclopaedia of the Qur'an* und Mitherausgeberin für den Islam in der *Norton Anthology of World Religions*: Ich wusste, wenn ich keinen wirklichen Ausgangspunkt finden würde, würde mir Jane dabei behilflich sein können, doch sie sagte einfach nur »Fang an«, und so fing ich an.

Ich fing an, ja, aber dank zahlreicher Unterbrechungen dauerte es Jahre, bis ich damit fertig war, und ich danke Jonathan Segal, meinem guten Freund und treuen Lektor bei Alfred A. Knopf, der unterwegs mehrmals hätte aufgeben können, es aber nicht tat, sowie Georges Borchardt, meinem Agenten (zusammen mit Anne und Valerie Borchardt), Freunde und Ratgeber seit einer Generation, die zu mir hielten. Ich danke meinen Kollegen an der University of California, Irvine, und dem sehr hilfsbereiten und kompetenten Personal, insbesondere in der Langson Library und beim IT-Service. Mein Dank geht an Sam Aber für seine kluge Unterstützung bei den Abdruckrechten sowie an Helen Maggie Carr und Victoria Pearson, die mir kompetent dabei behilflich waren, das Manuskript satz- und druckfertig zu machen. Und schließlich gilt mein größter Dank meiner Frau Kitty Miles, der dieses Buch gewidmet ist. Sie macht diese meine letzte Lebensphase zur glücklichsten von allen.

ANMERKUNGEN

Einleitung:
Gott, Glaube und die Gewalt Heiliger Schriften

1 Der Tanach und das Alte Testament überschneiden sich in hohem Maße, stimmen aber nicht vollständig überein. Kurz gesagt war es so: Zwei antike jüdische Gemeinden – die eine mit Zentrum in Jerusalem, die andere in Alexandria – legten zwei sich überlappende, aber nicht völlig identische Kanons oder »Inhaltsverzeichnisse« für die jüdische Bibel fest. Der alexandrinische Kanon, eine Übersetzung der älteren hebräischen Schriften ins Griechische mit wichtigen Ergänzungen, wurde zuerst zur Bibel für die jüdische Diaspora in Alexandria; später zur Bibel für die neugeborene und im Wesentlichen griechischsprachige christliche Kirche; und noch später, sobald die heranwachsende Kirche damit begonnen hatte, eigene neue Schriften zu verfassen, zum »Alten Testament« für die im Entstehen begriffene, aus zwei Testamenten bestehende christliche Bibel. Insofern hat das Christentum seine Bibel teilweise ererbt, teilweise selbst geschaffen.

Derweil lebte der Jerusalemer Kanon fort und wurde zum Tanach, der Bibel des Judentums bis heute. Tanach und Altes Testament unterscheiden sich nicht nur durch den etwas längeren Kanon des Letztgenannten, sondern vor allem dadurch, dass das AT die einzelnen Bücher deutlich anders anordnet. Im christlichen AT sind die Erregung und Agitation der biblischen Propheten ans Ende verschoben, stehen dort also kurz vor dem Erscheinen des Messias in den Evangelien, mit denen das Neue Testament beginnt. Im jüdischen Tanach finden sich die Propheten in der Mitte, gefolgt von anderen Büchern (den »Schriften«), so dass sich die Reihenfolge Tora-Propheten-Schriften ergibt. »Tanach« (T + N + K) ist das gesprochene Akronym aus den hebräischen Anfangsbuchstaben dieser drei Teile.

In *Gott. Eine Biographie* (München 1996) schrieb ich über Gott als Protagonisten des Tanach. Nun, da ich über den Koran schreibe, spreche ich lieber vom Alten Testament oder, noch häufiger, ganz einfach von der Bibel, wenn ich auf diese älteren Schriften Bezug nehme. Das hat seinen Grund darin, dass sich

Allah im Koran zwar auf die »Tora« (und nicht auf das Alte Testament oder den Tanach) und auf die Evangelien bezieht und dass für Ihn Juden und Christen unterschiedlichen Gruppen angehören. Trotzdem verweist Er oft auf das »Buch« als ein Objekt im Singular und auf Juden und Christen gemeinsam als »Leute des Buches« oder »Buchbesitzer«. Im Zuge dessen vermengt Er ihre früheren Schriften, die gemeinsam durch Seinen Koran ersetzt werden. Das »Buch« der »Buchbesitzer« scheint deshalb mit einiger Plausibilität die christliche Bibel mit ihren beiden Testamenten zu sein; und wenn ich hier in diesem Buch von der Bibel spreche, meine ich das in genau diesem Sinne. Den Begriff »Tanach« verwendet man, so glaube ich, am besten dann, wenn das Neue Testament bei der Interpretation überhaupt keine Rolle spielt und von den hebräischen Schriften entweder allein oder zusammen mit ihrem echten Gegenstück in der späteren jüdischen Literatur – Talmud und Midrasch – die Rede ist. Noch eine letzte Bemerkung: Im 16. Jahrhundert tilgte der Protestantismus aus dem Kanon, aus dem sein Altes Testament werden sollte, all die Bücher oder Teile von Büchern, die nicht im Tanach enthalten waren. Allerdings behielt der Protestantismus die Anordnung des früheren christlichen AT ebenso bei wie dessen Praxis, das hebräische *jhwh* als Eigennamen Gottes zu übersetzen, nämlich griechisch *kyrios* oder lateinisch *dominus*, woraus dann später im Englischen *lord* und im deutschen Herr bzw. HERR wurde. Das daraus resultierende Hybrid ist das Alte Testament, wie es den Lesern der King James Bible oder auch der Lutherbibel vertraut ist.

2 Dazu Omar Saif Ghobash, »Advice for Young Muslims: How to Survive in an Age of Extremism and Islamophobia«, in: *Foreign Affairs*, Januar/Februar 2017; dieser Text ist ein Auszug aus Saif Ghobashs Buch *»Es gibt keinen Grund zu hassen«. Ein liberaler Islam ist möglich*, übers. von Katja Hald, Reinbek 2017.

3 Von »Heidenvölkern« spricht lediglich die Schlachter-Bibel, alle anderen gängigen Übertragungen sprechen von »Völkern« oder »Nationen«. (A. d. Ü.)

4 »›Ein neues Amalek erscheint auf der Bildfläche‹, warnt Netanjahu in Auschwitz. ›Wir werden nie wieder zulassen, dass die Hand des Bösen das Leben unseres Volkes durchtrennt‹, sagt der Premier mit verstecktem Verweis auf die iranische Bedrohung.« *Jerusalem Post*, 10. Januar 2010.

5 Erwähnt seien an dieser Stelle: Carol Bakhos, *The Family of Abraham: Jewish, Christian, and Muslim Interpretations*, Cambridge, MA 2014; Reuven Firestone, *Journeys in Holy Lands: The Evolution of the Abraham-Ishmael Legends in Islamic Exegesis*, New York 1990; Robert C. Gregg, *Shared Stories, Rival Tellings: Early Encounters of Jews, Christians, and Muslims*, Oxford 2015; John Kaltner, *Ishmael Instructs Isaac: An Introduction to the Qur'an for Bible Readers*, Collegeville 1999; Michael Lodahl, *Claiming Abraham, Reading the Bible and the Qur'an Side by Side*, Ada, MI 2010; Jane Dammen McAuliffe (Hg.), *The Cam-*

bridge Companion to the Qur'ān, Cambridge 2006; Geoffrey Parrinder, *Jesus in the Qur'an*, London 2013; Gabriel Said Reynolds, *The Qur'ān and Its Biblical Subtext*, London 2010; Zeki Saritoprak, *Islam's Jesus*, Gainesville, FL 2014; Roberto Tottoli, *Biblical Prophets in the Qur'an and Muslim Literature*, Oxford 2001.

6 Der muslimischen Überlieferung zufolge existierte der Koran schon seit jeher als »wohl verwahrte Tafel«. Ähnlich begreift die jüdische Tradition die Tora als etwas, das es seit Anbeginn der Zeit gibt. Und auch die christliche Tradition ist der Ansicht, dass Jesus von Anbeginn an als *logos* – als Wort oder Geist – Gottes existierte. In allen drei Fällen geht diese präexistente Entität der Erschaffung der Welt voraus. Im Gegensatz dazu ist ein historisches Verständnis zeitgebunden. Näheres zu den Vorzügen und Grenzen eines historischen Verständnisses im Nachwort, S. 267–294.

7 Im englischen Original wird als Grundtext die *New Jerusalem Bible* verwendet. (A. d. Ü.)

8 *Der Koran*, aus dem Arabischen neu übertragen und erläutert von Hartmut Bobzin unter Mitarbeit von Katharina Bobzin, 2., überarbeitete Auflage, München 2017, S. 605. Eine dritte Auflage erscheint 2019.

9 Hartmut Bobzin, *Der Koran. Eine Einführung*, 9. Aufl., München 2015, S. 128 f.

10 Ebd., S. 131.

11 Im Original wird als englische Koranübersetzung *The Qur'an: A New Translation*, übers. v. Tarif Khalidi, New York 2009 zugrunde gelegt; des Weiteren wird häufig verwiesen auf die Übersetzung und vor allem die Kommentare in Seyyed Hossein Nasr (Hg.), *The Study Quran: A New Translation and Commentary*, New York 2015.

1 Adam und seine Frau

1 An ein paar wenigen Stellen tauchen diese beiden hebräischen Namen gemeinsam auf. Die *Elberfelder Bibel* übersetzt das als »Gott, der HERR«.

2 John Milton, *Das verlorene Paradies*, übers. von Adolf Böttger, Leipzig o. J., online verfügbar unter: http://www.zeno.org/Literatur/M/Milton,+John/ Epos/Das+verlorene+Paradies

3 Blake schuf eine Serie von zwanzig aquarellierten Federzeichnungen, die Szenen aus John Miltons *Paradise Lost* darstellen. Fünf davon, darunter auch diese, wurden in der Huntington Gallery gezeigt, und zwar im Rahmen einer Ausstellung mit dem Titel *Drawn to Paradise: Picturing the Bible from the 16th to the 19th Centuries*; San Marino, Kalifornien, 1. Juli bis 23. Oktober 2017.

4 Wie Dr. Piero Ferrucci erklärt, entspricht das Präfix *ig-* in *ignudo* nicht dem *in-* als Negation oder Privativum, sondern fungiere eher *d'appoggio*, »als Unterstützung« – um den Aussprachefluss, der im Italienischen so wichtig ist, zu verbessern. Als vergleichbares Beispiel nennt er das italienische Wort für Geschichte, das entweder *storia* oder *istoria* lauten kann, je nach lautlicher Umgebung. Im Laufe der Zeit scheint *ignudo* jedoch eine gewisse Unterscheidungsnuance angenommen zu haben, allerdings nicht im Sinne von Erniedrigung oder Missbilligung (wie in den englischen Wörtern *ignoble* oder *ignominious*, die beide »unehrenhaft, unwürdig« bedeuten können), sondern allein im Sinne eines Mangels (wie im Deutschen etwa »entblößt«).

5 John Milton, *Das verlorene Paradies*, übers. von Adolf Böttger, Leipzig o. J., online verfügbar unter: http://www.zeno.org/Literatur/M/Milton,+John/Epos/Das+verlorene+Paradies

6 Ebd.

7 John Milton, Das wiedergewonnene Paradies, in: *John Miltons poetische Werke. Vier Teile in einem Bande*, übersetzt von Bernhard Schuhmann, Alexander Schmidt, Immanuel Schmidt und Hermann Ullrich, hg. mit biografisch-literarischen Einleitungen und vollständigem Kommentar von Hermann Ullrich, Leipzig 1909, S. 652.

8 *Leben Adams und Evas*, in: *Altjüdisches Schrifttum außerhalb der Bibel*, übersetzt und erläutert von Paul Rießler, Augsburg 1928, S. 668–681, hier S. 671 f. (Hervorhebungen von mir); online verfügbar unter: https://de.wikisource.org/wiki/Leben_Adams_und_Evas. Das Christentum – das von Juden begründet wurde – bewahrte eine Reihe jüdischer Texte, die das sich parallel entwickelnde rabbinische Judentum ausschied. Zu diesen Texten gehört auch *Leben Adams und Evas*, und das ist Ausdruck der Tatsache, dass sich der Glaube an Satan als die Personifizierung all dessen, was sich Gott widersetzt, in der frühchristlichen Tradition rascher und fester verankerte als in der rabbinischen Tradition der gleichen Zeit. Die spätere talmudische und nachtalmudische Tradition sollte Satan dann allerdings sehr wohl als den finsteren Herrn der »anderen Seite« (*sitra 'ahra*) anerkennen.

9 Dan O'Brien, *Scarsdale, Poems*, Evansville, IN 2015, S. 8. Abdruck mit freundlicher Genehmigung von Dan O'Brien. Wer ist »Gottes Bruder«, von dem in diesem Gedicht die Rede ist? Es könnte der Sprecher sein, der sich eine Urteilskraft zuschreibt, wie sie Gott eigen ist, und damit implizit behauptet, zumindest Gottes Bruder zu sein. Oder es könnte der ältere Junge sein, »um Äonen« älter als der Sprecher, der mit seiner Behauptung, nur Gottes Bruder zu sein, die Behauptung des Jüngeren, er sei Gott selbst, zurechtweist. Wird die islamische Sünde der *širk* begangen, wann immer ein bloß menschliches Wesen sich anmaßt, einen anderen Menschen zu beurteilen?

10 In Genesis 3,4–5 erklärt die Schlange Eva, entgegen dem, was Jahwe gesagt habe, würden sie und Adam nicht sterben, wenn sie von der verbotenen Frucht essen: »Keineswegs werdet ihr sterben! Sondern Gott weiß, dass an dem Tag, da ihr davon esst, eure Augen aufgetan werden und ihr sein werdet wie Gott, erkennend Gutes und Böses.« Dieses »erkennend Gutes und Böses« ist nicht das Wissen um eine Unterscheidung, sondern das Wissen um einen ungeheuren Bestand an etwas. Es könnte sein, dass es sich beim hebräischen *tov vara'* – wörtlich »Gutes und Böses« – um ein rhetorisches Stilmittel namens Hendiadyoin (»eins durch zwei«) handelt. Mit anderen Worten, es könnte sich um einen Ausdruck wie »von A bis Z« oder »von Anfang bis Ende« handeln, der Vollständigkeit bezeichnet. Wenn dem so ist, dann verspricht die Schlange in der Genesis Eva, Adam und sie würden göttlich werden, indem sie alles wissen. Und in diesem Fall haben wir einen deutlichen Gegensatz zwischen der Genesis, wo das erste Paar dafür bestraft wird, alles wissen zu wollen, und dem Koran, wo Adam (und bemerkenswerterweise nicht Eva) tatsächlich alles beigebracht bekommt, zumindest wenn »die Namen« in Sure 2,31 wirklich für »alles« stehen.

11 Seyyed Hossein Nasr (Hg.), *The Study Quran: A New Translation and Commentary*, New York 2015, S. 1114.

12 Erich Auerbach, *Mimesis. Dargestellte Wirklichkeit in der abendländischen Literatur*, 11. Aufl., Tübingen 2015, S. 151 f.

13 Ebd., S. 152.

14 Ebd., S. 151.

2 Adams Sohn und sein Bruder

1 »Der Mann« ist auf Hebräisch *ha'adam*. Der Artikel ist *ha;* das Substantiv ist *'adam*. Diese Person *ha'adam* wird erst in Genesis 4,25 das *ha* verlieren und einfach zu *'adam* werden, zu »Adam«: »Und Adam erkannte noch einmal seine Frau, und sie gebar einen Sohn und gab ihm den Namen Set.« Zu diesem Zeitpunkt hat es den Anschein, als habe Eva, die all ihren drei Söhnen einen Namen gegeben hat, auch für ihren Mann, deren Vater, einen Namen geprägt – keinen besonders originellen, aber einen echten. Aber auch hier wird der Name in Wirklichkeit wieder von dem geheimnisvollen Erzähler verwendet.

2 Da dieses apokryphe Buch nicht in der Elberfilder Bibel enthalten ist, wird hier nach der Einheitsübersetzung zitiert. (A. d. Ü.)

3 In der weiter oben zitierten Übersetzung von Hartmut Bobzin ist nicht vom physischen Leichnam die Rede, den es zu verbergen gilt, sondern von der »Greueltat«. Darum wird hier die Übersetzung von Rudi Paret zitiert. (A. d. Ü.)

4 Michael Lodahl, *Claiming Abraham: Reading the Bible and the Qur'an Side by Side*, Grand Rapids, MI 2010, S. 109.

3 Noah

1 Als Teil des Skirball Cultural Center in Los Angeles: www.skirball.org/noahs-ark
2 Siehe die Anspielung auf Gen 12,7: »Und der HERR erschien dem Abram und sprach: Deinen Nachkommen will ich dieses Land geben.«
3 Für den Originaltext, der zum Chester-Zyklus von Mysterienspielen gehört, siehe www.chestermysteryplays.com/history/history/texts_iframe.html. Der britische Komponist Benjamin Britten schuf eine musikalische Adaption des Stücks, eine Kinderoper mit dem Titel *Noye's Fludde (Noahs Sintflut)*. Eine sommerliche Aufführung dieser Oper in einer Kirche auf einer bewaldeten Insel vor der Küste Neuenglands setzt die Handlung des Films *Moonrise Kingdom* (2012) von Wes Anderson in Gang.

4 Abraham und sein Vater

1 Apokalypse des Abraham, in: *Altjüdisches Schrifttum außerhalb der Bibel*, übersetzt und eingeleitet von Paul Rießler, Augsburg 1928, S. 13–39, hier S. 19; online verfügbar unter https://de.wikisource.org/wiki/Altj%C3%BCBCdisches_Schrifttum_au%C3%9Ferhalb_der_Bibel
2 Irritierenderweise tragen der Ort Haran und der Mann Haran den gleichen Namen, wenngleich diese Koinzidenz offenkundig keine tiefere Bedeutung hat. Siehe Jacob Neusner, *Confronting Creation: How Judaism Reads Genesis: An Anthology of Genesis Rabbah*, Columbia 1991.

5 Abraham und seine Söhne

1 Zu den zahlreichen Phasen dieser Deutungsverschiebung siehe Jon D. Levenson, *The Death and Resurrection of the Beloved Son: The Transformation of Child Sacrifice in Judaism and Christianity*, New Haven, CT 1995.
2 *Pirke de-Rabbi Elieser. Nach der Edition Venedig 1544 unter Berücksichtigung der Edition Warschau 1852*, aufbereitet und übersetzt von Dagmar Börner-Klein, Berlin/New York 2004, S. 358 [179].
3 Ebd., S. 354 [177].

6 Joseph

1 Rumi, Gasel (Ode) Nr. 1827, übersetzt von William C. Chittick in seinem Buch *Sufism: A Beginner's Guide* (Oxford, UK 2011), S. 89–90. © 2000 by William C. Chittick. Mit freundlicher Genehmigung von Oneworld Publications, c/o PLSClear. Ich danke meinem Freund und Kollegen Amir Hussain, der mich auf dieses wunderschöne Gedicht aufmerksam gemacht hat.

7 Mose

1 Da dieses Buch in der Elberfelder Bibel fehlt, wird es hier nach der Einheits-übersetzung zitiert.

8 Jesus und seine Mutter

1 *The New York Times*, 24. Dezember 1995.
2 Als Schrein für die »heilige Weisheit« lässt sich die Basilika vermutlich am besten als Schrein für Christus als *logos* oder Wort Gottes verstehen. Vgl. die Eingangsworte des Johannesevangeliums: »Im Anfang war das Wort, und das Wort war bei Gott, und Gott war das Wort.« Göttliche Weisheit und das Wort Gottes, beides Metonymien für göttliches Denken, ließen sich nicht zuletzt deshalb leicht austauschen, weil im Buch der Sprüche im Alten Testament die Weisheit, die als weibliche Person erscheint, behauptet, auch sie sei von Anfang an bei Gott gewesen. Genau diese Assoziation kann allerdings auch nahelegen, dass Maria, die mit diesem weiblichen Prinzip gleichgesetzt wird, ebenfalls irgendwie von Anfang an bei Gott war oder dass Gott sich, wie das die heutige feministische Theologie postuliert, genauso gut als Frau wie als Mann denken lässt.
3 Bei Gordon D. Newby, *A Concise Encyclopedia of Islam*, Oxford, UK 2002, S. 195, heißt es über *širk*: »Das ist die Sünde, Allah eine andere Gottheit beizu-gesellen, die schlimmste Sünde, die im Koran erwähnt wird. Polytheismus ist die einzige Sünde, die laut Koran nicht vergeben werden kann.« Zu »keine zwei Mächte im Himmel« siehe Alan F. Segal, *Two Powers in Heaven: Early Rabbinic Reports About Christianity and Gnosticism*, Waco, TX 2012.
4 Edward Gibbon, *Der Sieg des Islam*, übers. von Johann Sporschill, mit einem Nachwort von Reinhard Schulze, Frankfurt am Main 2003, S. 75 f.
5 Charles Dickens, *Eine Geschichte zweier Städte / Harte Zeiten*, übers. von Julius Seybt, München 1964, S. 479.

Nachwort: Über den Koran als das Wort Gottes

1 Wilfred Cantwell Smith, *On Understanding Islam, Selected Studies*, Den Haag 1981. © 1981 by Mouton Publishers. Mit freundlicher Genehmigung von De Gruyter Mouton.

2 Emmanuel Carrère, *Das Reich Gottes*, übersetzt von Claudia Hamm, Berlin 2016, S. 10.

3 Augustinus, *Confessiones/Bekenntnisse*, lat./dt., übersetzt von Kurt Flasch und Burkhard Mojsisch, Stuttgart 2009, S. 315/317.

4 Carrère, *Das Reich Gottes*, S. 142.

5 Smith, *On Understanding Islam*, S. 285.

6 Ebd., S. 291.

7 Ebd.

8 Ebd., S. 292–293.

9 James Boswell, *Das Leben Samuel Johnsons und Das Tagebuch einer Reise nach den Hebriden*, übers. von Jutta Schlösser, München 1985, S. 261.

10 Auf diese Analogie haben mich dankenswerterweise erstmals die Propheten Jeremia, Ezechiel und Hosea aufmerksam gemacht.

11 Smith, *On Understanding Islam*, S. 298.

12 Todd Boss, It Is Enough to Enter, in: *Pitch. Poems*, New York 2012, S. 15. © 2012 by Todd Boss. Mit freundl. Genehmigung von W. W. Norton & Company, Inc.

13 Die Begründer des Christentums, allesamt Juden, glaubten, die Wiederkunft Christi stehe unmittelbar bevor. Als dieses erhoffte Ereignis dann doch nicht so bald wie erwartet eintrat, kam der heilige Paulus, der wichtigste von ihnen, in seinem Brief an die Römer zu dem Schluss, dass Christus erst wiederkehren werde, wenn alle Nationen auf der Welt mit Ausnahme der Juden christlich geworden seien. Christus werde nach dieser universellen Bekehrung wiederkehren, und erst dann seien die Juden dran. Jahrhundertelange Verfolgung hätte vermieden werden können, wenn die Christen sich die Kapitel 9 bis 11 von Paulus' Brief an die Römer zu Herzen genommen hätten, denn Paulus gab sich nicht mit einem unbestimmten Aufschub der Bekehrung der Juden zufrieden, sondern betrachtete gerade diesen Aufschub als Teil von Gottes großangelegtem Plan. Nachdem er seine Endzeitvision verkündet hat, ruft er freudig aus: »Welche Tiefe des Reichtums, sowohl der Weisheit als auch der Erkenntnis Gottes! Wie unerforschlich sind seine Gerichte und unaufspürbar seine Wege! *Denn wer hat des Herrn Sinn erkannt, oder wer ist sein Mitberater gewesen? Oder wer hat ihm vorher gegeben, und es wird ihm vergolten werden?* Denn aus ihm und durch ihn und zu ihm hin sind alle Dinge! Ihm sei die Herrlichkeit in Ewigkeit! Amen.« (Röm 11,33–36; die kursiv gesetzten Sätze sind Zitate anderer Stellen der Heiligen Schrift)

14 Vgl. Reuven Firestone, *Journeys in Holy Lands, The Evolution of the Abraham-Ishmael Legends in Islamic Exegesis*, Albany, NY 1990, S. 157: »Wenn die Juden Medinas Mohammed dafür kritisieren, dass er Legenden erzählt, die ihrer Ansicht nach ungenau sind, lenken sie unsere Aufmerksamkeit auf die Wahrscheinlichkeit, dass sich die Legenden, die Mohammed vertrauensvoll nacherzählte, kraft ihrer mündlichen Natur derart weiterentwickelt hatten, dass sie nicht mehr der schriftlichen Version entsprachen, die gebildete rabbinische Juden aus der Bibel und dem Midrasch kannten. Mohammed glaubte seinerseits aufrichtig, dass er die Legenden in ihrer korrekten Form kannte. (…) Im Kontext seiner Beziehungen zu den Juden Medinas lässt sich Mohammeds Haltung im Grunde nur als echte Wut oder gar Schockiertheit darüber interpretieren, dass die Juden die wahre Geschichte völlig ignorierten. Der Koran stellt die Spannung dar, die aus zwei verschiedenen Versionen paralleler Schrifterzählungen erwächst. Jede Version wird von verschiedenen Parteien als das unveränderliche Wort Gottes betrachtet. Die Standardnorm, welche die Mediner Juden an die von Mohammed vorgetragenen Legenden und Predigten anlegten, dürften ihre hebräische Bibel und der Midrasch gewesen sein, auch wenn sie zweifellos mit den Versionen, auf die sich Mohammed ebenfalls bezog, vertraut waren. Mohammeds Version kannte man in Mekka und Medina, sie war Juden und Christen genauso geläufig wie seinen Anhängern und arabischen Heiden. Mohammeds Zorn über ihre Ablehnung war nicht nur eine Reaktion auf persönliche Beleidigungen, sondern eine ganz natürliche Reaktion auf die Zurückweisung dessen, was er als authentische Schrift betrachtete, was sie ja auch tatsächlich war, auch wenn sie nicht mit der Schrift identisch war, welche die Juden als authentisch erachteten.«

15 Zitiert nach der Bibelübersetzung von Martin Buber und Franz Rosenzweig.

16 George Steiner, *Von realer Gegenwart. Hat unser Sprechen Inhalt?*, übersetzt von Jörg Trobitius, München 1990, S. 295 f.

Satan und das Jenseits in der Bibel und im Koran

1 Zum alexandrinischen Kanon und seiner Beziehung zur ursprünglichen christlichen Bibel siehe die Anmerkung 1 im Vorwort.

REGISTER

Koranzitate

Bibelzitate

Andere zitierte Werke